内蒙古现代服务业发展研究

梅 蕾 王 薇 著

辽宁大学出版社
Liaoning University Press

图书在版编目（CIP）数据

内蒙古现代服务业发展研究/梅蕾，王薇著. 一沈阳：辽宁大学出版社，2020.12
ISBN 978-7-5698-0283-2

Ⅰ.①内⋯　Ⅱ.①梅⋯②王⋯　Ⅲ.①服务业－经济发展－研究－内蒙古　Ⅳ.①F726.9

中国版本图书馆 CIP 数据核字（2021）第 011130 号

内蒙古现代服务业发展研究
NEIMENGGU XIANDAI FUWUYE FAZHAN YANJIU

出　版　者：辽宁大学出版社有限责任公司
　　　　　　（地址：沈阳市皇姑区崇山中路 66 号　　邮政编码：110036）
印　刷　者：沈阳海世达印务有限公司
发　行　者：辽宁大学出版社有限责任公司
幅面尺寸：170mm×240mm
印　　　张：18.75
字　　　数：347 千字
出版时间：2020 年 12 月第 1 版
印刷时间：2021 年 6 月第 1 次印刷
责任编辑：郝雪娇
封面设计：孙红涛　韩　实
责任校对：齐　悦

书　　　号：ISBN 978-7-5698-0283-2
定　　　价：75.00 元

联系电话：024-86864613
邮购热线：024-86830665
网　　　址：http://press.lnu.edu.cn
电子邮件：lnupress@vip.163.com

　　服务业是国民经济的重要组成部分，其发展水平是衡量一个地区经济社会发展现代化程度的重要标志。世界上主要发达国家的经济重心已经转移到服务业，产业结构也实现了从"工业经济"向"服务业经济"的转型。目前，全球服务业增加值占 GDP 的比重已达到 60% 以上，主要发达国家均达到 70% 以上。在这种形势下，我国很多省市既把现代服务业作为地区经济发展新的突破口，又把它作为经济结构转型与升级的重要抓手，出台各具特色的政策措施，通过政府引导与市场化运作，推动现代服务业蓬勃发展。

　　近年来，内蒙古服务业增加值占 GDP 的比重不断提高，对全区经济增长、社会发展的影响日益增强，三次产业的经济结构也不断优化，服务业占 GDP 的比重由 2015 年的 40% 上升到 2019 年的 50.6%。党的十八大以来，内蒙古自治区政府把加快现代服务业发展作为一项战略重点任务，不断强化政策推进力度，制定出台了一系列政策性文件，实施了一系列政策措施，促使自治区现代服务业发展规模迅速壮大。

　　在这一背景下，课题组经过历时几年的深入走访、调查与研究，完成了这部著作。在课题研究的过程中，课题组成员不断分析国家经济发展形势与内蒙古自治区经济发展战略部署，不断修正调研方向与研究方法，紧紧围绕内蒙古自治区发展现代服务业的战略部署展开课题的各项工作，以期这部著作的完成对内蒙古现代服务业的发展实践有所裨益。

　　这部著作的逻辑思路如下：首先，梳理现代服务业发展理论，运用科学的方法对内蒙古现代服务业发展现状与国内有关省份现代服务业发展进行多次实地走访与网络调研；其次，从基础性、生产性、消费性与社会性四类现代服务业入手，对各省份现代服务业发展经验与启示进行总结；再次，结合相关省份发展经验与启示，对未来内蒙古现代服务业发展的主导行业选择进行研究；最后，基于前期调研与主导行业选择研究的结果，针对内蒙古现代服务业发展提出发展对策与品牌建设实施方案，形成了可供政府采纳与借鉴的政策建议，达到了理论研究和实践价值的统一。

目 录
Contents

第一章　绪论

第一节　研究背景

一、现实背景

近年来，全球服务业迅速发展，在各国经济发展中的地位与作用日益提升。一些专家指出，我国"十三五"时期将基本形成以服务业为主导的经济产业结构新格局。在这种形势下，国内很多省市既把现代服务业作为地区经济发展新的突破口，又把它作为经济结构转型与升级的重要抓手，出台各具特色的政策措施，通过政府引导与市场化运作，推动现代服务业健康发展。

2016年内蒙古自治区第十次党代会报告提出，"着力推动我区产业向高端化、智能化、绿色化、服务化方向发展。更加注重在服务业领域培育支柱产业，下大气力抓好金融、物流、文化、商务会展、健康养老等产业发展，尽快把服务业这块'短板'补起来"。2017年内蒙古自治区《政府工作报告》中明确指出，2017年的重点工作之一是加快发展现代服务业，把发展服务业作为扩大内需、调整结构和转变发展方式的重要战略任务，打造经济增长的"新引擎"。并提出要发展全域旅游、四季旅游，实施"旅游+"战略；培育新型金融主体，完善多层次、广覆盖的金融体系；发展现代物流业等现代服务业的具体行业。在报告中还提出要提高城乡区域协调发展水平，坚持以城带乡，促进城乡一体化发展；坚持优化布局，形成多极支撑的区域发展格局。2018年内蒙古自治区《政府工作报告》中，把深入实施创新驱动发展战略作为2018年的重点工作之一。从增加科技投入，发挥财政资金引导、科技成果转化服务、高质量建设"双创"基地和众创空间、各类人才的培养、引进和使用等多方面工作入手加快现代科技服务业发展。同时，强调实施乡村振兴战略，促进农村牧区一、二、三产业融合发展。2019年内蒙古自治区《政府工作报告中》提出，2019年的重点工作既包括推进先进制造业与现代服务业深度融合，运用新技术、新业态、新模式，加快煤炭、化工、冶金等优势产业提升价值链和产品附加值；又包括增加有效供给，扩大消费需求，发挥消费对经济发展的基础性作用，扩大医疗、养老、育幼、文化、旅游、会展、物流等服务供给。同时，提出提升服务质量，扩大"内蒙古味道""内蒙古影视""内蒙古音乐"等服务品牌影响力，满足群众个性化、品质化、绿色化消费需求。

本课题研究始于2016年，恰逢我国经济发展产业新格局正在形成，又是内蒙古自治区提出服务业发展新思路的关键之年；课题研究历时三年，也是内蒙古自治区服务业在内蒙古经济整体发展布局下健康有序发展的三年。三年里，内蒙古自治区一方面逐年部署与推进现代服务业各行业的发展；另一方面将现代服务业发展与一、二产业融合，城镇化发展进程及提升服务品牌影响力紧密结合。在课题研究的过程中，课题组不断分析国家经济发展形势与内蒙古自治区经济发展战略部署，不断修正调研方向与研究方法，紧紧围绕内蒙古自治区发展现代服务业的战略部署开展课题的各项工作。

二、理论背景

我国"现代服务业"一词最早是在1997年9月党的十五大报告中提出来的。与国外服务业发展研究相比较，我国"现代服务业"概念提出与发展研究相对晚一些。但是，在我国现代服务业迅猛发展的20多年里，学术界与理论界对现代服务业发展的研究也生机勃勃，百花齐放。学者们的研究角度、研究内容、研究方法也都各有不同。本课题研究在大量梳理国内外学者相关研究成果的基础上，结合内蒙古自治区现代服务业发展的实际情况，从现代服务业的概念与分类的界定，到课题调研省份选取的理论依据，再到调研方法的选取都进行了深入细致的理论研究与实践探索。

（一）概念与分类的界定

对于现代服务业的概念界定，从服务业发展的时间次序与技术含量两个角度出发，使用以下概念：现代服务业是服务业发展进程中区别于以往传统服务业的一个阶段性、区分性概念；它的内涵是伴随着信息技术和知识经济的发展产生，用现代化的新技术、新业态和新服务方式改造传统服务业，创造需求，引导消费，向社会提供高附加值、高层次、知识型的生产和生活服务的服务业。结合国内外学者对服务业的分类，在课题研究中将现代服务业分为基础性服务业、生产性服务业、消费性服务业、社会性服务业等四类。

（二）调研省份选取的理论依据

课题组在大量文献收集、整理、分类研究的基础上，并结合"十三五"以来内蒙古自治区逐年提出的现代服务业发展主要任务与重点工作，选择从国内外服务业研究领域理论与方法相对成熟的服务业竞争力、服务业创新能力，以及服务业与城镇化协调发展的关系三方面入手，多种定量分析方法与模型相结合，尽可能客观、合理地选择调查省份。这三方面研究的理论依据如下所述。

1. 有关"服务业竞争力"的研究

学者对服务业的研究最早聚焦于服务业竞争力。Messina（2005）指出影响服务业发展的主要原因是政府部门规模和城市化水平。[①] 苏卫东（2012）通过主成分综合评价函数选取了投入模块、产出模块、基础模块三类指标对中国31个省的发展水平做出客观合理的评价。[②] 丁刚、陈倩（2013）利用全局熵值法对福建省现代服务业9个内部行业竞争力进行了分析，发现各行业发展不平衡等问题。[③] 万武婧、王建军（2014）采用熵权法评价了西部12个省区的服务业竞争力。[④]

国内学者对服务业竞争力的研究大都集中在对经济发展的影响，以及针对某一行业的研究。国内学者使用的研究方法主要有因子分析法、熵值法、数据包络分析法等，这些方法可以为本研究建立指标体系及评价提供参考。在对已有研究成果进行梳理的基础上，本研究将选用空间动态偏离 - 份额分析法对我国31个省份的现代服务业竞争力进行比较与评价。通过对服务业竞争力水平的定量分析，按照调查需要做出各省份服务业竞争力的排名，选取调查对象与对比分析行业，以此为依据选出调研的省份。

2. 有关"服务业创新能力"的研究

随着服务业对各行业影响力的增强，学者研究视角转向对服务创新能力的研究。Sundo 和 Gallouj（2000）提出典型的研发模式、服务专业模式、有

---

① MESSINA , JULIAN. Institutions and service employment: a panel study for OECD countries [J]. Labor, 2005(2): 343-372.

② 苏卫东.城市化、工业化与服务业发展水平的实证研究 [J].统计与决策，2012(7): 142-145.

③ 丁刚，陈倩.基于全局熵值法的区域现代服务业分行业竞争力评价研究：以福建省为例 [J].中国石油大学学报（社会科学版），2013, 29(6): 14-18.

④ 万武婧，王建军.基于熵权 TOPSIS 法的西部地区服务业竞争力评价分析：以青海省为例 [J].青海师范大学学报（哲学社会科学版），2014, 36(1): 6-10.

组织的战略模式、配套创新模式、"工匠"模式和网络模式6种服务业创新模式。[①] 王铁山（2015）采用随机前沿分析法，分析中国三大区域服务业存在的技术效率差异及变化趋势。[②] 黄明凤等人（2015）以西北地区各省份为研究对象，运用"索洛余值"法对各省区服务业发展潜力进行测评，提出推动服务业发展的建议。[③]

我国服务业创新能力研究起步较晚，对欠发达地区服务业创新能力评价研究较少。上述文献虽为课题指标选取指引了方向，但在指标体系的构建中缺少针对性。这就需要人们根据研究目标，建立针对性的评价体系，对内蒙古与相关省份间的现代服务业创新能力进行比较研究。本次调研，着重研究对内蒙古自治区服务业创新发展有借鉴作用的地区服务业创新能力和服务业发展状况，选取适合欠发达地区服务业创新能力提升的评价指标对相关调查省份进行评价与比较，最终选择调研省份。

3. 有关"服务业与城镇化协调发展关系"的研究

发达国家对服务业与城镇化协调发展的研究开展较早，学者对服务业与新型城镇化协调发展的研究成果集中体现在对二者的关系研究。其中，美国学者丹尼斯等（1991）在以国内部分城市为研究对象展开美国国内服务业发展实证研究的过程中，发现地区服务业的发展及扩张动力紧密依存于城镇化发展水平。[④] 迈斯纳（2004）在其研究中，发现区域城镇化发展水平与该地区服务业就业人数之间呈显著正相关关系。[⑤] 而国内学者在研究产业化与城镇化的关系与协调发展的进程中，多关注工业化与城镇化协调发展的关系研究。随着我国经济增速放缓与产业转型升级的现实要求，服务业发展逐渐成为各省份经济发展的新支撑点，学者们的关注点也由工业逐渐转为服务业与城镇化的关系研究，更注重于服务业发展在产业结构变化中的作用，以及与新型城镇化发展的相互依存关系。欧新黔（2005）通过研究发现某一区域现代服务业发展会受到

---

① SUNDO J, GALLOUJ F. Innovation as a loosely coupled system in services [J]. international journal of services technology and management, 2000(1): 15-36.

② 王铁山. 中国服务业的技术效率及其区域差异分析 [J]. 求索, 2015(5): 123-129.

③ 黄明凤，李蕾. 西北地区服务业发展潜力探究 [J]. 区域经济, 2015(2): 86-91.

④ DANIELS P W, CONNOR K, HUTTON T A. The pianning response to urban service sector growth: an internationgal comparison[J]. Growth and change, 1991, 22(4): 3-26.

⑤ Messina J. Institutions, service employment-a panel study for OECD countries[J]. european central bank working paper series, 2004(8): 320.

该地区城镇化发展快慢的影响。[①] 辜胜阻等（2010）也得出类似结论，认为新型城镇化的推进速度会催生现代服务业发展。[②] 曾桂珍、曾润忠（2012）按照东、中、西部三大经济带，对城镇化、服务业二者关系进行研究，并进行各经济带间格兰杰检验，得出城镇化、服务业之间具有相互促进关系。[③] 刘德军等（2015）对山东省开展的城镇化与服务业关系与互动发展进行研究，[④] 虽然研究方法运用了灰色关联、动态计量等不同的定量研究方法，但均得出二者在发展过程中存在互相促进的正相关关系。

目前，我国学者对于服务业与城镇化协调发展的研究，大多沿用了工业或者新型工业与城镇化协调发展的研究方法与思路。他们的研究方法集中于灰色关联、回归、聚类几种分析方法以及运用协调度模型。国内外学者已有的研究成果，可以为本研究提供理论依托与指标选取依据。本书所采用的因子分析与协调度模型构建相结合进行省份间服务业与城镇化协调发展程度对比分析的方法是在对已有研究成果整理后，结合内蒙古自治区经济欠发达地区的实际情况，选取了评价与研究方法，具体调研对象的选取具有一定创新性。

（三）调研方法的选取

课题组结合内蒙古实际情况与已有研究成果，采取实地调研走访与网络调研相结合的方法，系统梳理现代服务业国内外各地区的发展模式，选取有关省份进行实地考察，归纳总结各省份促进现代服务业快速发展的成功经验，结合内蒙古自治区区情实际，提出借鉴这些做法和经验加快发展内蒙古现代服务业的具体措施。

---

① 欧新黔.服务业：经济发展的新动力 [J].中国质量，2005(7)：6-9.

② 辜胜阻，李华，易善策.城镇化是扩大内需实现经济可持续发展的引擎 [J].中国人口科学，2010(3)：1-10.

③ 曾桂珍，曾润忠.城市化与服务业的协整及因果关系研究 [J].华东交通大学学报，2012(5)：15-22.

④ 刘德军，尚蔚.城镇化与服务业互动发展的动态计量分析及对策建议：以山东省为例 [J].湖南社会科学，2015(4)：128-131.

第二节　研究目标与研究重点

一、研究目标与学术价值

（一）研究目标

对内蒙古自治区现代服务业发展的现状进行分析；针对内蒙古自治区现代服务业发展在全国的发展水平与实际发展情况，提出加快内蒙古现代服务业发展的对策性建议；实现更好地服务于内蒙古自治区经济发展的目标。

（二）学术价值和应用价值

1. 学术价值

通过现代服务业竞争力、现代服务业创新能力以及服务业与城镇化协调发展的关系三个视角，多种定量分析方法与模型相结合，对内蒙古自治区的相关问题进行研究，既可以更加客观、科学合理地分析问题，又可以拓展现代服务业的研究视角与研究领域。

2. 应用价值

通过课题研究，在对国家政策认真分析的基础上，学习服务业发达省份如何用好国家政策，推进服务业快速健康发展的成功经验。在汲取经验的基础上，结合内蒙古自治区实际情况，对内蒙古现代服务业发展的市场需求和要素进行分析，为加快内蒙古现代服务业发展提出对策性建议与措施，为内蒙古自治区服务业发展中各级政府的决策提供有价值的参考。

二、研究重点、难点与创新点

（一）研究重点

（1）深入领会国家、各调查省份以及内蒙古自治区出台的有关政策、文件与法规，还有具体实施与执行效果。

（2）提炼各调查省份可与内蒙古自治区区情结合的、促进现代服务业健康发展的成功经验。

（二）研究难点

（1）如何科学合理地选择调研省份，并得到真实有效的分析结果，为课题研究实地调研打好基础。

（2）如何结合实际发展情况，对内蒙古自治区现代服务业主导行业的选择进行研究。

（3）如何与内蒙古自治区现代服务业发展紧密结合，顺应国家服务业发展趋势，提出切实可行的发展战略思路与策略建议。

（三）研究创新点

（1）服务业涉及的行业众多，分类繁杂，至今我国还没有专门针对现代服务业的统一的行业分类标准与统计部门精确的数据统计。本课题研究采用现代服务业四分类法，并且对现有国家统计局的服务业 14 个行业数据统计的结果进行甄别运用，在研究视角与数据的使用方面进行了一定程度的创新。

（2）在研究过程中，针对各部分研究内容的不同，运用最切合研究需要的不同定量分析方法，更科学地针对问题进行研究，使研究结果更客观真实、具有可参考性。

（3）以先进省份经验的启示为根据，结合服务业品牌培育，提出内蒙古自治区健康发展现代服务业的对策与建议，研究的结论更具有实际的应用价值。

第三节　研究方法与内容安排

一、研究方法

（一）文献研究法

首先，通过文献梳理和回顾，分析研究现状、发现研究问题，并提出研究方向。其次，本研究中无论是评价指标体系的建立、评价方法的选取都是在借鉴前人研究经验的基础上形成的，文献研究为本研究提供了方法论的依据。

（二）定量分析法

在"内蒙古服务业发展现状分析""有关调查省份的选取"与"内蒙古现代服务业主导行业选择"的研究过程中根据课题研究需要，分别运用不同的定量分析方法进行模型构建、指标选取、数据分析。具体方法如下：

（1）内蒙古服务业发展现状分析：因子分析法与回归分析法相结合。

（2）现代服务业竞争力调查省份的选取：动态偏离 – 份额分析法与区位熵法相结合。

（3）现代服务业创新能力调查省份的选取：熵值法。

（4）现代服务业与城镇化协调发展调查省份的选取：构建协调度模型与因子分析相结合。

（5）内蒙古现代服务业主导行业的选择：主成分与灰色聚类模型相结合。

（三）定性分析法

在"各调研省份现代服务业发展经验与启示""内蒙古现代服务业发展对策"以及"内蒙古现代服务业品牌建设"等章节，以定量研究法对研究问题进行归纳、总结，并提出相应的对策性建议。

（四）实地调查法

课题组分别对国家近五年颁布的服务业各项政策，内蒙古自治区现代服务业及主导行业的发展现状，以及先进省份的政策与实施效果进行文献调查与实地走访，以期发现能够为内蒙古服务业发展所借鉴的成功政策。

二、内容安排

全书共分为九章，章节安排及主要内容如下：

第一章为"绪论"。本章从现实背景与理论研究意义出发，提出研究问题，并对全文的研究目标，研究内容，研究的重点、难点与创新点，研究方法，以及研究的学术价值等方面进行了简要介绍。

第二章为"现代服务业发展理论与相关研究评述"。本章是在大量收集、整理国内外研究成果的基础上形成的。首先，按照服务业发展的时间脉络，对服务业概念、基本特征和分类进行了归纳，并对现代服务业发展与推动地方经济发展、促进就业创业之间的关系研究进行了总结与阐述。其次，对国外现代服务业概念的出现，其基本特征与分类，以及国外学者对现代服务业发展的研究成果进行了分类与总结。最后，对国内现代服务业的概念、基本特征及其分类，以及我国学者对现代服务业发展的研究成果进行了归纳与提炼。本章为课题的后续研究完成了理论与研究方法的梳理与总结，奠定了良好的研究基础。

第三章为"内蒙古现代服务业发展现状分析"。本章在对内蒙古服务业整体状况及分行业数据进行收集整理的基础上，首先对内蒙古三次产业产值结构变动，服务业与一、二产业的生产总值、吸纳就业等方面在经济发展中的贡献进行了对比分析；其次依据行业数据对内蒙古服务业各行业发展进行分析，并按照基础性、生产性、消费性与社会性四分类法对内蒙古现代服务业发展现状进行分析；最后总结出内蒙古现代服务业发展中存在的问题。

第四章为"内蒙古现代服务业发展相关调查省份选取"。本章在第二章对现代服务业发展理论进行深入研究与第三章对内蒙古现代服务业发展客观评价的基础上，对我国各省份现代服务业发展进行评价，并在评价的基础上筛选进行重点研究的国内省份，为第五章、第六章进行有关省份现代服务业及行业发展经验的调查做好基础准备工作。因为通过调查现代服务业发展较快的国内先进省份，可以为内蒙古现代服务业发展提供可借鉴的经验，所以本章写作的出发点就是如何对国内各省份现代服务业发展水平进行科学的、客观的评价。根据研究需要，借鉴已有的调研与分析方法；收集整理各省份统计年鉴、服务业年鉴、以及国家与各省份的统计网站、政府公报等官方数据，查找所需的全国及省份相关统计数据；采用定量分析与建模评价，科学合理地选择调研省份。最终，本章从现代服务业竞争力、现代服务业创新能力以及现代服务业与城镇化协调发展三方面入手，选取了 15 个省份作为调研省份。

第五章为"调研省份基础性与生产性现代服务业发展经验与启示"。本章是按照第四章所选取出的调查省份，针对基础性与生产性两类现代服务业，对被调查省份中典型案例进行了重点行业发展经验与启示的总结归纳。基础性现代服务业包括第一节"信息服务业"；而生产性现代服务业包括第二节"金融业"、第三节"电子商务业"、第四节"物流业"、第五节"科技服务业"和第六节"会展业"一共五个行业的内容。通过分行业对第四章筛选出的国内发展速度较快或者发展背景与内蒙古类似的省份进行调研与总结，得出可供内蒙古自治区学习的经验与启示，为内蒙古未来基础性现代服务业与生产性现代服务业的发展决策提供基础性研究成果。

第六章为"调研省份消费性与社会性现代服务业发展经验与启示"。本章是按照第四章所选取出的调查省份，针对消费性与社会性两类现代服务业，对被调查省份中典型案例进行了重点行业发展经验与启示的总结归纳。消费性现代服务业把第一节"文化与相关产业"、第二节"商贸服务业"、第三节"旅游业"、第四节"养老服务业"共四个行业的内容作为重点研究的行业。其中，第一节"文化与相关产业"、第四节"养老服务业"又有部分内容归属于社会性现代服务业范畴。通过分行业对第四章筛选出的国内发展速度较快或者发展背景与内蒙古类似的省份进行调研与总结，得出可供内蒙古自治区学习的经验与启示，为内蒙古未来消费性与社会性现代服务业的发展决策提供基础性研究成果。

第七章为"内蒙古现代服务业主导行业选择的调查研究"。本章是在第五章、第六章总结国内省份的经验与启示的基础上，通过建立模型与构建指标体系，进一步分析出内蒙古自治区应集中力量优先发展的现代服务业主导行业。本章在对内蒙古现代服务业主导行业选择的意义、相关研究理论进行梳理的基础上，选择了主成分与灰色聚类模型相结合的方法，对内蒙古现代服务业行业进行了定量分析与筛选；最终得出金融业、旅游业、大数据业与商贸服务业为内蒙古自治区应该优先发展的四个行业，同时从影响内蒙古现代服务业发展因素的角度提出了发展对策建议。

第八章为"基于调研的内蒙古现代服务业发展对策"。本章是在课题研究完成了第三章到第七章的大量前期调查与研究的基础上，总结出内蒙古现代服务业发展的对策性建议。本章分别从宏观、微观两部分入手提出建议：宏观角度，为内蒙古现代服务业发展提出了战略性对策建议；微观角度，从如何促进内蒙古现代服务业发展的策略层面提出具体的举措。

第九章为"内蒙古现代服务业品牌建设研究"。我国统筹推进"中国服务"国家品牌建设，"中国服务"理念不断强化，既体现了我国综合国力的提升，也标志着国民经济提升到发展质量与发展水平阶段的考量。在这一国家发展战略背景下，课题组抓住这一发展契机，对内蒙古现代服务业品牌建设的形势与现状进行了深入研究。通过研究，笔者发现了一些内蒙古现代服务业品牌建设方面的问题，并对内蒙古现代服务业品牌建设提出针对性的建议，以期能够从品牌建设的角度为内蒙古现代服务业的健康发展尽绵薄之力。

第二章 现代服务业发展理论与相关研究评述

为探讨现代服务业发展理论研究的新思路，通过对国内外现代服务业发展理论研究现状的回顾和梳理，本章主要对服务业及现代服务业的概念、基本特征和分类进行归纳和概述，并进一步论述了现代服务业发展与推动经济发展和促进就业创业之间的关系。

第一节　服务业发展概述

一、服务业的概念、特征与分类

（一）服务业的概念

服务业是随着商品经济及商业的发展而逐步发展起来的，是继商业之后产生的一个行业。目前，在理论界并没有一个统一的对服务业的定义，其最早的定义源于西方"第三产业"这个概念。经济学家费希尔（1935）首次对服务业进行定义，提出"第三产业"即服务业，其特点是提供无形产品，如提供文化旅游、娱乐服务等产品服务，并用此概念来划分国民经济产业结构。[①] 由此，各个国家都以该分类法对三次产业进行划分。之后，克拉克（1940）在此概念的基础上，综合考虑影响国民经济产业结构的其他因素，认为以农业为主的第一部门、以制造业为主的第二大部门、以服务业为主的第三大部门应该是对国民经济结构相对精确的划分，并且称第三产业为服务性产业。[②] 进入 21 世纪，随着信息时代的来临，经济合作与发展组织，简称经合组织（OECD）重新界

---

①　ALLEN FISHER. The clash of progress and security[M]. London: Macmillan, 1935: 1.

②　COLIN CLARK. The conditions of economic progress[M]. London: Macmillan, 1940: 22.

定服务业的概念，认为服务业是集管理咨询、中介培训、娱乐劳动等形式为一体的产业，通过提供人力资本来与农业、商品生产等产生间接联系，具有多种经济活动特征。[①]

国内学者给出的概念界定也有很多。中共十五届五中全会提出的"十五"计划当中，首次将"第三产业"改为"服务业"，所以关于国内学者对于"服务业"的定义规范从 2000 年以后进行综述。郑志海（2002）认为，服务业是指我国现行国民经济统计体系中的服务业和建筑业之和。[②] 黄维兵（2003）、尚慧丽（2010）均认为服务业指生产或者提供各种服务的部门或企业的集合。江小娟（2004）、戴月（2013）则认为，只要不属于农业和工业的部门均可划为服务业。顾乃华等（2011）认为，服务业就是指第三产业，即除农业、工业以外的所有其他产业的集合体。[③]

结合以上国内外学者的理解和本次调查的研究目的，笔者将第三产业界定为服务业，即以提供非物质性产品为主的，不属于农业和工业的经济部门均划为服务业。

（二）服务业的基本特征

服务业与其他产业部门相比，其提供的产品是服务。因服务产品具有无形性、不可储存性、不可分割性等特征，导致服务业成为一个范围广泛、灵活分散的集合体，故将其基本特征归纳为以下三个方面：

1. 广泛性

服务业既为生活服务，又为生产服务，其经营几乎涵盖了社会生产、流通、消费所有领域，同时服务业可以在任何地方开展业务。在社会分工中，服务业是经营范围最广、活动地域最宽的行业。

2. 关联性

服务业既能加强生产与消费的联系，使产品顺利地经过流通到达消费领域；又能帮助消费者更好地利用产品，指导和扩大消费，加速社会的再生产过程。服务业在国民经济各个部门之间起联结作用和协调作用。服务业的发展与制造业、农业等其他行业的发展相互关联，同时由于人们消费的连带性，服务

---

① OECD. Business and Industry Policy Forum Series, Science Technology and Industry, The Service Economy[R], 2000: 7.

② 郑志海. 入世与服务业市场开放 [M]. 北京：中国对外经济贸易出版社，2002：52.

③ 顾乃华，夏杰长. 服务业发展与城市转型基于广东实践的分类研究 [J]. 广东社会科学，2011(4)：67-72.

业内部各行业之间也有着极高的关联性。

3.渗透性

服务业以其极强的渗透性影响着社会经济生活的每一个角落,人们的生产和生活中都有服务业的影子。服务业与其他行业既有专业分工越来越细的趋势,又有相互渗透融合的特点。

(三)服务业的分类

关于服务业的分类问题,目前学术界主要是以功能分类占主导,格林菲尔德(Greenfield)、瑞德尔(Riddle)先后依据这一标准给出了自己的分类结果。1975年,布朗宁对格林菲尔德提出的服务分类进行了深化,将服务业分为流通服务、生产者服务、社会服务、个人服务四类。饭盛信男将既服务于生产又服务于生活的服务业加以划分并计入各自的所属。①

基于不同的需要,我国学者对服务业进行多层次的归类,如表2-1所示。

表2-1　服务业分类及其内部构成

区分依据	具体内容
发展顺序	(1)传统服务业:商业、饮食、金融、保险、租赁、交通、通信、文教、法律、会计、医保、洗理、服装、修理、装演、娱乐等 (2)现代服务业:物流、旅游、情报信息、咨询、广告、技术服务等
技术含量	(1)传统服务业:未使用现代技术或未经组织改造的传统服务业 (2)现代服务业:使用现代技术或经组织改造的传统服务业及新兴服务业
服务对象	(1)生活服务业:商业、饮食、服装、洗理、洗染、修理、娱乐、养花及交通运输中的客运业旅游、住宅等 (2)社会服务业:邮电通信、金融保险、租赁、文教、体育、医保、广播电视、环保、律师、会计、档案、婚介等 (3)生产服务业:技术服务、情报信息、包装装演、货运、广告、建筑劳务等
我国现行分类	交通运输、仓储和邮政业;信息传输、计算机服务和软件业;批发和零售业;住宿和餐饮业;金融业;房地产业;租赁和商务服务业;科学研究、技术服务和地质勘查业;水利、环境和公共设施管理业;居民服务和其他服务业;教育;卫生、社会保障和社会福利业;文化、体育和娱乐业;公共管理和社会组织;国际组织等

阎小培根据辛格曼的分类,总结了国内外学者观点将我国服务业分为生

---

① 饭盛信男.日本第三产业的新动向[J].经济学译丛,1984:23.

产性、分配性、消费性、社会性服务业四类。① 而方远平又将我国2002年颁布的《国民经济行业分类与代码》中服务业各行业整合到这四大类中②，如表2-2所示。

表2-2 国外服务业四分法与我国服务业分类的整合

一级分类	二级分类
生产性服务业	信息传输、计算机服务业和软件业；金融业；房地产业；租赁和商务服务业；科学研究、技术服务和地质勘查业
分配性服务业	交通运输、仓储和邮政业；批发和零售业
消费性服务业	住宿和餐饮业；居民服务和其他服务业
社会性服务业	水利、环境和公共设施管理业；教育；卫生、社会保障和社会福利业；文化、体育和娱乐业；公共管理和社会组织；国际组织提供的服务

二、服务业与经济发展

自克拉克提出三大产业相继转移与增长的理论以来，随着人均国民收入水平的提高，劳动力首先由第一产业向第二产业转移，当人均国民收入水平进一步提高时，劳动力便向第三产业移动。服务业在经济增长中到底扮演了什么角色，一直是经济学家所关注的。

在国外的实证研究中，早期经济学者普遍采用最小二乘法（OLS）对一部分国家的截面数据进行检验，分析服务业和经济增长的关系。Victor Fuchs（1968）提出服务业在逐步改变着国民经济发展的产业布局和动力结构。Riehta（1969）、Touraine（1969）和 Bell（1973）都提出了服务活动是独立的经济增长引擎。而沙洛特科夫（1980）、Cohen（1987）提出服务业在经济发展中起着被动的作用，服务业是制造业的补充。Gershuny（1975）、Walker（1985）认为未来社会仍以实物产品生产为主导。Andersen（1988）、Browne（1986）、Marshal（1992）等众多学者都认为服务产品的使用最终会带来整体经济的增长。③ H. B. Chenery（1975）从实证分析的角度对服务业进行了研究，

---

① 阎小培. 信息产业与城市发展 [M]. 北京：科学出版社，1999：61.

② 方远平，毕斗斗. 国内外服务业分类探讨 [J]. 国内经贸探索，2008, 24(1)：72-76.

③ 陈凯. 服务业在经济发展中的地位与作用：国外理论述评 [J]. 经济学家，2005(4)：112-118.

将服务业分成数个子部门进行回归分析，发现人均收入水平与经济结构之间具有强相关关系。[①]

与"服务经济"理论不同，一些经济学家对此提出了质疑，认为在经济增长中服务业的真实份额并没有增加，只是服务业的价格上升了。Baumol（1967）提出了著名的"成本病"理论，认为服务业占 GDP 的比重上升主要是因为服务业的生产率增长速度低于制造业，所以服务业的成本大幅上升。[②]Stoffaes（1981）也认为，服务部门的增长会导致成本病。[③]

国内学者中，李江帆（2005）使用了 92 个国家的数据，通过拟合世界三次产业方程和中国第三产业方程，提出第三产业比重增大的规律，从服务型生产资料功能、服务消费品功能、GDP 增长贡献份额、就业增长贡献份额、产业发展趋势和资源制约程度六方面分析了第三产业在中国国民经济中的重要战略地位。[④]江小涓、李辉（2004）从世界国别数据分析中得出概括性的结论：当一个国家人均 GNI 增长幅度较小时，收入增长与服务业发展的对应关系不明显；但是如果一个国家经历了长期的经济增长，人均 GNI 从一个收入组别迈入另一个收入组别，则服务业的发展会实现一个台阶式的跨越，占经济总体的比重会显著上升。他们预期，我国在未来一二十年的时期内，服务业占 GDP 的比重和服务业对 GDP 增长的贡献应该有明显提高。[⑤]黄少军（2000）也对服务业与经济增长的关系从理论和实证角度进行了论述，总结出服务业与经济发展的水平关系及结构关系。[⑥]

三、服务业与就业

目前，越来越多的国家将服务业的发展作为衡量一个国家现代化程度的重要标志，同时把大力发展服务业作为减少失业率的重要手段。关于服务业与

---

①　HOLLIS CHENERY, SHERMAN ROBINSON, MOSHE SYRQUIN. Industrialization and growth: a comparative study (World Bank Publication) [M].London: Oxford University Press, 1987, 83.

②　BAUMOL W J. Macroeconomics of unbalanced growth: the anatomy of urban crisis[J]. The American economic review, 1967(57): 415-426.

③　STOFFAES C. L'Emploi et la révolution informationnelle[J].Informatisation et emploi, 1981(2): 11.

④　李江帆. 中国第三产业发展研究 [M]. 北京：人民出版社，2005：66.

⑤　江小涓，李辉.服务业与中国经济：相关性和加快增长的潜力 [J]. 经济研究，2004(1)：4-15.

⑥　黄少军.服务业与经济增长 [M]. 北京：经济科学出版社，2000：36.

就业关系的理论研究，国内外已取得了较为丰富的成果，也积累了大量的研究文献。

　　随着科学技术的进步和社会经济的发展，劳动力自然会从一个行业流向另一个行业。William Petty（1672）最早提及由于不同产业间的相对收入差异促使劳动力向能够获得更高收入的部门转移。[①]Colin Clark（1960）在 Petty 研究的基础上，提出随着经济的发展和人均国民收入的提高，劳动力首先由第一产业向第二产业移动，再由第二产业向第三产业移动。因此，第一产业劳动力将不断减少，第二、三产业劳动力将不断增加。[②]Simon Smith Kuznets（1971）通过细致的历史分析认为，"工业化"过程并不表现为劳动力以向工业转移为主，相反，是以向服务业转移为主。[③]Victor R. Fuchs（1968）以统计学为研究工具，主要采取实证研究的方法，详细地说明了从工业向服务经济过渡这一历史时期中服务业就业增长情况及其成因与影响。[④]H. B. Chenery、M. Syrquin（1975）提出在产业结构转变时期，农业劳动力的转移都存在滞后现象，而工业就业的增加远远低于农业就业的减少，因此劳动力的转移主要发生在农业和服务业之间。[⑤]之后，许多经济学家都认同在劳动就业结构中，农业所占份额下降，工业所占份额变动缓慢，而服务业将吸收从农业中转移出来的大量劳动力。

　　国内学者在国外传统研究的基础上融入创新的方法和观点，在服务业的就业效应问题的研究上，大致形成了三种观点：

（一）服务业的就业效应巨大，应大力发展服务业

　　由于我国高经济增长与高失业率并存的特殊国情，大批学者将研究的重点转向如何保持现有经济增长的同时提高就业率，而现代服务业的不断完善与发展，为他们解决这一问题提供了研究的空间。赵农华（2002）、魏作磊（2004）、江小涓、李辉（2004）、蒲艳萍（2005）、张秀娥（2006）、严浩（2008）等通过对我国服务业就业吸纳能力进行实证分析后，认为服务业的就业效应巨大。另外，宋湛（2005）认为，我国非农产业是拉动就业的主要部

---

① 威廉·配第. 政治算术 [M]. 北京：商务印书馆，2014：92.

② COLIN CLARK. The condition of economic progress [M]. London: Macmilliam, 1960: 38.

③ SIMON SMITH KUZNETS. Economic growth of nations: total output and production structure[M]. Cambridge, MA: Belknap Press of Harvard University Press, 1971: 21.

④ VICTOR R FUCHS. The service economy[M].NEW York: National Bureau of Economic Research, 1968: 3.

⑤ CHENERY H B, SYRQUIN M. Patterns of development: 1950-1970[M]. Landon: Oxford University Press, 1975: 22.

分，通过对我国改革开放以来三种非农就业效应——增长效应、强度效应和结构效应的分析，提出要大力发展第三产业促进劳动力市场一体化的政策建议。① 马利彪、高文博（2008）对服务业就业需求和服务业劳动力的供给进行预测，认为"吉林省服务业未来在拉动就业方面的潜力很大"。② 冯亦封（2012）提出，"浙江推进服务业的集聚能够增加服务业对劳动就业的吸纳能力，特别是对高素质劳动者的吸纳能力。其中，生产性服务业就业集聚的就业效应相对更为显著"。③

（二）拒绝盲目发展服务业，重新审视服务业的就业拉动效应

李冠霖、任旺兵（2003）通过对比我国第三产业结构偏离度与国际标准模型理论，显示我国第三产业就业吸纳能力已处于较高水平，也就是说我国第三产业的劳动力吸纳空间有限。④ 程大中（2003）在研究技术进步对我国服务业增长中的作用时，发现中国服务业的有效劳动增长率为负，即通过服务业增加就业的做法已影响到服务业本身的发展。⑤ 程永宏（2005）运用世界银行数据分析表明，"服务业就业比重的上升，至多只能吸收农业或工业部分转移的劳动力和就业新增人口，但不能降低失业率"。⑥

（三）在大力发展服务业的同时，还应重视其他产业的联动发展

宋晓丽（2004）在第三产业增加就业的可能性与局限性分析中得出结论，"在倚重第三产业增加就业的同时，第二产业也将成为增加就业的重要领域，尤其对多数进城农民来说，第二产业仍是他们就业的重要领域"。⑦ 朱莹、蒋乃华（2006）对江苏省第三产业就业效应进行分析时指出，"协调发展三次产业，一方面要把发展第三产业放在重要的位置，充分发挥它的高附加值和高就业率的功能；另一方面，不能忽视第一、二产业的发展，避免'产业空心化'和'泡沫经济'现象"。⑧

① 宋湛.影响我国非农产业就业的三种效应分析[J].人口与经济，2005(5)：33-38.

② 马利彪，高文博.大力发展吉林省服务业以促进就业[J].经济纵横，2008(3)：74-76.

③ 冯亦封.浙江服务业集聚的就业效应研究[J].商业经济，2012(9)：56-57.

④ 李冠霖，任旺兵.我国第三产业就业增长难度加大：从我国第三产业结构偏离度的演变轨迹及国际比较看我国第三产业的就业增长[J].财贸经济，2003(10)：69-73.

⑤ 程大中.中国服务业增长的地区与部门特征[J].财贸经济，2003(8)：68-75.

⑥ 程永宏.现收现付制与人口老龄化关系定量分析[J].经济研究，2005(3)：57-68.

⑦ 宋晓丽.第三产业增加就业的可能性与局限性分析[J].理论与改革，2004(4)：105-107.

⑧ 朱莹，蒋乃华.江苏省第三产业就业效应分析[J].扬州大学学报（人文社会科学版），2006，10(4)：18-22.

近年来，服务业越来越成为世界各国衡量国家现代化和经济发展水平的重要产业。因此，服务业的就业效应成为各国学者研究的热点。通过对西方传统的研究方法和我国创新的研究方法的梳理，可以帮助人们从理论方法上更好地理解服务业及其就业拉动效应，并最终运用到实际中，适应我国与世界服务产业的发展，解决就业难题。

第二节 国外现代服务业发展概述

一、国外现代服务业的概念界定

由于服务业的极端复杂性和多样性，目前国际上对于现代服务业并没有一个明确、权威、统一的界定。现代服务业是中国特色的提法，伴随着信息技术和知识经济的发展产生，是用现代化的新技术、新业态和新服务方式改造传统服务业，创造需求，引导消费，向社会提供高附加值、高层次、知识型的生产服务和生活服务。

在国际上，正式使用现代服务业概念的并不多见，但曾有划分传统服务业和知识密集服务业的先例。例如，OECD 国家将信息服务业包括通信、金融服务业、教育服务业、专业技术服务业、健康保健服务业五大类列为知识密集型服务业，又称战略性服务业，它是知识经济时代背景下成长性最高的产业。

自 20 世纪 90 年代以来，人类社会在经历农业时代和工业经济时代之后，正在迈向服务经济时代，服务业的发展水平已经成为衡量一个国家和地区经济社会发展水平的重要标志。进入 21 世纪，全球产业结构又出现重大调整，开始由"服务经济"主导进入向"现代服务业"为主导转变的新阶段。主要发达国家服务业增加值占 GDP 的比重都在 70% 以上，而现代服务业在服务业中的比重已达到 60% 以上。

现代服务业是在工业化比较发达的阶段产生的，主要依托信息技术和现代管理发展起来的信息和知识相对密集的服务业。对现代服务业概念的理解需要从对信息技术（或现代管理）的依赖程度和工业化发展水平这两个维度考虑。国外学者认为信息技术和知识的创新是现代服务业发展的主要原因。Fritz Machlup（1962）明确给出了现代服务业的一般范畴和简单分类模型。他认为，现代服务业主要包括四个行业，即教育、科学研究、通信媒介和信息服务，突出强调了现代服务业的知识性和信息服务性。Daniel Bell（1973）在详细分析后工业社会特征时，突出强调了后工业社会中的现代服务业与在此之前的服务业的区别。他认为，在农业社会，由于生产效率低，剩余劳动力多、素质差，因而服务业主要以个人服务和家庭服务为主；在工业社会中，服务业主要围绕商品生产活动而展开，以商业服务和运输服务为主；但在后工业社会中，服务业则以技术性、知识性的服务和公共服务为主。John T. Scott（1999）认为，随着信息技术的发展和大量应用，发达国家的服务业快速向现代服务业转变。①Julian（2005）认为在政府的推动下，城市化和产业的规模化促进现代服务业发展。Andreas Koch、Harald Strotmann（2008）认为，服务部门经常开展创新活动，尤其是知识密集型部门，其活动更为频繁。他们运用部门微观数据，分析部门创新的决定性因素，发现对先进技术的敏感性强是其重要因素。②Doytch（2011）在研究区域金融业快速增长的原因后，认为国外直接投资与其有着密切联系。③

现代服务业对信息技术的应用是一个不断深化的过程，其发展业态、业务模式、竞争要素对信息技术的依赖也是不断深化的过程。不同国家、不同产业、不同阶段，服务业对信息技术的依赖是不同的，所以判断一个服务业是否为"现代服务业"，是把一个复杂问题简单化的过程。在未来，随着信息技术的发展、应用范围的扩大以及应用程度的提高，现代服务业所包含的内容和范畴将不断扩大。

二、国外现代服务业的基本特征、分类

（一）国外现代服务业的基本特征

现代服务业的发展本质上来自社会进步、经济发展以及社会分工的专业化等需求。与传统服务业的增值低、乘数效应小等特点相比，现代服务业一般具有五大基本特性。

---

① JOHN T SCOTT. The service sector's acquisition and development of information technology: infrastructure and productivity[J]. Journal of technology transfer, 1999(24): 37-54.

② ANDREAS KOCH, HARALD STROTMANN. Absorptive capacity and innovation in the knowledge intensive business service sector[J]. Service industries journal , 2008, 17(6): 511-531.

③ DOYTCH, UCTUM. Does the worldwide shift of FDI from manufacturing to services accelerate economic growth? A GMM estimation study [J]. Journal of International Money & Finance, 2011, 30(3): 408-416.

（1）高密集性，即现代服务业的技术、知识和人力资本高度密集。计算机网络、通信与信息技术等科学技术的发展不仅是现代服务业发展的基础，更催生了新的行业形态。利用科学技术现代服务业进行更为精细的专业化分工，由拥有专门人才和专业技术的服务机构应用专业知识和实践经验，为客户提供某一领域的特殊服务，帮助客户解决问题，因而知识和人才是现代服务业生存与发展的重要保证。

（2）高增值性，即现代服务业的规模效益和乘数效应使服务大幅增值。相对于传统服务业而言，现代服务业可以直接或间接地节约物质资源和人力资源，降低成本，增加效益，尤其是产生的效益除了表现为服务业本身的利润以外，其运作的外表效果更为显著，使服务活动在整个价值链中的价值含量日益提高。

（3）高集聚性，即现代服务业在行业和空间上的集聚。现代服务业的出现和发展都集中在技术发达、知识和人才密集的地区，同时现代服务业的相互关联程度及技术的交互融合程度较高，不同功能的现代服务业之间相互依赖，形成服务产业集群，可以产生服务的规模效应和各种服务相互整合的聚焦效应。

（4）高辐射性，即现代服务业对其他产业的联动效应。现代服务业对其他行业具有高度渗透性，在整个产业供应链中不断向上、向下延伸，成为维系社会化大生产各部门之间关系的重要纽带。现代服务业与其他产业相互交融、相互支持，从而带动整个地区服务经济的增长。

（5）高创新性，即现代服务业由于高新技术的应用和市场需求的变化而产生新的服务业态。现代服务业适应现代城市和现代产业的发展需求，除了对传统服务业的现代化改造和提升，还增加了很多现代兴起的行业，开发和拓展了新的服务领域，形成了新的生产性服务业、智力（知识）型服务业和公共服务业的新领域。

（二）国外现代服务业的分类

关于产业的划分，克拉克在他的《经济进步的条件》中是这么规定的，第一部分应以农业为主，包括畜牧业、狩猎业、林业、渔业；第二部分以制造业为主，包括采矿业、制造业、建筑业等公用事业；其余的经济部门统称为"服务性产业"，包括运输业、商业、通信业、金融业、行政管理等。美国经济学家西蒙·史密斯·库兹涅茨把动力、煤气、自来水和照明用电都划入了第二产业，并在第三产业中增加了房地产、家庭服务和政府。

根据 WTO 统计和信息系统局（SISD）提供的国际服务贸易分类表，服务业可分为 11 大类 140 多个服务项目：商业服务业、通信服务业、建筑及有关工程服务业、销售服务业、教育服务业、环境服务业、金融服务业、健康与社会服务业、旅游服务业、文化娱乐及体育服务业、交通运输服务业。[①]

美国经济学家格鲁伯和沃克在其著作《服务业的增长：原因及影响》（1993）中从服务的对象出发，将服务业分为三部分：为个人服务的消费者服务业、为企业服务的生产者服务业和为社会服务的政府（社会）服务业。

美国经济学家布朗宁和辛格曼在《服务社会的兴起：美国劳动力的部门转换的人口与社会特征》（1975）中，根据联合国标准产业分类（SIC）把服务业分为四类：生产者服务业（商务和专业服务业、金融服务业、保险业、房地产业等）、流通型服务业（又叫分销或分配服务，包括零售业、批发、交通运输业、通信业等）、消费者服务（又叫个人服务，包括旅馆、餐饮业、旅游业、文化娱乐业等）和社会服务业（政府部门、医疗、健康、教育、国防）。这种分类方法得到了联合国标准产业分类的支持。按照联合国标准产业分类，服务业的四大部门是消费者服务业、生产者服务业、分配服务业，以及由政府和非政府组织提供的公共服务。艾尔福瑞（1989）也采用了类似的分类。

三、国外现代服务业发展现状

自 20 世纪 90 年代开始，现代服务业以信息技术和网络化为基础，在不断加快的全球化进程中，呈现出日趋活跃和持续演变的新趋势。

（一）服务业内部结构不断调整，现代化进程不断加快

随着信息技术的产业化、社会化，现代服务业的发展呈现出以知识密集、人才密集和网络化为特征的发展态势。一方面，利用信息技术和网络技术实现服务业现代化改造，全面提高传统服务业科技含量，成为一些国家促进经济社会发展的基本做法。另一方面，伴随着以知识的创造、传播、应用和科技创新活动为内容的各类专业服务组织的兴起，一批新兴服务业领域迅速形成，成为快速增长的现代经济部门。

特别是近 10 多年来，通过信息和通信技术的广泛应用，形成了能够满足个性化需求的多层次、多节点服务网络，极大地扩展了商品和服务交易的时空范围。互联网的商业化应用，促进了电子商务、电子政务、金融信息化的发展；网络技术迅速发展，各种智能终端技术的日新月异，促进了数据、信息等资源的高度共享，为远程、多点和跨区域的生产组织和商品与服务交易提供

[①]　刘东升. 国际服务贸易 [M]. 北京：中国金融出版社，2005：11.

了有效的保证，促进了现代物流、远程教育、文化娱乐等新兴服务业的迅速崛起、成长壮大，有的已成为国家或区域经济的支柱产业。

从服务业内部结构来看，通信、金融、保险、物流、农业支撑服务、中介和专业咨询服务等生产性服务所占比重不断增加，成为服务业的主流。受大多数跨国制造企业的转型带动，全球生产性服务业未来仍将保持强劲的发展势头。

知识服务业是提供知识产品和知识服务的产业，是智力型服务业群体的总称，包括咨询、软件、研发、设计、文化传媒、广告以及传统的教育、医疗等。知识服务业具有高聚集性、高附加值和高成长性的特点。近年来，以知识密集型为特征的研发设计、咨询、解决方案提供等知识服务业正在不断兴起，日益成为现代服务业的重要组成部分。

（二）服务业的全球分工体系正在形成

服务业的全球化转移和分工体系主要通过项目外包、跨国公司服务离岸化和服务型公司自身的业务转移三个层面进行。当前，跨国公司已从制造业外包为主转向服务业外包为主，把非核心的生产、营销、物流、研发乃至非主要框架的设计活动，都分包给成本更低的发展中国家（地区）的企业或专业化公司去完成。

随着信息技术的发展和经济全球化的深化，发达国家继制造业大规模向发展中国家转移之后，服务业开始大规模向外转移，服务离岸已成为不可逆转的新一轮全球产业革命和产业转移趋势。

（三）现代服务业对第一、二产业的带动作用日益突出

随着现代服务业的发展，它与第一、二产业结合得更加紧密，成为推动其他两大产业发展的重要因素。在未来的工业和农业发展中，由于市场需求的变化，无论工、农业产品自身还是组织形式都将从单一的大规模生产变得越来越精巧和个性化，需要各类服务的支持；资源枯竭问题的突显使工、农业生产尽量减少对不可再生资源的消耗，增加可再生资源的使用，服务将更多的作为中间投入融入工农业生产中；信息技术在工、农业生产中的普遍应用，增加了两大产业对相关服务的需求。这些都使未来工业和农业成为"服务密集型"领域，出现"产业服务化"的现象，即一些工业或农业部门的产品是为提供某种服务而产生的，知识和技术服务将伴随产品一同出售，同时服务还将引导工、农业部门的技术变革和产品创新。

（四）现代服务业正成为全球直接投资的重点

现代服务业未来将成为投资的重要方向。因为现代服务业的投资价值取决于国家经济结构转型和产业升级的内在需求。进入21世纪，服务业平均占

外国直接投资总流入量的 2/3。目前，美国所吸收的外国直接投资中，近 1/3
投向了金融、保险领域；欧盟吸收的外国直接投资，主要集中在公共服务、媒
体、金融等领域；而日本跨国公司在英国 50% 以上的投资，也集中在金融、
保险领域。低能耗、高技术、知识密集型的现代服务业，契合了经济结构转型
和产业升级的大方向，将具备广阔的投资前景。

（五）以新技术为基础的现代服务业成为提升国家创新能力的重要力量

现代服务业是新技术的重要提供者和促进者，是创新活动最为活跃的部
门。近年来，大多数国家通过增加和提高服务业研究开发费用在所有研究开发
费用中的比重，达到提升国家科技创新能力的战略目标。

现代服务业有力地支撑了技术扩散和国家创新能力的提升，而技术的不
断创新应用也有力地推动了服务模式转变和产业升级。一方面，现代服务业
的发展通过大规模利用信息和通信等现代科学技术作为基本手段，使商品和服
务性贸易活动在空间和时间上被大大扩展；另一方面，当代科学技术的发展又
在不断地开拓现代服务业发展的新空间，特别是网络技术、基础计算环境、智
能技术、智能终端、智能标签等，正成为服务业拓展的方向和新的综合支撑平
台，如包括生物识别技术研发在内的一系列可靠性、安全性技术创新，为远
程、多点和跨区域的生产组织和商品与服务交易提供有效的保证。

第三节　国内现代服务业发展概述

一、国内现代服务业的概念界定

1997 年，党的十五大报告中首次提出"现代服务业"的概念，之后在政
府大会报告中经常出现该词，其正式提法是在 2002 年中共十六大报告中形成
的，伴随我国经济的发展，根据社会需要不断赋予该词新的内涵。2012 年，
在科技部发布的《现代服务业科技发展"十二五"专项规划》中，明确定义现
代服务业为："以现代科学技术特别是信息网络技术为主要支撑，建立在新的
商业模式、服务方式和管理方法基础上的服务产业。它既包括随着技术发展而
产生的新兴服务业态，也包括运用现代技术对传统服务业的改造和提升。"

现代服务业与传统服务业相对应，是一种现代化、信息化意义上的服务
业。目前，国内有代表性的"现代服务业"定义主要有以下几类：

国家中长期科技发展规划现代服务业发展科技问题研究组组长胡启恒

（2004）将现代服务业定义为"在工业化比较发达的阶段产生的，主要依托信息技术和现代化管理理念发展起来的，信息和知识相对密集的服务业，与传统服务业相比，更突出了高科技知识与技术密集的特点"。① 徐国祥（2004）也给出了现代服务业的定义，"现代服务业是在工业化高度发展阶段产生的，主要依托电子信息技术和现代管理理念而发展起来的知识密集型的生产性服务业"。② 代文（2007）提出，"现代服务业应该是一个相对动态的概念，它是第三产业的延伸和发展，但又不局限于第三产业。它是依托电子信息等高技术或现代经营方式和组织形式而发展起来的服务业，既包括新兴服务业，如以互联网为基础的网络服务、移动通信、信息服务、现代物流等行业；也包括对传统服务业的技术改造和升级，如电信、金融、中介服务、房地产等行业。它是知识密集型产业的一个集合"。③ 孙永波（2015）通过实证分析发现，现代服务业重点就在于中间投入，其运用先进的技术和前卫的管理方式来改善服务模式，为消费者提供高质量服务。④ 张颖婕（2017）认为，"现代服务业需要通过先进的科学技术改善和升级新型第三产业，以此形成新的服务方式"。⑤ 洪国彬（2017）认为，"传统服务业在结合新的商业模式后才会发展成现代服务业，该行业的价值体现主要在于推动农业、工业、制造业向高附加值方向发展，其本身的发展能够提高人们的生活质量"。⑥ 高雁鹏（2018）认为，从现代人的角度"由于时代的发展变化，传统服务业在某些方面不能够满足人们生活的需要，因此，现代服务业由传统服务业吸收信息和知识后演化而来"。⑦ 童纪新（2019）综合相关学者对现代服务业的研究后认为，"现代服务业的基础是工业比较发达，途径是传统服务业吸收高信息技术后演化而来，特点是能够提供高附加值的服务"。⑧

---

① 胡启恒. 胡启恒诠释我国现代服务业 [J]. 中国信息导报，2004(8)：11-13.

② 徐国祥，常宁. 现代服务业统计标准的设计 [J]. 统计研究，2004(11)：11.

③ 代文. 现代服务业集群的形成和发展研究 [D]. 武汉：武汉理工大学，2007：13.

④ 孙永波，甄圆圆. 北京现代服务业发展影响因素实证分析 [J]. 经济体制改革，2015(2)：70-75.

⑤ 张颖婕，许亚萍. 现代服务业与市场竞争力的实证分析：以云南玉溪市为例 [J]. 商业经济研究，2017(11)：181-183.

⑥ 洪国彬，游小玲. 信息含量最大的我国现代服务业发展水平评价指标体系构建及分析 [J]. 华侨大学学报(哲学社会科学版)，2017(1)：79-92.

⑦ 高雁鹏. 沈阳市现代服务业空间格局演变研究 [D]. 长春：东北师范大学，2018：17.

⑧ 童纪新，曹越美. 长三角城市群现代服务业与城市化耦合协调机制及空间差异研究 [J]. 上海经济，2019(1)：51-64.

可以看出，现代服务业在理论界还没有一个统一的定义，甚至在某些方面还存在一些争议，但是众多学者的定义都有一些交叉点，这说明大家对现代服务业还有一些统一的看法。

结合国内相关政府部门与学者对现代服务业所下的定义可知，现代服务业是服务业发展进程中区别于以往传统服务业的一个阶段性、区分性概念。本书在总结学者们研究成果的基础上，认为现代服务业是伴随着信息技术和知识经济的发展产生，用现代化的新技术、新业态和新服务方式改造传统服务业，创造需求，引导消费，向社会提供高附加值、高层次、知识型的生产服务和生活服务的服务业。现代服务业的发展本质上来自社会进步、经济发展、社会分工专业化等需求。现代服务业既包括新兴服务业，也包括对传统服务业的技术改造和升级，其本质是实现服务业的现代化。

二、国内现代服务业的基本特征、分类

（一）国内现代服务业的基本特征

现代服务业具有要素密集度高、产出附加值高、资源消耗少、环境污染少的优点，是地区综合竞争力和现代化水平的重要标志。

现代服务业具有"三新五高"的时代特征。"三新"，即新技术、新服务领域和新服务模式。现代服务业提升传统服务业的主要途径就是应用信息、网络等新技术，以及在此基础上形成的信息化平台。现代服务业适应了现代城市和现代产业的发展需求，突破了消费性服务业领域，形成了新的生产性服务业、智力（知识）型服务业和公共服务业的新领域。而新技术的应用及新领域的出现又促进了服务业的延伸发展与服务功能换代，创造出现代服务业全新的运作模式。"五高"，即高科技含量、高知识含量、高增值服务、高人力资本含量、高成长性。计算机网络和通信与信息技术的发展，改变了传统服务业的运营方式，使现代服务业具有较高的科技含量，成为现代服务业发展的基础和关键特征；现代服务业主要依赖知识资源，为顾客提供知识的生产、传播和使用服务，有较高的知识含量，成为现代服务业发展的动力；现代服务业的投资较小，成本较低，由于知识在服务过程中实现价值增值而效益巨大，高科技和高知识含量又使现代服务业具有高服务增值的特性；现代服务业是知识密集型产业，在增值服务中，人力资源的知识水平和创新能力起决定性的作用，因而现代服务业的发展越来越注重高人力资本含量；现代服务业由于具有良好的发展基础和巨大的发展潜力，产业成长性高。

（二）国内现代服务业的分类

现代服务业具有动态性和开放性，高新技术在传统服务业中应用的范围越来越广泛，现代市场需求也在不断变化，现代服务业的种类也随之发展而更加丰富。由于国内对现代服务业在理论上没有统一的认定，因而在国民经济统计中对此并没有固定的分类标准，也没有与之相对应的具体分类目录。

现代服务业大体相当于现代第三产业。国家统计局在 1985 年《关于建立第三产业统计的报告》中，将第三产业分为四个层次：第一层次是流通部门，包括交通运输业、邮电通信业、商业饮食业、物资供销和仓储业；第二层次是为生产和生活服务的部门，包括金融业、保险业、公用事业、居民服务业、旅游业、咨询信息服务业和各类技术服务业等；第三层次是为提高科学文化水平和居民素质服务的部门，包括教育、文化、广播电视事业，科研事业，生活福利事业等；第四层次是为社会公共需要服务的部门，包括国家机关、社会团体、军队和警察等。

2003 年，根据《国民经济行业分类》（GB/T 4754—2002），国家统计局印发了《国家统计局关于印发〈三次产业划分规定〉的通知》（国统字〔2003〕14 号），该规定在国民经济核算、各项统计调查及国家宏观管理中得到广泛应用。2012 年，根据国家质检总局和国家标准委颁布的《国民经济行业分类》（GB/T 4754—2011），该局再次对 2003 年的《三次产业划分规定》进行了修订。

与 2003 年印发的《三次产业划分规定》相比，此次修订主要在以下方面作出调整：

一是调整 3 个大类。为了规范三次产业、服务业的口径、范围，推动我国服务业发展，将 A 门类"农、林、牧、渔业"中的"05 农、林、牧、渔服务业"，B 门类"采矿业"中的"11 开采辅助活动"，C 门类"制造业"中的"43 金属制品、机械和设备修理业"三个大类一并调入第三产业。调整后，第一产业为 4 个大类；第二产业为 2 个门类和 36 个大类；第三产业为 15 个门类和 3 个大类。

二是明确第三产业为服务业。鉴于目前服务业的口径、范围不统一，既不利于服务业统计和服务业核算，也不利于贯彻执行国务院《关于加快发展服务业的若干意见》以及国务院办公厅转发国家统计局《关于加强和完善服务业统计工作的意见》。因此，此次修订三次产业划分规定时，明确第三产业为服务业。

当前许多学者在参考服务业分类的基础上，对现代服务业的分类提出了自己的见解。徐国祥等（2004）将理论与实践相结合来设计分类标准，认为现代服务业包括 8 大类。① 在国外学者研究的基础上，结合我国国情进行分类研究的有潘海岚（2008），他根据国外学者对现代服务业内容的研究及我国实际发展状况，认为我国现代服务业应包括 11 类。② 以现代服务业知识信息化、业态新兴化、管理现代化等特征为依据进行分类研究的有钟云燕（2009），她认为现代服务业既包括新兴的一类服务业，也包括旧的服务业通过改造升级而形成的衍生服务业。③ 以分行业就业统计为依据的有高雁鹏（2018），他从我国城市分行业的角度出发，根据城市分行业就业实际情况，从第三产业下划分出 9 个行业作为现代服务业。④

结合以上学者对现代服务业分类的研究成果，以及后期实证分析中数据的可获得性，按照我国现行统计年鉴中行业分类的方法，将现代服务业分为四类，如表 2-3 所示。

表2-3　现代服务业的分类

一级分类	二级分类
基础性服务业	通信服务，信息传输、计算机服务和软件业、大数据等
生产性服务业	金融，物流，电子商务，科技、商务服务，会展业，中介与咨询专业服务等
消费性服务业	文化娱乐，旅游，商贸服务，教育，家庭、养老、健康等
社会性服务业	水利、环境与公共管理服务，基础教育，公共卫生，医疗以及公益性信息服务等

本书以此分类方法为基础，对内蒙古以及相关省份现代服务业发展进行了调查与分析。

三、国内现代服务业发展现状

中华人民共和国成立 70 多年来，我国服务业发展实力日益增强，对国民经济各领域的影响力越来越大，在经济增长、就业、外贸、外资等方面发挥

---

① 徐国祥，常宁．现代服务业统计标准的设计 [J]．统计研究，2004(12)：10-12.

② 潘海岚．现代服务业部门统计分类的概述与构想 [J]．统计与决策，2008(3)：44-46.

③ 钟云燕．现代服务业的界定方法 [J]．统计与决策，2009(6)：168-169.

④ 高雁鹏．沈阳市现代服务业空间格局演变研究 [D]．长春：东北师范大学，2018：36.

着"稳定器"的作用。据国家统计局公布的数据显示，1952—2018 年，我国第三产业（服务业）增加值从 195 亿元扩大到 469 575 亿元，按不变价计算，年均增速达 8.4%，比国内生产总值年均增速高出 0.3 个百分点，并且保持 4.4%的增长速度，平均每年增加就业人员 1375 万人。同时，服务业对经济增长贡献率也在稳步提升。1978 年年底，服务业对当年 GDP 的贡献率仅为 28.4%，低于第二产业 33.4 个百分点。随着工业化、城镇化的快速推进，企业、居民、政府等对服务业的需求日益旺盛，服务业对经济增长的贡献率不断提升。1978—2018 年，服务业对 GDP 的贡献率提升了 31.3 个百分点，2018 年达到 59.7%，高出第二产业 23.6 个百分点。

随着社会的发展，科学技术日新月异，所有的产业、行业时刻在经历着现代科学技术的改造。服务业发展也是如此，固守传统的发展模式与技术已经成为不可能。各类新兴现代技术支撑着服务业迅猛发展。因此，凡是国家和地方政府所支持的服务业发展方向与发展模式，必然属于现代服务业的发展范畴。

从我国目前来看，发展现代服务业有着良好的机遇。信息技术革新驱动服务业不断改造升级，制造业服务化趋势不断开拓现代服务业发展新空间，国际产业转移步伐加快带来现代服务业发展的新机遇，国内市场空间扩展为现代服务业发展形成了有力支撑，加快发展现代服务业已成为各级政府的战略重点。同时，发展现代服务业也面临一系列挑战，主要包括部分发展中国家在吸引服务外资方面已经领先一步，国际上针对中国的服务贸易壁垒不断增多，体制和机制性障碍约束带来的挑战，支撑现代服务业发展的自主创新能力不强等。

（一）国内现代服务业发展存在的问题

1. 现代服务业发展不平衡

我国现代服务业发展不平衡主要体现在区域总量规模差异和产业内部结构上。从 2016—2018 年各省份的第三产业增加值分析（图 2-1）中可以看出，增速最快的前三位分别是北京、上海、天津，在增速上中西部地区发展较快；产值上则是东部地区领先，排名在前三位的是广东、江苏和山东。与其他产业相比，由于技术应用水平的差异，我国现代服务业内部各行业的发展不合理，旅游、运输和其他商业服务等传统服务业比重过高，而保险、金融、咨询等新兴服务业发展不足，仍然是以传统服务业为主体，内部结构失衡。

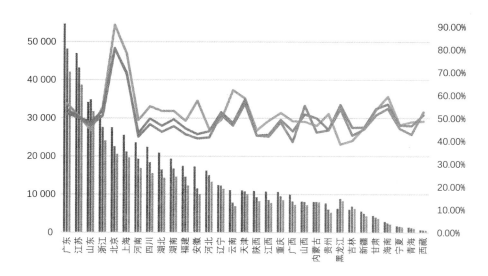

图2-1 2016—2018年各省（直辖市、自治区）第三产业规模及占比

（数据来源：国家统计局 按2018年第三产业规模由高到低排序）

2.现代服务业管理体制机制不健全

目前，我国现代服务业管理体制上存在职能交叉、多头管理、力量薄弱等问题，常常发生"政出多门"的现象，而且部门间缺乏相应的协调机制，出现问题时各职能部门间相互推诿时有发生，多头管理最后变成了无人管理。现代服务业之所以会产生这种情况是因为缺乏统一的规章制度和监管机制。另外，因受创新要素的影响，高科技对现代服务业的支撑作用还不明显。在现有的管理体制机制作用下，高校和研究机构推进产学研一体化和技术转化受到制约，导致为企业提供创新的科研成果转化率较低。

3.现代服务业创新驱动能力不强

现代服务业的增长动能，相对于资本、劳动力、土地等要素投入，创新发挥着更为关键的作用。现代服务业作为知识密集型产业，想长久地快速发展需要科技力量的不断助推。目前，我国现代服务业只是停留在比较低的水平上，缺乏科学创新力量，同时现代服务业的服务水平也需要科技手段来提高，没有创新能力的服务业无法满足社会发展的需求。另外，服务业需要开拓其他形式的服务模式，不能局限于面对面地向有需求者提供服务，还需要拓展网络市场，提供远程服务帮助消费者解决问题。一旦缺乏创新就无法开拓新的空间，严重阻碍了现代服务业规模的扩大。

4.现代服务业市场化程度不高

目前，由于我国现代服务业内部结构层次偏低，服务企业虽然数量众多，但缺乏带动力强的大企业、大集团，依然存在着市场化程度偏低、社会化进展缓慢、政府包揽过多过细的弊端。同时，由于金融业、保险业、信息服务业等开发程度偏低，从规模上看，外资所占比重仍然较小，再加上按行政区划和层级设计的区域网络、高度集中的资源配置权力以及经营机制的僵化，都抑制了现代服务业市场化的发展。同时，市场定价机制和途径尚未真正形成，电信、教育卫生、广播电视等行业仍然有比较严格的市场准入限制，产权、技术交易多年来难有大的突破，市场竞争不充分，市场体系还不够健全。

5.现代服务业专业人才支撑不够

现代经济发展表明，高质量的经济增长主要来源于人力资本存量的有效积累，人力资本对现代经济增长的重要作用日益凸显。现代服务业，尤其是技术和知识密集型服务业，成为经济发展的主导产业，聚集和培养高层次服务人才的任务将更为艰巨。但是，我国的低工资制度和服务业人才培养一直没有得到重视，再加上在我国目前服务市场有限度的开放，国际服务业大量转移进入中国，导致我国整个服务行业的从业人员良莠不齐，专业人才严重匮乏。

（二）国内现代服务业发展趋势

现代服务业规模日益壮大，综合实力不断增强，继续领跑三次产业发展，对国内生产总值的贡献不断提高，新产业、新业态和新模式不断涌现、拓展，成为中国国民经济第一大产业。随着信息技术的不断发展和商业模式的不断创新，越来越多的现代管理理念融入传统服务业的改造升级和新兴服务业的发展之中。作为支撑中国经济增长的重要引擎，现代服务业的发展呈现出以下趋势：

1.与国际接轨，积极参与现代服务业全球化

生产的国际化带动了现代服务业的国际化。同时，IT和互联网技术的充分应用，推动了现代服务业分工的全面深化，成为现代服务业全球化和跨国转移的重要基础。现代服务业全球化不仅从根本上改变着世界服务业的发展模式，而且正日益深刻地改变着世界各国经济、产业、技术的发展模式，成为决定各国国际竞争力的关键因素。我国既面临通过承接国际服务业转移加快发展的历史性机遇，也面临更加激烈的竞争和挑战。积极参与现代服务业全球化，与国际接轨，扩大现代服务业对外开放，加快现代服务业转型升级，金融、技术、专利、通信、新闻传媒等知识密集型现代服务业将走出国门，以开放促改革、促创新、促发展，成为新一轮对外开放的重大战略选择。

2.生产性服务业将融合发展

随着产业结构调整的深入及高质量发展的推进，我国生产性服务业将呈现专业化、多元化和融合化的特点。目前，我国拥有潜力巨大的国内市场和十分完备的制造体系，这让生产性服务业继续蓬勃发展。国际经验表明，当生产性服务业进入质量提升阶段，其对自身的需求将越来越显著，即推动生产性服务业之间的合作，鼓励企业之间相互学习和有序竞争，积极搭建交流平台，提倡生产性服务业之间的互动，促进生产性服务业企业间的优势互补、鼓励创新。生产性服务业在农工商、产供销、区域合作等方面都起到了重要的协同作用，逐步打破了产业界限，一定程度上使生产性服务业与其他产业的边界越来越模糊，二者之间存在着或互为生产条件、或互补、或互为替换等关系（可以概括为互为生产性服务业），最终形成有机的产业体系。

3.知识密集型服务业将迅猛发展

现代服务业内部结构升级，逐渐从劳动密集型转向知识密集型，知识、技术含量高的现代服务业将逐渐占据服务业的主导地位。同时，在目前中国新常态的经济形势下，知识密集型服务业发展态势良好，具有快速增长的潜力，成为经济发展不可或缺的力量。知识密集型服务业有助于破解制约服务业发展的人力成本瓶颈。随着技术进步，金融、电信等知识密集型服务业大规模应用信息和互联网技术，人工智能、机器人等的应用和普及将加速替代简单重复性劳动，推动服务业效率提升。信息传输、软件和信息技术服务业、租赁和商务服务业、科学研究和技术服务业等知识密集型服务业呈现出迅猛发展的势头，劳动生产率高，具有高度的创新扩散能力，对其他产业的影响力系数较大、辐射较强，同时完全消耗系数较低，将成为未来经济发展的强劲驱动力。

4.创新发展水平不断提升

科技进步与创新成为推动现代服务业发展的根本动力，以信息网络为主的高新技术成为现代服务业发展的主要支撑。随着科技水平的不断提高，现代服务业发展从要素驱动逐步转变为创新驱动，既再造重组服务流程，深化细化服务业分工，调整优化服务业结构，优化资源要素配置，不断提供新产品、激发新需求，又深刻改变了服务业的传统经营模式和管理方法，开拓出诸如软件业、科技咨询业、数字出版业、会展业、文化创意产业等现代服务业的新领域、新业态，实现组织创新和模式创新。此外，相关部门通过网络信息技术集中国内外优势信息资源，不断建立和完善人才培训体系，实现现代服务业人才培养模式创新。同时，加快推进体制和机制改革，进一步加大对新兴现代服务业的政策支持力度，充分释放新兴现代服务业的发展潜力。未来我国现代服务业必将不断提升创新发展水平，构建新技术支撑、新业态引领、新模式广泛应用的现代服务业体系。

5.吸纳就业能力持续增强

多年来，国家产业结构调整和大力培育新动能等举措让现代服务业成为适龄劳动力的"蓄水池"，未来现代服务业将继续发挥新增就业"稳定器"和繁荣经济"助推器"的作用。稳定就业、促进增长等国家政策；世界最大规模中等收入群体的旺盛需求；数字经济、平台经济和共享经济等新业态；将让现代服务业吸纳就业能力快速上升态势不减。相关部门应将稳定餐饮、家政、医疗、快递等劳动密集型服务业作为吸纳就业的基础，促进法律咨询、金融、知识产权等技术、资本密集型服务业的就业需求，瞄准高科技服务业，增加就业的规模和比例。

第三章 内蒙古现代服务业发展现状及存在的问题

第一节 内蒙古服务业发展现状分析

一、内蒙古服务业整体现状分析

内蒙古自治区位于我国北部边疆，由东北向西南斜伸，呈狭长形，总面积 118.3 万平方千米，占全国总面积的 12.3%，横跨东北、华北、西北三大区。内蒙古自治区东部、西部、南部与黑龙江、吉林、辽宁、山西、河北、陕西、甘肃、宁夏八省区毗邻，北部与蒙古国、俄罗斯接壤，国境线长 4200 千米。内蒙古紧邻环渤海地区，是我国东南沿海、京津冀等经济腹地"西出北上"的重要通道和枢纽，是"一带一路"陆路通道中的重要节点，同时在中蒙俄经济带中占有非常重要的地位。

内蒙古气候以温带大陆性季风气候为主，资源丰富，素有"聚宝盆"之称。内蒙古草原占全国草场面积的三分之一，是世界三大草原之一；森林面积 23 400 万亩，位居全国第一；内蒙古是我国发现新矿物最多的省区，截止到 2017 年年底，保有资源储量居全国之首的有 18 种、居全国前 3 位的有 47 种、居全国前 10 位的有 92 种。其中，稀土探明资源储量居世界首位；风能储量占全国 50% 以上；光能资源居全国第 2 位。

基于上述优越自然条件，内蒙古全区经济发展水平得到了很大的提高。改革开放以来，内蒙古服务业增加值占 GDP 的比重不断提高，对全区经济增长、社会发展的影响日益增强，三次产业的经济结构也随之发生改变，其产值结构，如表 3-1 所示。

表3-1　内蒙古三次产业产值结构变动情况

单位：亿元

年　份	GDP	第一产业		第二产业		第三产业	
		产　值	比　重/%	产　值	比　重/%	产　值	比　重/%
1978	58.04	18.96	32.67	26.37	45.43	12.71	21.90
1979	64.14	21.03	32.79	28.37	44.23	14.74	22.98
1980	68.4	18.03	26.36	32.26	47.16	18.11	26.48
1981	77.91	27.14	34.84	32.04	41.12	18.73	24.04
1982	93.22	33.32	35.74	37.21	39.92	22.69	24.34
1983	105.88	35.9	33.91	41.98	39.65	28	26.45
1984	128.2	42.98	33.53	47.74	37.24	37.48	29.24
1985	163.83	53.54	32.68	56.95	34.76	53.34	32.56
1986	181.58	54.64	30.09	61.55	33.90	65.39	36.01
1987	212.27	62.21	29.31	70.42	33.17	79.64	37.52
1988	270.81	90.2	33.31	85.72	31.65	94.89	35.04
1989	292.69	89.08	30.43	98.96	33.81	104.65	35.75
1990	319.31	112.57	35.25	102.43	32.08	104.31	32.67
1991	359.66	117.19	32.58	124.03	34.49	118.44	32.93
1992	421.68	126.86	30.08	152.56	36.18	142.26	33.74
1993	537.81	149.96	27.88	203.46	37.83	184.39	34.29
1994	695.06	208.53	30.00	254.52	36.62	232.01	33.38
1995	857.06	260.18	30.36	308.78	36.03	288.1	33.61
1996	1023.09	312.82	30.58	364.77	35.65	345.5	33.77
1997	1153.51	322.52	27.96	422.39	36.62	408.6	35.42
1998	1262.54	341.62	27.06	458.86	36.34	462.06	36.60
1999	1379.31	342.91	24.86	510.47	37.01	525.93	38.13
2000	1539.12	350.8	22.79	582.57	37.85	605.74	39.36

年　份	GDP	第一产业		第二产业		第三产业	
		产　值	比　重/%	产　值	比　重/%	产　值	比　重/%
2001	1713.81	358.89	20.94	655.68	38.26	699.24	40.80
2002	1940.94	374.69	19.30	754.78	38.89	811.47	41.81
2003	2388.38	420.1	17.59	967.49	40.51	1000.79	41.90
2004	3041.07	522.8	17.19	1248.27	41.05	1270	41.76
2005	3905.03	589.56	15.10	1773.21	45.41	1542.26	39.49
2006	4944.25	634.94	12.84	2374.96	48.03	1934.35	39.12
2007	6423.18	762.1	11.86	3193.67	49.72	2467.41	38.41
2008	8496.2	907.95	10.69	4376.19	51.51	3212.06	37.81
2009	9740.25	929.6	9.54	5114	52.50	3696.65	37.95
2010	11 672	1095.28	9.38	6367.69	54.56	4209.02	36.06
2011	14 359.88	1306.3	9.10	8037.69	55.97	5015.89	34.93
2012	15 880.58	1448.58	9.12	8801.5	55.42	5630.5	35.46
2013	16 916.5	1575.76	9.31	9104.08	53.82	6236.66	36.87
2014	17 770.19	1627.85	9.16	9119.79	51.32	7022.55	39.52
2015	17 831.51	1617.42	9.07	9000.58	50.48	7213.51	40.45
2016	18 632.57	1628.65	8.74	8553.63	47.18	7925.05	42.53
2017	16 103.17	1647.24	10.20	6408.58	39.80	8047.35	49.97

数据来源：作者根据历年内蒙古统计年鉴相关数据整理。

从 1978 年到 2017 年，按可比价计算，服务业增加值增长了 150.7 倍。自 2011 年以来，内蒙古自治区第二产业比重从 55.97% 下降为 2017 年的 39.8%，第三产业比重由 2011 年的 34.93% 上升为 2017 年的 49.97%。2017 年服务业比重已占半数，而内蒙古服务业比重比全国低 1.66%。可见，虽然内蒙古产业结构有了很大调整，但与全国相比还有差距，产业结构优化升级还有较大的空间。因此，内蒙古三次产业结构还处于一个不断调整的阶段。近年来，内蒙古自治区加大力度投入与发展服务业，保持了良好稳定的增长势头。2017 年，服务业对经济增长的贡献率达到 75.8%，服务业逐渐成为内蒙古经济增长的主动力。^①但相较于全国而言，内蒙古服务业增加值占比较低，且与全国相比差距逐渐明显（表 3-2）。

表3-2　内蒙古服务业占比与全国服务业占比对比表

年　份	内蒙古服务业增加值占全区生产总值比重 /%	全国服务业增加值占 GDP 比重 /%
2006	39.12%	40.90%
2007	38.41%	41.90%
2008	37.81%	41.80%
2009	37.95%	43.40%
2010	36.06%	43.20%
2011	34.93%	43.40%
2012	35.46%	44.60%
2013	36.87%	46.00%
2014	39.52%	48.20%
2015	40.45%	50.50%
2016	42.53%	51.60%
2017	49.97%	51.60%

数据来源：作者根据 2007—2018 年内蒙古统计年鉴、中国统计年鉴相关数据整理。

由表 3-2 可以看出，内蒙古服务业虽然发展很快，但相较于全国而言仍然存在很多不足。目前，内蒙古产业结构不合理现象仍然十分突出，第三产业所占比重较其他发达地区明显偏低。

结合图 3-1 进行产业结构分析，内蒙古三次产业结构从"二一三"变化为"二三一"的趋势较为明显：第一产业的比重不断下降，由 32.67% 下降到 10.23%；第二产业在经济中占有较大比重，在 2004—2005 年出现激增，之后平均保持在 42%；服务业产值规模不断增长，由 21.9% 增长到 49.97%，年均增速在三次产业中最快，而且所占比重基本上与第二产业持平，但在 2017 年

---

① 内蒙古：服务业成为经济增长主动力 [EB/OL].(2019-01-02)http://economy.nmgnews.com.cn/system/2019/01/02/012629652.shtml.

超越第二产业，成为在三次产业结构中比重最高者。如今，内蒙古三次产业结构不断优化，逐渐形成以服务业为主体地位的产业经济结构，大大提升了内蒙古经济发展质量。另外，通过观察分析服务业历年产值所占比重趋势可以发现，服务业呈现波动上升态势，但其间没有出现过明显的飞跃式发展，可能是缺乏一些具有主导性特点的服务业来带动。

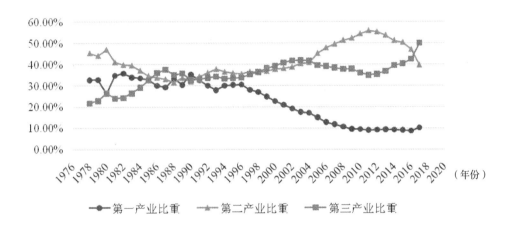

图 3-1　内蒙古三次产业产值结构变动趋势图

此外，从内蒙古服务业吸收就业人数来看，内蒙古服务业逐渐成为吸收社会就业的主力军，并且呈逐年上升的趋势。自进入 21 世纪以来，内蒙古服务业从业人数从 2000 年到 2017 年激增了 285.2 万人，远远高于同期第二产业净增就业人数和增长率（表 3-3）。

表3-3　内蒙古服务业与一、二次产业就业人数及比重

单位：万人

年　份	就业人数	第一产业		第二产业		服务业	
		人　数	占比 /%	人　数	占比 /%	人　数	占比 /%
2000	1061.6	553.7	52.16	182.4	17.18	325.5	30.66
2001	1067	550.5	51.59	179.3	16.80	337.2	31.60
2002	1086.1	552.3	50.85	173.7	15.99	360.1	33.16

年 份	就业人数	第一产业		第二产业		服务业	
		人 数	占比 /%	人 数	占比 /%	人 数	占比 /%
2003	1005.2	548.7	54.59	152.5	15.17	303.9	30.23
2004	1026.1	559.3	54.51	153	14.91	313.8	30.58
2005	1041.1	560.5	53.84	162.7	15.63	317.9	30.54
2006	1051.2	565.3	53.78	168	15.98	317.8	30.23
2007	1081.5	569.3	52.64	183.6	16.98	328.6	30.38
2008	1103.3	556.7	50.46	186.2	16.88	360.4	32.67
2009	1142.5	558	48.84	193.3	16.92	391.2	34.24
2010	1184.7	571	48.20	206.2	17.41	407.5	34.40
2011	1249.3	573	45.87	221.5	17.73	454.8	36.40
2012	1304.9	583.4	44.71	236.1	18.09	485.4	37.20
2013	1408.2	580.9	41.25	264.6	18.79	562.7	39.96
2014	1485.4	582	39.18	271.4	18.27	632	42.55
2015	1463.7	572.3	39.10	249.7	17.06	641.7	43.84
2016	1474	590.5	40.06	233.7	15.85	649.8	44.08
2017	1424.9	589.4	41.36	224.9	15.78	610.7	42.86

数据来源：作者根据历年内蒙古统计年鉴相关数据整理。

由表 3-3 可知，从 2000 年到 2017 年，内蒙古三次产业就业人数增加了 363.3 万人，年均增长率为 1.7%。其中，第一产业就业人数增加了 35.7 万人，年均增长率较低，为 0.4%；第二产业就业人数增加了 42.5 万人，年均增长率为 1.2%。可见，内蒙古一、二次产业的就业贡献能力不如服务业。

结合图 3-2 可知，内蒙古三次产业就业人数结构变化由"一三二"变为"三一二"。其中，第一产业就业人数缓慢下降；第二产业就业人数基本保持较低水平；第三产业，即服务业就业人数逐渐上升，而且服务业就业劳动力占社会劳动力的比重大幅度提高，从 2000 年的 30.66% 上升至 2017 年的 42.86%，特别是在 2014 年，服务业就业人数首次超过第一产业，之后继续保持领先地位。可见，服务业成为吸收社会就业的主要行业。

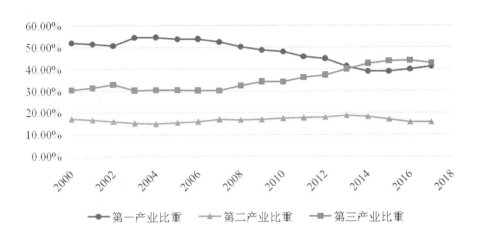

图 3-2　内蒙古就业人数结构变化图

二、内蒙古服务业各行业现状分析

根据国家 2003 年印发的《三次产业划分规定》及《国民经济行业分类》（GB/T 4754—2002），我国将服务业划分为 14 类：交通运输、仓储和邮政业；信息传输、计算机服务和软件业；批发和零售业；住宿和餐饮业；金融业（银行业、证券业、保险业、其他金融活动）；房地产业；租赁和商务服务业；科学研究、技术服务和地质勘查业；水利、环境和公共设施管理业；居民服务和其他服务业；教育；卫生、社会保障和社会福利业；文化、体育和娱乐业；公共管理和社会组织、国际组织。按此分类方法，笔者统计了近十年内蒙古服务业各细分行业生产总值，如表 3-4 所示。

表3-4 内蒙古服务业各细分行业生产总值

单位：亿元

行　业	年　份									
	2008	2009	2010	2011	2012	2013	2014	2015	2016	2017
交通运输、仓储和邮政业	698.15	773.29	875.61	1040.03	1185.3	1302	1313.68	1087.32	1141.97	1046.08
信息传输、计算机服务、软件业	104.31	117.12	131.04	147.55	157.16	163.17	186.24	206.75	245.9	346.01
金融业	219.09	291.1	346.44	447.46	502.01	625.14	724.16	829.2	992.14	1102.41
房地产业	273.3	286.65	309.25	384.76	385.22	414.59	442.95	441.37	453.8	458.67
租赁和商务服务业	93.51	104.97	141.58	174.69	201.72	193.11	251	278.64	308.5	337.96
科学研究、技术服务和地质勘查业	52.75	61.53	63.4	73.61	85.61	113.14	158.92	181.4	202.93	152.89
水利、环境与公共设施管理业	31.02	36.21	37.28	45.62	47.39	53.84	78.47	89.58	95.86	104.61

续 表

行 业	年 份									
	2008	2009	2010	2011	2012	2013	2014	2015	2016	2017
教育业	177.92	207.6	213.86	251.28	261.4	292.57	318.37	363.42	407	466.71
卫生、社会保障和社会福利事业	89.24	104.14	107.26	126	139.04	157.29	215.01	245.43	280.89	305.78
文化、体育和娱乐业	29.88	33.54	45.24	54.45	56.89	85.51	91.89	102	111.53	136.79
公共管理和社会组织	302.61	353.11	396.39	469.89	509.77	523.48	535.54	611.31	695.01	539.13
批发和零售业	781.95	915.89	1051.96	1216.6	1415.47	1547.04	1756.89	1728.3	1841.71	1818.57
住宿和餐饮业	254.34	294.73	332.24	381.64	433.94	468.85	569.25	628.87	682.12	732.26
居民服务和其他服务业	104	116.77	157.47	202.32	249.59	272.42	354.07	393.06	437.34	474.76
合计	3212.07	3696.65	4209.02	5015.9	5630.51	6212.15	6996.44	7186.65	7896.7	8022.62

数据来源：作者根据历年内蒙古统计年鉴相关数据整理。

从产业增长率来看，2008 年内蒙古服务业生产总值为 3212.07 亿元，到 2017 年达到 8022.62 亿元，年均增长率约为 10.9%，保持着较高的增长率。从内蒙古服务业内部各行业的状况来看，现代服务业与传统服务业虽都呈缓慢上升趋势，但各行业发展分布不合理，传统服务业增长较快，新兴的现代服务业发展缓慢。因此，内蒙古有必要采取措施来提高现代服务业的发展速度。

表3-5　内蒙古第三产业各行业生产总值比重

单位：%

行　业	年　份									
	2008	2009	2010	2011	2012	2013	2014	2015	2016	2017
交通运输、仓储和邮政业	21.74	20.92	20.80	20.73	21.05	20.88	18.71	15.07	14.41	13.00
信息传输、计算机服务、软件业	3.25	3.17	3.11	2.94	2.79	2.62	2.65	2.87	3.10	4.30
金融业	6.82	7.87	8.23	8.92	8.92	10.02	10.31	11.50	12.52	13.70
房地产业	8.51	7.75	7.35	7.67	6.84	6.65	6.31	6.12	5.73	5.70
租赁和商务服务业	2.91	2.84	3.36	3.48	3.58	3.10	3.57	3.86	3.89	4.20
科学研究、技术服务和地质勘查业	1.64	1.66	1.51	1.47	1.52	1.81	2.26	2.51	2.56	1.90
水利、环境与公共设施管理业	0.97	0.98	0.89	0.91	0.84	0.86	1.12	1.24	1.21	1.30
教育业	5.54	5.62	5.08	5.01	4.64	4.69	4.53	5.04	5.14	5.80

续　表

行　业	年　份									
	2008	2009	2010	2011	2012	2013	2014	2015	2016	2017
卫生、社会保障和社会福利事业	2.78	2.82	2.55	2.51	2.47	2.52	3.06	3.40	3.54	3.80
文化、体育和娱乐业	0.93	0.91	1.07	1.09	1.01	1.37	1.31	1.41	1.41	1.70
公共管理和社会组织	9.42	9.55	9.42	9.37	9.05	8.39	7.63	8.47	8.77	6.70
批发和零售业	24.34	24.78	24.99	24.25	25.14	24.81	25.02	23.96	23.24	22.60
住宿和餐饮业	7.92	7.97	7.89	7.61	7.71	7.52	8.11	8.72	8.61	9.10
居民服务和其他服务业	3.24	3.16	3.74	4.03	4.43	4.37	5.04	5.45	5.52	5.90

数据来源：作者根据历年内蒙古统计年鉴相关数据整理。

由表3-5可以看出，传统服务业中的批发和零售业，交通运输、仓储和邮政业虽然在内蒙古服务业中占比较大，但比重呈下降趋势，金融业、住宿和餐饮业、居民服务和其他服务业比重呈上升趋势，科学研究、技术服务和地质勘查业，文化、体育和娱乐业等新兴的现代服务业发展规模过小，对服务业整体贡献甚微，但与传统服务业两大巨头的差距也在不断缩小。随着社会经济的发展，现代服务业将会不断推动服务业内部结构优化，逐渐提升服务业整体发展质量和水平。

综上所述，通过内蒙古服务业产值、服务业产值占GDP比重、吸收就业情况、内部结构4个方面描述了内蒙古自治区服务业从2008年到2017年的发展情况，能够反映出内蒙古服务业竞争力水平。从分析结果可以看出，服务业在带动地区经济发展、吸收就业上具有十分重要的作用，但内蒙古自治区服务业竞争优势不明显，以新技术为引领的服务业发展动力不足，内部各行业发展失衡，在一定程度上影响了整体竞争力的提升。

本节通过对国家统计局分类的 14 个行业进行调查研究，一方面，对内蒙古服务业，尤其是服务业内部各个行业的发展现状进行清晰的对比分析；另一方面，为第七章对内蒙古现代服务业进行主导行业选择分析提供数据支持。

第二节　内蒙古现代服务业发展现状分析

党的十八大以来，内蒙古自治区政府把加快服务业发展作为一项战略重点任务，不断加大政策推进力度，制定出台了一系列政策性文件，实施了一系列政策措施，促使内蒙古自治区现代服务业发展规模迅速壮大。按照第二章所述现代服务业的分类标准，以下将按照现代服务业的四大类型对内蒙古现代服务业的现状进行分析。

一、基础性服务业

基础性服务业包含通信服务，信息传输、计算机服务和软件业，云计算和大数据等为经济建设和生产、生活提供基本保障的服务。在第四章中将其统称为信息服务业。

（一）通信服务

随着通信技术不断革新，内蒙古电信业实现了从无到有的突破性发展，光纤宽带加快普及。2017 年，内蒙古自治区光缆线路长度达到 98.6 万千米。移动通信领域，从 1G 到 5G 的移动通信不断崛起，截至 2017 年，全区移动电话用户达 2841.18 万户。随着互联网经济时代的到来，网络普及程度不断提高，电信用户规模不断扩大。从 1990 年到 2017 年，全区电信业务总量从 1.38 亿元增加到 482.59 亿元，2017 年全区电信业务收入为 227.75 亿元，实现了电信行业的飞速发展。

在"宽带中国"战略的指引下，内蒙古自治区政府大力推进"宽带内蒙古"工程建设、宽带网络提速降费工作，努力实现城市光纤网络全覆盖、20M 以上高速宽带用户比例超过 50%。目前，全区网络出区总带宽达到 18.97T（含数据中心），4G 基站建成 6.2 万个，固定宽带家庭普及率达到 74%，电话普及率达到 130%。配合"一带一路"倡议，实施跨境通信设施和国际通信出入口建设，内蒙古自治区不断加强与周边国家的网络互联互通。

（二）信息传输、计算机服务和软件业

在内蒙古服务业中，信息传输、计算机服务和软件业发展较晚，发展水平相对滞后，2017 年信息传输、计算机服务和软件业生产总值为 346.01 亿元，其增加值占服务业的比重仅为 4.3%。资金投入不足已成为信息传输、计算机服务和软件业快速发展的瓶颈。2016 年服务业投资占全社会固定资产投资总额的 49.6%，其中，信息传输、计算机服务和软件业仅占 0.89%，对新兴行业的投入偏低，信息化发展水平和互联网发展等方面仍相对落后。2017 年年末内蒙古互联网用户 2854.3 万户，增长 15.9%，其中移动互联网用户 2360.3 万户，增长 15.4%；互联网宽带用户 494 万户，增长 18.4%。

（三）云计算和大数据

依托自然条件和能源优势，内蒙古的云计算和大数据等新兴产业蓬勃发展。内蒙古制定出台了《大数据与产业深度融合行动计划（2018—2020 年）》，组建了大数据与产业深度融合专家服务队，搭建了大数据与产业深度融合服务平台，推动 4000 多家企业管理上云、服务上云、业务上云。国家大数据综合试验区建设现已全面铺开，数字基础设施日臻完善，大型数据中心服务器装机能力达到 112 万台，居全国首位，综合装机量超过 40 万台，其余承载能力有三分之二已签订租用合同，数据中心市场化程度大幅提升。内蒙古自治区发改委、工信厅、农牧业厅、商务厅、能源局等部门纷纷制定专项行动计划，推动大数据与产业融合发展，构建起了全区上下联动的工作机制。

2017 年，呼和浩特引进中国移动、中国电信、中国联通二大运营商，建成大型云计算数据中心，业务覆盖了北京、内蒙古、山西、甘肃、黑龙江、吉林、辽宁、新疆、宁夏和青海等地；包头、鄂尔多斯、乌兰察布、赤峰、呼伦贝尔等地正在积极筹划云计算产业发展。云计算产业的高速发展，已经吸引了百度、搜狗、阿里巴巴、搜狐、腾讯、浪潮、聚友网络、蓝汛通信技术、中国云立方等几十家数据应用企业入驻。淘宝"双十一"全部后续数据的处理工作和百度近 1/5 的数据处理工作都是在呼和浩特市和林县的中国电信云计算基地完成的。

二、生产性服务业

根据《国务院关于印发服务业发展"十二五"规划的通知》（国发〔2012〕62 号，以下简称《规划》）和《国务院关于加快发展生产性服务业促进产业结构调整升级的指导意见》（国发〔2014〕26 号，以下简称《指导意见》）的要求，生产性服务业主要包括为生产活动提供的研发设计与其他技术服务，交通

运输、仓储和邮政服务，信息服务，金融服务，节能与环保服务，生产性租赁服务，商务服务，人力资源管理与职业教育培训服务，批发与贸易经纪代理服务，生产性支持服务等。顺应现代服务业发展的需要，本书作者在开展调研的过程中，将其按照金融业、电子商务业、物流业、科技服务业和会展业进行行业分类调研。

（一）金融业

伴随着经济的快速增长，内蒙古金融业取得了长足发展，逐渐形成了门类较为齐全的金融业体系，融资总量逐步增加，融资结构进一步优化，金融对实体经济发展的保障能力不断提高。金融机构人民币存款余额从1978年的16.5亿元增加到2017年的22 952.8亿元，是原来的1390.1倍。金融机构人民币贷款余额从1978年的40.3亿元增加到2017年的21 456.0亿元，是原来的531.4倍。

2017年，金融业住户存款余额10 730.0亿元，比年初增加769.1亿元，增长7.7%；非金融企业存款余额6748.1亿元，比年初增加793.9亿元，增长13.2%；增加值增速为8.1%，比地区生产总值和服务业增加值增速分别高出4.1个和1.9个百分点。金融业增加值占服务业增加值的比重从2000年的4.9%提高到2017年的13.7%，上升了8.8个百分点。金融业运行总体平稳，存贷款保持适度增长，有力地支持了内蒙古自治区经济转型升级和创新驱动发展。

保险业服务能力进一步提升。截至2017年末全区各类保险机构共有2826家，比上年增加97家，省级保险分公司有39家，且大部分在盟市设立了分支机构。全年保险业实现原保险保费收入569.9亿元，增长17.1%。全年保险业累计赔付支出186.5亿元，增长35.4%。全年全区人寿保险实现原保险保费收入306.0亿元，累计赔付支出49.4亿元，保险市场体系进一步完善。农业保险稳步推进，全年全区农业保险实现原保险保费收入32.5亿元，累计赔付支出43.3亿元，支农惠农力度进一步得到加强。目前，全区已建立起以基本社会保险、企业补充保险和商业保险为三大支柱的社会保障体系，保险的经济补偿作用不断增强，发挥了"经济助推器"和"社会稳定器"的作用。

内蒙古自治区法人证券公司营业部增加到98家，上市公司总市值达到4046.5亿元，占全区生产总值的22.8%。证券业规模扩大，"新三板"挂牌企业数量和融资规模提升，"新三板"挂牌企业66家，主板、创业板上市企业26家，上市公司通过首发及再融资等方式累计募集资金1640亿元。从整体来看，内蒙古资本市场发展较为平稳，活跃程度与经济形势密切相关。

（二）电子商务业

内蒙古电子商务示范建设初见成效。2017 年，全区电商交易额 2089.37 亿元，同比增长 31.56%，高出全国 2.82 个百分点，网络零售额 233.74 亿元，同比增长 59.13%，高出全国 25.34 个百分点。各类本地电商平台不断涌现，通过本地电商平台实现的交易额占到全区电商交易额的近六成。内蒙古现拥有呼和浩特国家级电子商务示范城市 1 座，赤峰电子商务基地、呼和浩特金川工业园区、包头金属深加工园区、通辽电子商务产业园等电子商务示范基地 4 个。自治区商务厅积极推动中小商贸流通企业公共服务平台建设，在旗县（开发区）设立 10 个工作站，在行业协会、商圈、专业市场、开放式电子商务平台设立 35 个联系点，征集大专院校、金融机构、律师事务所、会计师事务所、行业协会等专业服务机构 42 家，备案服务单位 100 余个、辐射企业 3000 多家，已初步形成了"平台集聚资源、政府扶持中介、中介服务企业"的运行机制。

草原电子商务建设的推进，促进了经济高速增长和地方特色经济发展，电子商务集聚化程度得以提高，农村电商得到发展。设在农村牧区和社区的服务站，帮助农牧民完成网上购销，实现城乡商品、信息双向流通，努力使内蒙古成为我国草原生鲜产品的首要输出地。2017 年，内蒙古自治区农村网络零售额达 52.82 亿元，所售主要集中在畜禽、粮油和坚果等产品。

内蒙古具有联通俄蒙的区位优势，可以尝试引进和培育多平台、多类型的跨境电商服务机构或企业，构建有利于跨境电子商务自由化、便利化、规范化的六大支撑体系，扩出口促转型、扩进口促消费，打造完整跨境电子商务生态产业链。目前，内蒙古已建设跨境电子商务平台 10 个。

（三）物流业

随着电子商务的蓬勃发展和快递业的迅速崛起，传统服务业中的交通运输、仓储和邮政行业不断创新融合，推动了现代物流业的发展。随着内蒙古工业物流需求的持续增加，物流基地建设加快，物流企业成长较快，运输和仓储能力明显提高。2017 年完成货物运输总量 22.7 亿吨，是 1978 年的 26.7 倍，完成货物运输周转量 5206.5 亿吨公里，是 1980 年的 28.8 倍。铁路运输业、装卸搬运和仓储业营业收入增长较快，对规模以上服务业企业营业收入增长贡献显著。2017 年交通运输、仓储和邮政业生产总值为 1046.08 亿元，增加值占服务业增加值的比重为 13.0%。

电子商务的快速发展和消费市场转型升级，使得内蒙古快递业发展迅猛。2017 年，快递业务总量由 1988 年的 1 万件激增到 1.1 亿件，30 年间增长了 1 万倍，2017 年完成快递业务收入 23.96 亿元，占邮政业务收入的一半以上，成为推动内蒙古邮政业务发展的主要业务。

内蒙古物流业已经建成一批大型物流园区，初步形成东部以赤峰、通辽，中西部以呼和浩特、包头、乌兰察布、巴彦淖尔等区域为中心的物流体系，物流现代化水平进一步提高；内蒙古已建成国内首家省级"互联网＋高效物流"的物流云平台。

（四）科技服务业

科技服务业是现代服务业的重要组成部分，具有人才智力密集、科技含量高、产业附加值大、辐射带动作用强等特点。加快科技服务业发展，是推动科技创新和科技成果转化、促进科技经济深度融合的客观要求，是实现科技创新引领产业升级、推动经济向中高端水平迈进的关键一环。目前，内蒙古新建国家级高新技术产业开发区 1 家、国家级企业重点实验室 2 家；组建了新型研发机构 38 家、企业研究开发中心 214 家、院士工作站 69 个。内蒙古自治区大学科技园为国家级的大学科技园，主要从事大学科技园孵化平台建设、科技企业孵化、科技成果转化管理与运营工作。2017 年内蒙古共取得重大科技成果 533 项，其中基础理论成果 110 项，应用技术成果 421 项，软科学成果 2 项，获得国家级奖励的科技成果 1 项。2017 年内蒙古专利申请 11701 件，授权专利 6271 件，年内共签订各类技术合同数 3766 个，合同成交金额 162.8 亿元。其中，区内成交技术金额 14.3 亿元，向区外输出技术成交金额 5.3 亿元，吸纳区外技术成果金额 143.2 亿元。

R&D 经费投入及其增长是推动科技创新的引擎，也是衡量地区科技创新投入水平和实力的重要参数，是自主创新能力的物质基础。2017 年，内蒙古 R&D 经费支出 132.3 亿元，是 2009 年的 2.5 倍，年均增长 12.1%；全区 550 个有 R&D 活动的机构中，有科研机构 96 个、高等院校 147 所、企业 259 个、其他单位 48 个；共有 R&D 人员 48 755 人。

（五）会展业

会展业作为现代服务业的一个重要组成部分，以投资少、能耗低、污染小、效益高等特点，被誉为经济发展的"绿色引擎"。内蒙古会展经济起步较晚，但发展势头良好，依托资源、产业、区位优势，展会的数量、内容、规模逐年扩大，市场渐趋活跃，有些展会已具规模，并在国内具有一定影响，如中国民族商品交易会、内蒙古草原文化节、国际光纤通信论坛、中俄蒙科技展览会、药交会、农博会、沙博会、乳业博览会、汽车展、房展会等。内蒙古的展会可以概括为"展中有会，会中有节，节中办展"。内蒙古会展业已覆盖到生产性服务业和生活性服务业，影响到传统服务业和现代服务业等诸多领域，并渗透到通信、文化等新兴服务领域。

内蒙古可供办展的场馆数量不断增多，展馆总面积超过 50 万平方米，平均每年举办各类大中型展会 30 余个，年均接待国内外观众达上百万人次，共有来自几十个国家和国内 30 多个省市自治区的上万家公司企业前来参展。会展业有效地带动了内蒙古商业、宾馆、餐饮、旅游、交通、娱乐、运输、广告等第三产业的繁荣发展。

三、消费性服务业

消费性服务业主要包括文化、体育和娱乐业，批发和零售业，住宿和餐饮业，旅游业，养老和其他服务行业。按照现代服务业的分类标准，本书将消费性服务业分为文化与相关产业、商贸服务业、旅游业、养老服务业。第六章有关省份的调研按照此分类方法进行分类。

（一）文化与相关产业

内蒙古重视文化产业的发展，以把文化产业培育成国民经济的支柱性产业为目标，扎实推进民族文化强区建设，经过多年的不懈努力，充分释放文化发展潜力，文化产业已经成为内蒙古自治区国民经济的重要组成部分，文化产业发挥出了乘数效应，已形成了文化助推经济发展的良好局面。文化及相关产业企业经营状况良好，总量持续扩大，2017 年年底内蒙古共拥有规模以上文化及相关产业企业法人单位 269 个，比上年增加 3 个；规模以上文化及相关产业企业资产总计 384.6 亿元，比上年增加 62 亿元，同比增长 19.2%；规模以上文化及相关产业营业收入达到 109.6 亿元，比上年增加 7.1 亿元，同比增长 6.9%。吸纳就业能力逐步增强，全区文化产业从业人员达 23.19 万人，规模以上文化及相关产业企业从业人员有 19 476 人，比上年增加 2040 人，增长 11.7%。"文化圈"的从业人员数量高于金融业、房地产、交通运输以及仓储邮政等行业的就业人数，文化领域正在成为"双创"最为活跃的领域之一。

随着文化产业规模的不断扩大和经济效益的提高，文化产业增加值保持快速增长，对经济增长的贡献率显著提高。"十二五"期间，内蒙古自治区文化产业增加值年均增速达 22%，比同期 GDP 增速高 12%，年均增速连续高于全国平均水平。2017 年文化产业增加值为 525.5 亿，占 GDP 的比重为 3.2%，规模不断扩大，为促进内蒙古经济社会协调发展作出了积极贡献。

内蒙古新闻出版、广播影视、哲学社会科学事业持续进步，草原文化影响力、传播力显著增强。竞技体育和群众性体育协调发展，体育产业发展加快。实施文化惠民工程，加强文艺创作组织工作。截至 2017 年年底全区有艺术表演团体 98 个（其中乌兰牧骑 71 个），艺术表演场所 21 个；拥有文化馆 120 座，公共图书馆 117 座，博物馆 93 座，档案馆 139 座，已开放各类档案 343.3 万卷。2017 年年底全区广播综合人口覆盖率 99.24%，电视综合人口覆盖率 99.22%。2017 年年底全区有线广播电视用户 385.6 万户。自治区和盟市两级出版报纸 27974 万份，出版各类期刊 1382 万册，出版图书 5966 万册。全年生产故事影片 7 部，蒙语译制片 100 部。全区体育健儿在国内外重大竞赛中获奖牌 222 枚，其中，国外获奖牌 35 枚，国内获奖牌 187 枚。

（二）商贸服务业

改革开放以来，内蒙古以批发和零售为主的商贸服务业也有了较大发展，已成为内蒙古经济增长的重要力量和就业富民的重要渠道。2017 年，内蒙古批发和零售业生产总值为 1818.57 亿元，增加值占服务业增加值的比重为 22.6%，在服务业中的比重最大。内蒙古批发零售业的发展为推动经济增长方式转变、促进新型能源和工业基地建设提供了有力支撑。

内蒙古消费品市场规模持续扩大。2017 年，社会消费品零售总额 7160.2 亿元，比上年增长 6.9%，是 1978 年的 194.6 倍。按经营单位所在地划分，2017 年城镇实现社会消费品零售额 6454.6 亿元，占社会消费品零售总额的 90.1%，比去年增长 6.6%；2017 年乡村实现社会消费品零售额 705.6 亿元，比去年增长 9.5%。物流配送、电子商务、线下体验店等得到快速发展，催生了消费新业态、新商业模式和新观念。消费观念由温饱型向发展型、享受型消费转变；消费结构也由衣、食消费向住、行消费转移。以汽车、住房、健康休闲等为代表的新一轮消费结构升级成为推动经济增长的新动力。按照消费形态划分，2017 年，餐饮收入 1120.5 亿元，同比增长 9.1%；商品零售 6039.7 亿元，同比增长 6.5%。1979—2017 年，社会消费品零售总额年均增长 14.5%。内蒙古已经形成了以批发和零售市场为主体的多层次、多门类的商品市场体系，形成了多种经济成分、多种市场流通渠道、多种经营方式并存的商品市场格局，形成了遍布城市、辐射农村牧区、多功能全面发展的商品流通体系。

2017 年内蒙古海关贸易进出口总额 942.4 亿元，比上年增长 22.8%。其中，贸易出口总额 334.8 亿元，增长 15.8%；贸易进口总额 607.7 亿元，增长 27.0%。从主要贸易方式看，一般贸易进出口额达 535.3 亿元，占贸易进出口总额的 56.8%；边境小额贸易进出口额达 302.9 亿元；加工贸易进出口额达 22.7 亿元。

（三）旅游业

内蒙古旅游业呈现出平稳增长的发展态势。旅游从改革开放初期的"奢侈品"转变为人们日常生活的"调味剂"。内蒙古以建设体现草原文化、独具北疆特色的旅游观光、休闲度假基地为旅游发展目标，围绕旅游产业转型升级、提质增效这条主线和不断提高内蒙古旅游影响力这个核心，突出"草原文化、北疆特色、休闲度假"三大主题，全域旅游、品牌创建、厕所革命、旅游扶贫、文明旅游等重点工作取得了明显成效，推动了内蒙古旅游业的持续快速发展，为打造祖国北疆亮丽风景线提供了有力支撑。2017 年，全区接待国内外游客 1.2 亿人次，是 1991 年的 79.7 倍，比 2000 年增长 14.0 倍；旅游业总收入 3440.1 亿元，是 1980 年的 8 万多倍，比 2000 年增长 79.5 倍。

内蒙古旅游业已经形成一定产业规模。2017 年，住宿和餐饮业 500 万元以上固定资产投资增速为 45.3%，远高于第三产业的投资增长率 11.6%。现有星级饭店 332 家，其中五星级 10 家、四星级 38 家；有 A 级旅游景区 321 个，其中 5A 级 2 家、4A 级 78 家；有旅行社 897 家，其中出境社 53 家、边境社 34 家、赴台社 7 家；全国休闲农业与乡村旅游示范县 5 个，全国休闲农业与乡村旅游示范点 13 个。截至 2017 年底，住宿业拥有法人企业 296 个，产业活动单位数及个体户为 130 个，从业人数为 29 863 人；餐饮业拥有法人企业 330 个，产业活动单位数及个体户为 533 个，从业人数为 44 513 人。全区拥有注册导游员 12 356 名，全区直接从事旅游业人数约 23 万人，间接就业人数约为 115 万人，旅游从业人数达到 138 万人，占全区服务业就业总人数的 20% 左右，旅游业已经成为自治区容纳社会就业最多的行业之一。

（四）养老服务业

据内蒙古自治区民政厅相关统计，2017 年，全区 60 岁以上老年人口已达 436 万人，占总人口的 17.4%；80 岁以上老年人 58.8 万人，占老年人口的 13.5%，且高龄、失能、半失能老年人逐年增多。随着老年人口的不断增长，养老服务业已经成为涉及面广、产业链长、潜力巨大的朝阳产业。

内蒙古有各类养老机构 2252 所，总床位数 20.47 万张，每千名老人拥有床位数约 54 张。按照民政部年度考核通报排序，内蒙古养老服务业千人床位数居全国各省区市首位。内蒙古自治区政府先后制定出台了《内蒙古自治区人民政府关于加快发展养老服务业的实施意见》（内政发〔2014〕57 号）、《内蒙古自治区人民政府关于促进健康服务业发展的实施意见》（内政发〔2015〕14 号）、《内蒙古自治区人民政府办公厅关于全面放开养老服务市场提升养老服务质量的实施意见》（内政办发〔2017〕127 号）、《内蒙古自治区人民政府办公厅关于制定和实施老年人照顾服务项目的实施意见》（内政办发〔2017〕180 号）等一系列政策措施，使养老服务业发展取得了显著成效，初步形成了以居家为基础、社区为依托、机构为补充、医养相结合的养老服务体系。

内蒙古加大了政府购买养老服务力度，坚持以老年人基本养老服务需求为导向，将政府购买服务与满足老年人基本养老服务需求相结合，继续优先保障经济困难的孤寡、失能、高龄等老年人的服务需求，充分发挥市场配置资源的决定性作用，通过竞争择优的方式选择承接政府购买养老服务的社会力量。2014 年以来，政府通过购买服务的方式选定了 189 家社团组织为社区居家老年人提供照顾服务，共投入资金达 2800 多万元。2018 年，内蒙古自治区将 2000 万元福彩公益金用于购买居家养老和社会服务，各地福彩公益金的 50% 都将用于养老和老龄服务工作。

四、社会性服务业

社会性服务业包括政府的水利、环境与公共设施管理服务，教育，卫生、社会保障和社会福利事业以及公益性信息服务等，涵盖内容多属于政府投资兴办的服务业。本部分内容并非本次调查研究的重点内容，故以下对内蒙古社会性服务业发展现状分行业进行简单介绍。

（一）水利、环境与公共设施管理业

水利、环境和公共设施管理行业作为国家新兴战略产业之一，其产业中的重要内容受到广泛关注。2017 年，内蒙古环境质量稳中向好，空气质量达标天数比例为 85.3%，空气质量明显改善，全区地表水Ⅰ～Ⅲ类水质断面占 50.5%，劣Ⅴ类水质断面占 21.9%，水质总体评价为中度污染。与上年相比，Ⅰ～Ⅲ类水质断面比例上升 0.5 个百分点，劣Ⅴ类水质断面比例下降 0.6 个百分点，水质总体呈好转态势。集中饮用水水源地取水水质达标率地级市为 87.2%，旗县级为 73.8%。国家确定的 172 项节水供水重大水利工程中，内蒙古有 12 项，估算总投资 546 亿元，涉及江河防洪工程、大型水库工程、区域调水工程和重大节水灌溉工程 4 类。

2017 年，内蒙古确定的自然保护区 182 个。其中，国家级自然保护区 29 个，自治区级自然保护区 60 个。自然保护区面积 1267.7 万公顷。其中，国家级自然保护区面积 426.2 万公顷。优于城市居住区声环境质量标准的城市比例为 16.7%。

（二）教育

内蒙古各级各类教育蓬勃发展，多形式、多渠道、多层次的教育体系不断成熟和完善，教育资源、教育成果更广泛、更直接地惠及全区人民。教育经费投入不断增加，教育资源配置更加优化，办学条件不断改善，教育事业欣

欣向荣。2017 年，全区地方财政教育支出 561.8 亿元，是 1978 年的 313.9 倍，年均增长 15.9%。

基础教育稳步发展。学前教育受到高度重视，师生数量规模成倍增长，教育资助力度不断加大。对义务教育阶段学生全面实施的"两免一补"政策，使内蒙古基础教育得到加强。2017 年，全区有幼儿园 3845 所，专任教师 4.3 万人，在园幼儿 64 万人，分别是 1978 年的 5.9 倍、48.7 倍和 16 倍；共有小学 1658 所，普通初中 683 所，普通高中 293 所；小学在校生 132.5 万人，普通初中在校生 61.9 万人，普通高中在校生 43.6 万人；小学专任教师 10 万人，普通初中专任教师 5.8 万人，普通高中专任教师 3.6 万人。中小学师生比由 1978 年的 1：23 提升到 1：12。

内蒙古始终坚持优先重点发展民族教育的工作方针，制定了一系列加强民族教育工作的法律法规和政策，认真落实民族教育各项优惠政策，深入实施"民族教育发展水平提升工程"和"民族教育人才培养模式改革试点"，民族教育不断加强。截至 2017 年年底，全区各级各类学校有少数民族在校生 87.4 万人，是 1978 年的 1.5 倍。其中，高等学校 11.7 万人、普通中学 30.9 万人、小学 39.6 万人，分别是 1978 年的 29.3 倍、1.6 倍和 1.0 倍。

（三）卫生、社会保障和社会福利事业

内蒙古不断提升基本公共卫生服务水平。医疗卫生经费投入成倍增长，为医疗事业发展提供了坚实的保障。2017 年，全区医疗卫生与计划生育财政支出达 323.5 亿元。2017 年年底全区共有卫生机构 24217 个，其中，医院 775 个，农村牧区卫生院 1314 个，疾病预防控制机构 119 个，妇幼卫生机构 113 个，专科疾病防治院（所）51 个。2017 年年底全区医疗卫生单位拥有病床 15 万张，增长 8.0%，其中，医院拥有病床 11.9 万张，乡镇卫生院拥有病床 2.2 万张，妇幼卫生机构拥有病床 0.4 万张。全区拥有卫生技术人员 18 万人，其中，执业医师、助理医师 7 万人，注册护士 7.2 万人。农村牧区拥有村卫生室 1.4 万个，拥有乡村医生和卫生员 1.8 万人。

进一步健全全民社会保障体系。2017 年年底全区参加城镇职工基本养老保险的人数为 694.3 万人，比上年增长 6.0%；参加城乡居民社会养老保险的人数为 743.4 万人，比上年增长 1.0%。参加失业保险职工人数 247.1 万人，比上年增长 2.5%；领取失业保险金人数 5.3 万人，比上年下降 18.3%。参加基本养老保险的离退休人员 226.6 万人，比上年下降 4.2%。参加基本医疗保险人数 2161.5 万人，参加基本医疗保险的职工人数 495.1 万人，比上年增长 1.4%。养老金社会化发放率 100%。

2017 年年底全区城镇建立各种社区服务设施 4469 个，比上年增长 7.5%。其中，社区服务中心 984 个。全区各类社会福利院床位 1.7 万张，各类福利院收养人数 0.8 万人。全年共有 162.9 万人得到国家最低生活保障救济。全年筹集社会福利资金 17.6 亿元，销售社会福利彩票 62.7 亿元，比上年分别增长 8.6% 和 8.1%。接受社会捐赠 93.5 万元。

第三节　内蒙古现代服务业目前存在的问题

一、内蒙古现代服务业与全国现代服务业发展对比

从整体来看，内蒙古自治区服务业与全国和发达省区市相比较，发展水平较低，差距较为明显，如表 3-6 所示。

表3-6　内蒙古现代服务业占比与全国现代服务业占比对比表

年　份	内蒙古现代服务业增加值占全区生产总值比重	全国现代服务业增加值占 GDP 比重
2008	24.38%	32.07%
2009	24.32%	33.55%
2010	22.85%	33.05%
2011	22.39%	33.00%
2012	22.24%	33.83%
2013	22.71%	35.03%
2014	24.44%	35.95%
2015	25.03%	38.41%
2016	26.64%	39.72%
2017	31.03%	40.64%

数据来源：作者根据 2009—2018 相关数据计算整理。

由表 3-6 可见，内蒙古现代服务业增加值所占比重从 2014 年开始不断增

加，2014年与全国现代服务业所占比重相差11.51%。2017年内蒙古现代服务业增加值占全区生产总值比重为31.03%，与全国现代服务业增加值比重相差9.61%，结合图3-3，内蒙古现代服务业发展速度不断增加，内蒙古现代服务业增加值占全区生产总值的比重与全国现代服务业增加值占GDP的比重之间的差距也在逐渐缩小，但与全国相比，内蒙古现代服务业增加值占全区生产总值的比重仍然滞后于全国平均水平。

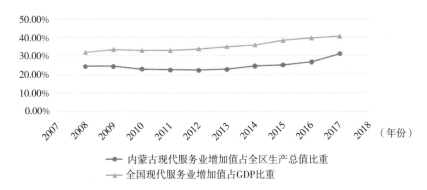

图3-3　内蒙古与全国现代服务业增加值占比变化

内蒙古现代服务业的发展存在着占比低、结构有待优化、科技含量有待提高、管理体制和协调机制不健全、投入不足、市场开放程度不高、吸纳就业比重较低、各行业高级人才缺乏等诸多问题。为了更细致地分析内蒙古自治区现代服务业四大类型，以及生产性、消费性服务业中各主导行业中存在的问题，以下仍按照服务业类型进行具体分析。

二、基础性服务业

（一）通信服务

1.基础设施建设落后

由于内蒙古自治区幅员辽阔，网络基础设施建设有着天然的困难。通信业基础相对薄弱，特别是光纤通路带宽不足是制约内蒙古发展信息产业的重要瓶颈，自治区目前对基础电信网络包括城市宽带、互联网国际出入口和连接国内主要大城市的光纤带宽等的需求十分迫切，只有不断加快与此相关的基础设施建设才能满足本地应用，与发展云计算及相关数据中心产业的要求有较大差距，亟待加强。

2. 创新能力较弱

自治区通信产业创新能力不强，总体研发投入水平较低，产业发展环境不够完善，投融资机制亟须完善。自主知识产权的产品较少，科研成果转化率较低，使得许多企业的技术中心往往形同虚设。

（二）信息传输、计算机服务和软件业

1. 大部分企业规模小，企业制度不合理

内蒙古从事自主软件开发、计算机服务的人员为数很少，大部分企业从业人数只有10—20人，最多也就50人，资金不足，缺乏市场竞争力。而这些企业主要是自然组成的合伙企业，由于缺乏经营目标和管理经验，均面临被淘汰的危险。

2. 相关产业促进作用有限

信息传输、计算机服务和软件业同制造、通信等产业密切相关，就内蒙古目前情况来看，制造业的科技化程度相对落后，其所产生的服务需求主要在中介服务、交通运输、仓储业、工程设备施工与安装等几个相对低端的专业类别上，对信息传输、计算机服务和软件业的需求空间不足，通信产业由于自身发展较为缓慢，同样缺乏对信息传输、计算机服务和软件创新的需求，对信息服务产业发展的促进作用有限。

3. 资金投入不足

资金投入不足已成为内蒙古信息传输、计算机服务和软件业快速发展的瓶颈，对知识和技术密集型的投入偏低，直接导致信息服务业发展后劲不足。2016年内蒙古服务业投资占全社会固定资产投资总额的49.6%，其中，信息传输、计算机服务和软件业仅占全社会固定资产投资总额的0.89%。

（三）云计算和大数据

1. 市场集聚能力有限

按照目前内蒙古产业发展现状和产业结构特点，本地区IT应用的市场相对比较狭小，以本地市场带动云计算及相关产业聚集的能力有限。

2. 专业和高端人才缺乏

由于内蒙古地处偏远，自然条件差，物质条件欠缺，人才培养与引进相对滞后，许多信息通信人才流向国内外及外资、合资企业，内蒙古信息通信产业长期面临专业技术人才不足的制约。内蒙古高校大数据、云计算等相关专业设置较少，IT领域专业人才尤其是高端人才缺乏，特别是发展云计算产业所需的相关人才更是缺乏，这成为制约内蒙古知识和技术密集型产业发展的重要因素。

三、生产性服务业

（一）金融业

1.金融相关率低

从内蒙古的金融相关率（贷款余额与 GDP 之比）可以看出，内蒙古的金融化程度偏低，落后于全国平均水平。内蒙古地区生产总值居全国中等水平，存贷款余额始终居全国靠后水平，且存款额长期低于 GDP 总值，金融业的发展与地方经济的快速增长尚不适应，有限的金融资源难以转化成为支撑经济发展的产业优势。

2.资本市场发展滞后

内蒙古自治区上市公司共 26 家，仅占全国的 0.2%；法人证券公司数仅有 2 家；无法人基金公司；无法人期货公司。创业板上市企业很少，上市公司后备资源较少。另外，股权投资基金、产业投资基金数量少，发展较为缓慢。总体来看，内蒙古的资本市场发展缓慢，直接融资比例较低，新型融资工具运用不足。

3.金融组织体系不健全

金融业虽然基本形成了种类较齐全的金融市场体系，但由于金融机构间竞争不够充分，银行业特别是大银行仍然占绝对主导地位，其他金融机构发展滞后，导致资金配置效率低下，企业融资方式仍然以间接融资为主。金融市场主体不健全，金融产品供给不够，加上市场管制较多，造成资金不能够在多个市场间自由顺畅地流动，资金集聚能力受到明显制约，不能完全满足中小企业特别是具有自主创新能力的小企业的融资需要。

4.防控金融风险的能力不强

目前，国际金融环境复杂多变，国内各市场主体受宏观经济环境影响，盈利能力降低，间接融资杠杆率偏高，金融风险呈现多元化态势，不良资产风险、流动性风险、债券违约风险、影子银行风险、跨界交叉风险、地方政府债务风险等正在累积，为局部的系统性金融风险埋下隐患。金融资源脱实向虚、部分企业高负债经营、个别金融机构内部管理不到位等导致金融风险不断累积，同时跨业态跨区域的金融创新快速发展，为地方金融监管带来难度。尤其是互联网金融存在诸多不规范行为，缺乏健全的监管模式，其快速发展为金融监管和规避金融风险带来严峻挑战。

5.金融业竞争环境有待优化

内蒙古金融机构小、弱、散问题比较突出，在利率汇率市场化、金融混业经营等金融改革加速推进的背景下，金融市场竞争日趋激烈，对内蒙古金融机构的市场竞争能力提出严峻挑战。同时，金融资源在大城市、大企业过度集中甚至沉淀的状况没有明显改善，对农牧业、小微企业和民生领域的金融支持依然薄弱。内蒙古金融市场准入、机构设立、债券发行等方面的限制还比较多，金融制度还不够完善。民间融资体系不健全，无序竞争，民间金融发展不够规范，金融资源配置效率低，市场在资源配置中难以发挥决定性作用，金融监管和风险防控能力较弱。

（二）电子商务业

1.电子商务平台与基地建设水平较低

内蒙古电子商务示范建设处于国家落后水平，国家级电子商务示范建设数量少，并都处于建设起步期，集聚园区内企业入驻数量少。内蒙古自治区级的示范基地与企业刚刚开始建设，又多集中于内蒙古西部地区，地区间分布不均衡。综合性电子商务公共服务平台数量少，且平台功能不完善，建设标准、规范有待进一步提升。

2.农村电子商务发展缓慢，未形成规模

农村软硬件条件相对较差，互联网及相关基础设施薄弱，农村电子商务覆盖面窄，人们对电子商务的认识不全面，使得农民不能通过直接有效的途径参与到电子商务中来。本土农村电商平台处于起步阶段，无电商知名品牌。目前，内蒙古仅有巴林左旗十三敖包镇一家淘宝村，类似的农村电商模式发展滞后。同时，内蒙古"互联网＋农业"进程缓慢，缺乏对农产品电商源头的升级改造，仅仅停留在电商的终端进行营销创新。

3.跨境电子商务发展处于起步阶段

内蒙古跨境电子商务平台地域集中，规模未形成，面向国家电子商务平台较少，受地域限制。内蒙古的10个运营跨境电子商务集中在呼和浩特市、包头市、满洲里市和二连浩特市，重点面向俄罗斯和蒙古国。在综合保税区和保税物流中心等区域内建设了跨境电子商务仓储物流中心（跨境电子商务园区），但为经营主体提供入区、即退税、仓储、配送、分拣、加工和邮递等配套服务目前尚未完全实现。

（三）物流业

1.产业层次和企业水平有待提升

内蒙古第三方物流企业大部分是由传统运输、仓储企业转型形成的，物流从业机构规模普遍较小。作为单一物流服务的提供者，所提供的物流服务仍以仓储、运输、配送、货代等为主，且只是单项、分段的，对于客户要求的全方

位物流服务无法满足。另外,内蒙古物流服务水平不高,缺乏现代化手段,物流金融、信息等增值服务建设不完善,市场竞争能力弱,严重影响着内蒙古物流业的发展。内蒙古通辽铁盛商贸公司在2016年中国物流企业50强中居第30位,物流业务收入为61.02亿元,仅相当于排名第一的中国远洋总公司的4.9%。2017年,上榜企业物流业务收入快速增长,入围全国50强榜单的门槛大幅提升,内蒙古目前未能有企业上榜。

2.体制机制和政策体系有待完善

与旅游业、金融业等其他服务业相比,物流业管理体制缺位,部门和区域分割等体制性障碍仍然存在,缺乏统一的协调推动机制。有利于培育市场主体、激励发展活力的政策力度不够,培育开放型经济的体制机制不活。物流业发展要素支撑能力不足,高端人才缺乏,不能满足产业发展需要。

3.社会物流成本较高

内蒙古专业物流、第三方物流发展相对滞后,新技术、新装备应用不够普遍,信息化程度低,还需要大量劳动力资源和一定的资金才能更好运转,加之人员工资普遍上涨、用工成本上升、应收账款增加等因素,物流企业的发展严重受阻。2017年,内蒙古社会物流总费用完成2784.26亿元,比去年增长10.3%,社会物流总费用与GDP的比率为17.3%,比全国平均水平高出2.7个百分点,也高于河南(15.7%)等内地省区,表明内蒙古物流效率仍然处于较低水平,物流成本偏高。物流通道和基础设施建设压力较大,物流企业税费负担较重,物流业附加值又低,利润微薄,严重影响了物流企业发展的积极性。

4.对外开放和区域协作程度低

内蒙古跨地区物流业务少,缺乏与周边省区的物流协作,少有国内外大型物流企业在内蒙古设立分支机构或地区总部。区内物流企业实力弱小,发展空间有限,企业间分工合作不协调,不能达到共赢的局面;缺少开展物流方面的政策协调和技术合作,难以实现与区外物流业务的有效对接。同时,内蒙古口岸物流仍处于由传统物流阶段向为工业服务阶段过渡的时期,除满洲里外,其他口岸城市在进出口贸易中仍然主要扮演一个中转站的角色,缺乏完整的产业集群或产业链的支撑,尚未形成物流产业集聚效应。

(四)科技服务业

1.科技服务创新能力不足,体制机制不健全

科技创新运行机制不灵活,激励机制政策、法规保障体系不完善,使得内蒙古各创新主体之间的联系、合作、交流弱,知识、技术、信息等资源都不能被充分利用,严重影响了内蒙古科技创新能力的发挥,内蒙古科技进步贡献率

始终低于国家平均水平。同时，与科技创新相关的法律、法规不完善，政策、法规体系不健全，使得科技创新得不到有效保护，严重阻碍了科技创新能力提升。同时，科技创新融资渠道狭窄、投资构成不佳，大量投资集中在应用技术领域。

2. 科技中介服务机构运作不良，科技成果转化率低

内蒙古市场化的科技服务体系不健全，信息流通不畅，成果转化资金投入不足，成果转化激励机制不完善，不注重应用研究，使得科技成果转化效率明显不足，大量成果、专利被束之高阁。内蒙古专业化、社会化、规范化的科技中介服务机构数量少、运作效率低下，使得高新技术成果产业化的转化率普遍较低。

3. 创新创业孵化体系尚未发挥应有作用

内蒙古创新创业平台还未充分发挥"引领"和"示范"作用，还没有形成从众创空间到孵化器到加速器全链条孵化体系。科技部分三批认定了1257家众创空间，内蒙古仅在2016年9月认定的第三批名单中有35家，其中，30家分布在内蒙古西部地区，地域分布差距较大。目前，像"创客空间"这样的创新创业孵化体系未能发挥科技服务创新与大量吸纳创业的功能。

4. 资金投入不足

虽然内蒙古科技服务业有了一定的发展，但在服务业中的比重仍然很小，2017年内蒙古科学研究和技术服务业生产总值为152.89亿元，增加值占服务业增加值的比重仅为1.9%。内蒙古在科学研究和技术服务上的投入严重不足，2016年，科学研究、技术服务业和地质勘查业投资仅占全社会固定资产投资总额的0.62%，极大地制约了科技服务业的发展。

5. 基层科技人才缺乏

内蒙古是少数民族地区，高水平的科技人才比例偏低，且主要集中于城市的大中型企业、高等院校和科研院所，地处偏远、经济落后、物质条件匮乏等各方面的原因导致基层科技人才缺乏，尤其是如何留住基层农牧业科技人才与如何建设企业科研队伍的问题最为突出。这在一定程度上影响了一、二产业基层科技成果转化工作的开展，科技服务不能实现效益化。

（五）会展业

1. 会展业发展不平衡

内蒙古会展业发展不平衡，呼和浩特会展经济发展较快；鄂尔多斯凭借近年来经济的迅猛发展，其会展业有后来居上之势；而像兴安盟、阿拉善盟等地区会展经济的发展远远落后于全区平均水平。

2. 会展经济发展规模不大

内蒙古现有的展会规模小、数量少。《中国展览经济发展报告 2017》显示，在 2017 年全国的办展数量排名中，内蒙古办展 129 场，占全国展览数量的 0.7%；展览面积为 133.01 万平方米，占全国展览面积的 0.56%，排在第 24 位。内蒙古缺乏有规模、上档次的全国性和国际性展会，在国内外的知名度、影响力有限。

3. 会展经济的带动作用没有发挥

会展周边服务设施不配套，产业链条不完整，缺乏资金雄厚、竞争力强的大型专业会展服务公司。旅游企业中的旅行社与会展承办企业没有建立起长期、有效的合作机制。参展商、观展人员的主要目的是参加会展，对于参展人员的购物、游览、娱乐等方面的需求办会部门少有满足，旅游企业也未利用自身组织游览的能力参与其中，所以会展对旅游六要素中的食、住、行拉动明显，而对游、购、娱的开发明显不足，减弱了文化创意企业集聚发展的吸引力。

四、消费性服务业

（一）文化与相关产业

1. 产业规模偏小，地区发展不平衡

内蒙古文化与相关产业发展不充分，呈现出散、弱、小的特点，产业社会化程度不高，只有极少数几家大型文化产业的运营企业，有一定的竞争实力。就现有文化与相关产业的运营规模看，内蒙古远远低于北京、浙江等发达地区，也低于湖南、安徽等中部地区。内蒙古各盟市旗县文化与相关产业发展也差异较大，大多数地区尚处于初级阶段，没有形成统一的区内市场。呼、包、鄂三市物质技术装备较发达，措施得力，市场发展很快，而阿拉善盟、兴安盟等地较为落后。

2. 产业结构不合理

内蒙古传统文化产业比重过大，新兴文化产业比重偏小，基本上以传统文化经营为主，以信息化、数字化为核心的新兴产业，如软件业、影视业、会展业、音像业等发展缓慢。此外，不少盟市旗县的文化产业结构雷同，文化项目严重同质化，大多数以草原文化为主，品种单调，缺乏特色，质量没有保证，没有着力发展各地区独特的文化产品项目，使文化资源严重浪费，难以形成互通有无的文化产业链，造成整体落后。

3.文化产品科技含量和附加值低

内蒙古受文化经营企业规模小、集约化程度低的限制，经营运行机制僵化、冗员多、经费短缺、设备陈旧、经营活力不足，对丰富内涵的文化资源缺乏深入的挖掘和创新，无法形成具有核心竞争力的品牌文化产品和品牌企业，导致发展后劲不足，使得文化资源和高新技术结合的高附加值和高回报的品牌文化产品难以批量涌现。

4.文化市场活力不足

从市场发展来看，内蒙古的文化消费市场规模较小，人们文化消费意识薄弱，消费能力偏低。2017年的研究数据显示，内蒙古全区居民在文化娱乐业的人均消费支出为925元，占人均消费总支出的4.88%，远远低于全国及大部分省市的比例。由于文化消费观念落后，文化市场消费空间相对狭小，从而影响了文化经营企业的发展。虽然也组建了一些企业集团，除个别有些起色外，多数经营情况一般，效益不理想，没有在全国叫得响的企业和品牌。

（二）商贸服务业

1.城乡居民收入增长放缓，影响居民消费水平进一步提高

近年来，内蒙古城乡居民尤其是消费潜力较大的农牧区居民收入增长速度持续放缓，影响了消费者的消费信心。此外，医疗、教育、养老和住房制度改革滞后，不确定因素仍对居民个人支出存在很大的压力，这些都迫使居民对未来支出预期上升，倾向储蓄存款。

2.商贸业供需失衡，有效供给不足

随着生活水平提高，居民的消费需求不断发展升级，整个社会涌现出越来越多的新消费形式。但目前内蒙古消费品市场产品和服务供给能力、供给水平无法适应居民消费结构日益升级的需要，有效供给不足。具体体现在三方面：一是品质商品供给不足，商品质量、功能与消费结构、消费需求升级对接不完善；二是服务消费供给存在短板，衣食住行等模仿型排浪式消费阶段已基本结束，传统消费热点日趋弱化，但新的消费热点尚未形成；三是供给效率和环境有待提高，新消费与供给侧结构性改革对接不够，流通体系和基础设施对消费升级的支撑作用还有待增强，多样化、个性化服务供给不够，居民消费需求释放不足。

3.消费外溢严重，供给能力待提升

内蒙古传统商业实体经济增长乏力。实体企业面临着激烈的市场竞争，消费外溢严重。网购和海淘的兴起，分流了大量的居民购买力。从消费方式

看，电子商务的高速发展提升了人们的消费欲望，传统消费模式受到极大冲击。

（三）旅游业

1.旅游产品同质化严重，创新不够

目前，内蒙古旅游业还主要以旅游观光产品为主，围绕草原风光、民族风情开发的旅游产品低档次重复开发严重。旅游景区和相应的旅游活动表现形式单一，同质化程度高。许多景区规模大、游客少，客流季节性明显。旅游产品还没有充分地考虑文化属性、休闲功能、参与特点，更没有考虑旅游产业链的形成。因此，旅游产品开发整体水平不高，对文化内涵挖掘不够，旅游精品项目少。

2.旅游接待设施不足

内蒙古5A级景区只有5家，在全国排名23位，而旅游发达地区的江苏省有23家，浙江省有17家，广东、河南各有13家。精品景区数量太少，显然不能满足内蒙古旅游大发展的需要。从酒店业来看，内蒙古有五星级酒店10家，在全国排名24位，远远不能满足旅游业和会展业的发展需求。旅游景点内设施落后，景区活动内容不丰富，卫生条件差，在国内旅游每天人均花费方面，景区游览和娱乐花费最少。内蒙古对旅游业的投资，尤其是对旅游配套设施项目，如娱乐、商业购物的投资十分有限，旅游接待能力有限。

3.旅游公共服务设施缺乏

随着生活水平的提高，游客的需求呈现出个性化、多样化、高端化的特点，自驾游、自由行、定制化需求的比例越来越多，这就需要更多的旅游公共服务和准公共服务产品，如旅游景点交通标识的设置、旅游咨询中心的设置、旅游集散中心的建立、智慧旅游的运用等。与此相关的还应该进一步完善便捷的租车服务体系、自驾车房车营地和安全保障体系。目前，内蒙古各项旅游公共服务设施建设较为落后。

4.旅游资金投入有限

对旅游投资的引导不够，没有形成多渠道的投资体制。各级政府虽然对旅游业的重视程度都有很大的提高，出台了一系列加快旅游发展的政策措施，但在投资安排上，政府的引导性投入和先期投入严重不足，吸引社会资金和外商投资力度不大。由于投资有限，老景点的改造只限于修补，新景点的建设基本上都属小打小闹，档次不高，内容单调，导致很有潜力的旅游资源得不到很好的开发利用。

（四）养老服务企业

1.养老服务市场供给不足

内蒙古市场上为老年人提供的服务项目和产品种类少且质量不高，养老服务需求与市场供给不足，市场发育不健全，影响了内蒙古养老服务产业的发展。2017年，内蒙古城市养老服务机构322家，有床位44 395张；农村养老服务机构307家，有床位30 051张，养老床位供需差距巨大。总量不足的同时，养老服务供给结构性不足现象也十分突出，在现有养老机构中，高端有余、中端不足的现象还比较普遍，且护理型养老床位占比偏低。

2.养老服务业发展不平衡

内蒙古养老服务业城乡发展不均衡，农村养老服务起步晚、基础差；养老机构发展不平衡，公办机构"一床难求"，民办机构则空置率高；养老服务体系结构不平衡，居家养老服务业发展相对滞后，社区养老设施功能不够完善、服务质量亟须提高；服务模式不均衡，养老服务模式仍以传统模式为主，产业化的养老模式尚未成熟；服务内容不均衡，养老服务内容偏重于一般的生活照料，而康复护理、健康养生、文化教育等服务尚未普及。

3.养老服务企业规模较小

目前，内蒙古养老服务企业大部分是规模较小、实力较弱的企业，缺乏专业化、现代化的养老服务龙头企业的示范和带动。市场化养老服务企业较少，市场主体较薄弱，社会力量参与不足。服务项目内容较为零散和随意，服务机构管理体制与网络建设尚不规范，服务设施设备难以支撑市场化养老服务产业发展。

4.养老服务人才队伍匮乏

内蒙古养老机构中的医生、护工、营养师、康复师、心理咨询师、社会工作师等专业人才缺乏。现有的养老护理员工资偏低、年龄偏大、文化水平普遍较低、社会认同感差，养老机构缺乏有效的人才培养、用人激励机制，严重影响了服务质量。同时，养老服务行业社会组织发展迟缓，政府购买养老服务难以找到相应的社会组织，导致行业发展缓慢，大部分养老服务机构管理粗放。

四、社会性服务业

（一）水利、环境与公共设施管理业

内蒙古水利、环境与公共设施管理业总体数量规模偏小，行业结构单一，

市场化程度低。内蒙古环境污染控制与治理形势严峻，资金不足，民间投资少，2017 年内蒙古水利、环境与公共设施管理业全社会固定资产投资仅比上年增长 6.5%。科学研究与信息化建设工作落后，对地方经济发展的支撑作用有限。

（二）教育

从基础教育办学条件和师资配置情况来看，内蒙古地区基础教育发展与全国、相对发达地区存在一定差距。城乡教育优质资源不平衡，城镇教育机会优于农牧区。经济落后地区教育基础差，保障能力弱，特别是农村及边远贫困地区的优秀教师少，优质资源少，教育质量总体不高，难以满足中西部地区人民群众接受良好教育的需求。缺乏高层次教育水平的优质学校，导致内蒙古在引进和稳定师资人才工作中，无法满足高端人才对子女教育的要求而使相关工作遇到瓶颈。

（三）卫生、社会保障和社会福利事业

内蒙古基本公共服务资源配置不完善，卫生、社会保障和社会福利事业发展不均衡，社会保障水平低于全国水平，且与经济发展不适应。政府对城乡财政投入比例不均衡，城市大于农村；城乡社会资源分配不均衡，农牧区覆盖面窄；城乡社会保障水平不平等，城市社会保障水平高于农牧区；社区公共服务机构未充分发挥作用，偏远地区公共服务成本较高，农牧区公共服务网络尚未健全。

第四章 内蒙古现代服务业发展相关调查省份选取

近年来，全球服务业迅速发展，在各国经济发展中的地位与作用日益提升。一些专家指出，我国"十三五"时期已基本形成以服务业为主导的经济产业结构新格局。在这种形势下，国内很多省区市既把现代服务业作为地区经济发展新的突破口，又把它作为经济结构转型与升级的重要抓手，因而出台了各有特色的政策措施，通过政府引导与市场化运作，推动现代服务业健康发展。因此，调查现代服务业发展较快的先进省份，可以为内蒙古现代服务业发展提供可借鉴的经验。

第一节 调研省份选取的思路与方法

2016 年，中国共产党内蒙古自治区第十次党代会报告（以下简称"报告"）提出，"着力推动我区产业向高端化、智能化、绿色化、服务化方向发展。……更加注重在服务业领域培育支柱产业，下大气力抓好金融、物流、文化、商务会展、健康养老等产业发展，尽快把服务业这块'短板'补起来"。基于上述背景，本次研究采取实地调研走访与网络调研相结合的方法，系统梳理现代服务业国内外各地区的发展模式，选取有关省份进行实地考察，归纳总结各省份促进现代服务业快速发展的好做法、好经验，结合内蒙古区情实际，提出加快发展内蒙古现代服务业的具体措施[①]。

---

① 李纪恒. 紧密团结在以习近平同志为核心的党中央周围 把祖国北部边疆这道风景线打造得更加亮丽：在中国共产党内蒙古自治区第十次代表大会上的报告 [EB/OL].(2016-12-01)[2018-12-24].http：//inews.nmgnews.com.cn/system/2016/12/01/012203845.shtml.

一、选取调研省份的总体思路

报告在第三部分"加快推动经济转型升级"中提出了保持经济平稳较快增长、加快农牧业现代化进程、推进产业结构战略性调整、实施创新驱动发展战略、推动城乡区域协调发展、加强现代基础设施网络建设、深化经济体制改革、全方位扩大对外开放等八个方面的具体举措。课题组结合这八个方面中与发展内蒙古现代服务业息息相关的内容，从以下几方面进行了分析整理，得出调研省份选取的思路。

（一）推进产业结构战略性调整

报告中提出内蒙古自治区经济发展必须坚持发挥优势和补齐短板一起做、调整存量和做优增量同步抓；更加注重运用高新技术和先进适用技术改造提升传统产业，让传统产业焕发新活力、增强竞争力；更加注重在服务业领域培育支柱产业，下大气力抓好金融、物流、文化、商务会展、健康养老等产业发展，尽快把服务业这块"短板"补起来。旅游业是综合性产业，是拉动经济增长的重要动力。

报告一方面指出了先进适用技术、高新技术在产业发展中的重要性，它既可以用于传统产业改造升级，也可以增强产业的活力与竞争力。这正是现代服务业发展的内涵所在。同时可以看出，传统服务业在提高产业竞争力、推进产业结构战略性调整方面贡献较少，现代服务业迅猛发展可以实现地区产业竞争力提升；另一方面为我们提出了未来内蒙古现代服务业优先发展的主导行业思路，即以旅游业为首，发展金融、物流、文化、商务会展、健康养老各行业为主。基于以上思路，通过调查说明各省份服务业的竞争力也就代表了现代服务业的竞争力，省份调研应把相关省份服务业竞争力作为一部分内容。

（二）实施创新驱动发展战略

报告中提出创新是转型升级的关键驱动，要坚持有所为有所不为，围绕产业链部署创新链，围绕创新链延伸产业链，加快形成以创新为主要引领和支撑的经济体系和发展模式。

作为国内大部分省市推动经济转型和结构调整的重要抓手，服务业的创新能力决定着该省份的经济发展质量。无论是产业链延伸，还是提升科研创新能力，都属于现代服务业创新发展的范畴。服务业创新能力的体现，一方面是现代服务业创新发展的能力，另一方面是利用现代信息技术与手段对传统服务业进行改造与升级的能力。因此，对于现代服务业的调研应把相关省份服务业创新能力调研作为一部分内容。

（三）推动城乡区域协调发展

报告提出全面小康是城乡区域共同的小康，要积极推进以人为核心的新型城镇化。同时，全面提升城镇服务功能，健全完善基础设施和公共服务投入、管护长效机制，加快推进城乡发展一体化进程。

内蒙古经济在发展过程中，由于受到国家整体规划、地理位置、资源禀赋等多种因素的影响，经济发展多依赖于资源型工业增长。服务业虽有所发展，但服务业发展相对滞后于工业，处于全国服务业发展平均水平以下。服务业与城镇化协调发展水平不高，阻碍了内蒙古经济发展水平的提升。无论是各盟市的服务业发展水平，还是服务业内各行业发展水平都参差不齐。2016 年内蒙古 12 盟市中，服务业产值超过 1000 亿元的城市，只有呼和浩特、包头、鄂尔多斯 3 个，500 亿元～1000 亿元的也仅有通辽、赤峰、呼伦贝尔 3 个城市，其他 6 个盟市服务业产值均低于 500 亿元。同时，12 个盟市存在着较大的城镇化发展水平差距。因此，基于现代服务业与城镇化二者的关系对我区服务业健康发展进行研究意义重大，调研应把相关省份现代服务业与城镇化之间的协调发展也作为一部分内容。

综合以上三个方面，本研究从现代服务业发展的竞争力、创新能力，以及与城镇化协调发展的视角出发，分别运用科学合理的评价与模型方法，建立评价指标体系进行全国各省份服务业发展的比较与筛选，最终选取部分省份作为调查对象展开调研工作。

二、选取调研省份的具体步骤

（一）文献研究与调研分析方法确定

根据内蒙古现代服务业的发展情况，对国内外服务业的竞争力、创新能力，以及与城镇化协调发展的研究成果进行文献梳理。通过整理与总结，借鉴已有研究成果使用的调研与分析方法，采用定量分析与建模评价，更加科学合理地选择调研省份。

在确定了选取省份的定量分析方法以后，通过收集各省份统计年鉴、服务业年鉴以及国家与各省份的统计网站、政府公报等官方数据，查找所需要的全国及各个省级行政区的相关统计数据，以便运用已选方法进行定量分析与建模评价，完成调查省份的选取。

（二）现代服务业竞争力调查省份的选取

首先，选取了全国 31 个省级行政区（不包括港、澳、台地区）进行竞争力分析排名。收集整理各省份数据，运用动态偏离－份额分析法计算得出各省份服务业竞争力排名。根据历年排名情况，选定重庆、山东、湖北、新疆、海南、河南六省份作为国内服务业竞争力强的调查省份。

其次，采用动态偏离 – 份额分析法的空间拓展模型，按照国家统计局规定的服务业中的 14 个行业，对与内蒙古接壤的黑龙江、吉林、辽宁、河北、山西、陕西、宁夏和甘肃八个省份各行业进行竞争力评价，对比选取 14 个行业中对内蒙古自治区现代服务业发展有帮助的、能够实现地区间集聚发展的主导行业。通过主导行业分析，发现相邻八省份服务业发展，尤其是其中的信息、金融等五个行业的竞争力会给内蒙古服务业发展带来积极的促进作用。因此，以五个行业为主要调查对象，对相邻八省份进行资料收集与调查分析，寻找对我区服务业发展有益的经验与做法。

（三）现代服务业创新能力调查省份的选取

从服务业创新资源、创新环境、能力成长性、创新经济绩效四个方面构建指标体系，科学地选取与服务业创新性相关的 20 个指标值，运算熵值法对省份的服务业创新能力进行测度，根据测算结果选取相关省份。最终选取了服务业创新能力综合水平高于平均水平的北京、广东、上海三个省市作为服务创新能力调查的发达省市。

运用同样的方法，选定重庆、陕西、宁夏、青海四省份作为"一带一路"上值得内蒙古学习与借鉴的省份进行进一步调研。

（四）现代服务业与城镇化协调发展调查省份的选取

为了能够体现出现代服务业与城镇化协调发展的互动性，选择城镇化率、服务业占 GDP 的比重这两个指标作为地区服务业与城镇化协调发展的基础指标。选择这两个指标值超过国家平均水平的省份，作为调查的发达省份。通过数据收集整理，最终选定北京、上海、天津、广东、浙江这五个省市作为本次调查的发达省市。

另外，因内蒙古自治区城镇化率为 59.52%，服务业占 GDP 比重为 39.52%，所以研究选取城镇化率在 50% ～ 70% 之间、服务业占比在 30% ～ 50% 之间的黑龙江、吉林、山东、江西、重庆、陕西、江苏、福建、湖北、辽宁、宁夏、山西、浙江、广东等十四个省份作为对比省份。选取这十五个省份相关数据，采用因子分析与协调度模型构建相结合的方法进行服务业与城镇化协调发展水平的分析。最终选定现代服务业与城镇化发展协调、值得内蒙古学习的福建、江苏、浙江、广东四省作为调查省份，并将辽宁、山东两省的辅助调查作为参考。因为这两个省份虽然现代服务业与城镇化发展为弱协调，但都为北方省份，协调度更接近于内蒙古，有共同之处，其发展经验可为我所用。

（五）最终选定的调查省份

总结以上三方面工作得出调研省份，如表4-1所示。

表4-1　调查省份选择情况

调查角度	省份选择方法	选取的发达省份	选取的相关省份
现代服务业竞争力	空间动态偏离-份额分析法	重庆、山东、湖北、新疆、河南	黑龙江、吉林、辽宁、河北、山西、陕西、宁夏、甘肃（按照主导行业进行选择性调查）
服务业创新能力	客观熵值赋权法	北京、广东、上海	重庆、陕西、宁夏、青海
现代服务业与城镇化协调发展	因子分析与协调度模型	北京、上海、天津、广东、浙江	福建、江苏、浙江，广东

结合以上三个方面，对以上15省份有关服务业发展的网上与纸质相关资料进行收集整理，归纳总结各省份可供学习的经验与做法，并进行总结与提炼。在此基础上，选择与内蒙古区情、现代服务业发展的市场需求和要素相关联的省份进行了实地走访与调研，对其服务业发展进行全面了解，为本次调研提供了第一手资料。

以下三节内容将分别对三个调查角度选定的定量分析与选取过程进行描述。

第二节　现代服务业竞争力调查省份的选取与评价方法

一、相关文献综述

（一）服务业竞争力概念与内涵

20世纪70年代至90年代，美国经济学家迈克尔·波特首先提出从产业角度研究竞争力，并将产业竞争力定义为能够给国家或地区创造良好的企业经营环境，为该国或该地区企业带来市场竞争优势的能力[①]。王宏伟、刘小更

[①] MICHAEL E PORTER.*The Competitive Advantage of Nation*[M].New York：The Free Press，1990：12-60.

（2013）延续了这一概念，重点研究产业竞争力为产业、产业内某一行业或者某类企业带来的市场占有和开拓的竞争优势与能力[①]。关辉、王坤明（2012）在研究中发现，一个国家或地区服务业竞争力水平的高低，直接或间接地反映着该国或该地区的经济发展水平、产业结构的优化度以及产业的综合竞争力[②]。王永贞、赵学梅（2013）提出了服务业竞争力不仅是目前所拥有的优势与能力，而且是未来一段时间内可持续发展的优势与能力，是一个涵盖服务业本身以及相关要素关系和行为多个方面的综合系统[③]。王聪（2014）提出了服务业竞争力是指某一地区服务业在国内竞争中较之其他地区更能优化资源配置、营运比较优势和竞争优势、不断提高市场占有率的能力[④]。

结合以上学者的观点，本次研究将服务业竞争力定义如下：某一省份的服务业竞争力是该地区的一种产业能力与优势。这一竞争力既与服务业本身相关，也与服务业相关联的其他产业相关；它既是一种现实竞争力，也是未来地区发展的潜在竞争力；其具体体现一定是与国内其他地区相比较的资源配置优势、市场占有率优势和竞争优势。

（二）服务业竞争力的评价方法

王丽巍（2012）用 SAS 软件中的因子分析法评价了河北省现代服务业。曹建云（2012）采用因子分析和层次分析，对全国各省份现代服务业竞争力进行评价[⑤]。郑珍远、施生旭（2011）采用层次分析法对福建省 9 个地级市的服务业竞争力进行了分析[⑥]。苏卫东（2012）通过主成分加权组成的综合评价函数选取了投入模块、产出模块、基础模块三类指标对中国各省级区域的发展水平做出客观合理的评价[⑦]。与此类似，王宇、王嘉茵（2015）结合运用因子分

---

① 王宏伟，刘小更 . 泰州市服务业竞争力现状分析与发展建议 [J]. 改革与开放，2013(22)：19-23.

② 关辉，王坤明 . 辽宁省各城市生产性服务业竞争力评价实证研究 [J]. 江苏商论，2012(6)：99-102.

③ 王永贞，赵学梅 . 基于因子聚类分析的安徽服务业竞争力评价 [J]. 中国市场，2013，717(2)：72-75.

④ 王聪 . 重庆市现代服务业竞争力研究 [D]. 重庆：重庆工商大学，2014：89.

⑤ 曹建云 . 现代服务业竞争力评价体系构建及其评价 [J]. 西北人口，2012(6)：111-115.

⑥ 郑珍远，施生旭 . 基于 AHP 的福建省服务业竞争力综合评价分析 [J]. 福州大学学报（哲学社会科学版），2011(1)：47-51.

⑦ 苏卫东 . 城市化、工业化与服务业发展水平的实证研究 [J]. 统计与决策，2012(7)：142-145.

析与层次分析相结合的方法，对内蒙古现代服务业竞争力进行了评价[1]。

万武婧、王建军（2014）对西部十二省区，采用熵权法进行了服务业竞争力评价[2]。刘晓珍（2010）通过协整检验和格兰杰因果检验研究服务业内部结构变化与经济发展的依存关系。研究发现，二者存在长期的依存与均衡关系，并且发展服务业内部结构不合理的原因是现代服务业在其中占比偏低[3]。丁刚、陈青（2013）以福建省九个现代服务业行业为研究对象，利用全局熵值法分析其行业竞争力，发现各行业发展存在显著的不平衡性[4]。

近年来，学者在对国内省份服务业竞争力研究中，考虑到服务业结构变化，以及与相邻地区经济发展的相互作用关系，多采用动态偏离－份额分析法进行定量分析。它包括原小能（2012）对江苏服务业结构变动与竞争力的分析[5]，卢斌、曹娜娜（2013）对安徽省生产性服务业竞争力进行了研究[6]，李琪对山西省服务业竞争力进行了分析[7]，聂淑花（2015）对广州现代服务业的内部行业结构及其竞争力进行了分析[8]，李创（2015）对河南省服务业竞争力进行分析[9]，以上文献均使用了动态偏离－份额分析法。

国内学者对服务业竞争力的评价方法和测度技术日趋成熟。经常采用的评价方法有层次分析法、熵权法、因子分析法、数据包络分析法以及动态偏离－份额分析法等。运用这些方法可以建立指标体系对地区间服务业竞争力、或某地区服务业各行业竞争力进行评价分析。

---

① 王宇，王嘉茵.内蒙古现代服务业竞争力评价 [J].内蒙古大学学报（哲学社会科学版），2015，45(5)：94-102.

② 万武婧，王建军.基于熵权 TOPSIS 法的西部地区服务业竞争力评价分析：以青海省为例[J].青海师范大学学报（哲学社会科学版），2014，36(1)：6-10.

③ 刘晓珍.我国服务业结构与经济增长的关系研究 [D].北京：北京工商大学，2010：12.

④ 丁刚，陈倩.基于全局熵值法的区域现代服务业分行业竞争力评价研究——以福建省为例[J].中国石油大学学报（社会科学版），2013，29(6)：14-18.

⑤ 原小能.江苏服务业结构变动与竞争力的偏离－份额分析 [J].东南大学学报（社会科学版），2012，14(1)：44-48.

⑥ 卢斌，曹娜娜.基于 DSSM 的安徽省生产性服务业竞争力研究 [J].华东经济管理，2013，27(11)：171-176.

⑦ 李琪.基于偏离－份额法的山西省服务业竞争力分析 [J].商场现代化，2014(29)：156-157.

⑧ 聂淑花.广州服务业的结构和竞争力分析：基于偏离－份额法 [J].特区经济，2015 (5)：56-59.

⑨ 李创.基于偏离－份额分析法的河南省服务业竞争力评价 [J].现代管理科学，2015 (11)：85-87.

现有的成果多是针对经济发达地区的研究，对内蒙古这样的服务业欠发达地区进行研究的文献不多。在对已有研究成果进行梳理的基础上，本研究将选用空间动态偏离 – 份额分析法对我国 31 个省份（不包括港、澳、台地区）间的现代服务业竞争力进行比较与评价。通过对服务业竞争力水平的定量分析，按照调查需要，做出各省份服务业竞争力的排名，选取调查对象与对比分析行业。以此为依据选取出调研的省份。

二、服务业竞争力评价方法

在经济学的研究领域中，学者们在经济发展中合理运用数学模型进行定量分析，研究现象、发现本质。偏离 – 份额分析法就是其中的一种方法。

（一）偏离 – 份额法的基本原理

偏离 – 份额分析法（Shift-share Method）最早是由美国的经济学家丹尼尔（1942）和克里默（1943）提出的，之后经由唐恩（1960）[①] 等多位专家修正，于 20 世纪 80 年代引入中国。此种方法把研究对象的经济变量增加值分成三个分量，即参照区域份额分量、产业结构分量和竞争力分量，以此来分析一个地区经济变化的原因。参照区域通常为研究对象的上一级区域，被分解的分量通常可以是年生产总值、年收入、年就业人数等各种经济变量。

（二）传统动态偏离 – 份额分析法

动态偏离 – 份额分析法，即 DSSM（Dynamic Shift-share Method），是对传统 SSM 模型的改进，它是一种用某一变量在一个时间段的发展情况来研究产业竞争力或结构的一种方法，对研究的地区或对象具有相对客观公正的评价，具有综合性和动态性[②]。

传统的动态偏离 – 份额分析法是将特定研究地区的产业增长看作一个不断发展的过程，以该地区所在国家或区域作为参照体，将该研究地区的产业增长在某一时期的变动分为三部分：国家分量（N）、产业结构偏离分量（P）和竞争力偏离分量（D）。

假设总的研究期限为 T，一般 T 值为 5 或 10 年，即考察地区在近 5 年或 10 年内的变化。t 代表其中的每一个时段，t=0、1、2、3……T-1。G 和 g 分

---

① DUNN E S.A statistical and analytical technique for regional analysis[J].*Papers in Regional Science*，1960(6)：97-112 .

② 杜龙政，常著 .中国十大城市群产业结构及产业竞争力比较研究 [J].地域研究与开发，2015，34(1)：50-54.

别代表某一时段（1年）全国国内生产总值和研究地区的生产总值，$\Delta g_{ij}^{(t+1)}$ 表示研究地区 j 第 i 产业或行业第（$t+1$）期相对于 t 期的增加或者减少的数值，也就是 $\Delta g_{ij}^{(t+1)} = g_{ij}^{(t+1)} - g_{ij}^{(t)}$。在传统模型中，该变量在某一时段的变化可以表示为：

$$\Delta g_{ij}^{(t+1)} = g_{ij}^{(t)} * R^{(t+1)} + g_{ij}^{(t)} * (R_i^{(t+1)} - R_i^{(t+1)}) + g_{ij}^{(t)} * (r_{ij}^{(t+1)} - R_i^{(t+1)}) \quad (式 4.1)$$

其中，在该公式中，

$$R^{(t+1)} = \frac{G^{(t+1)} - G^{(t)}}{G^{(t)}} \; ; \; R_i^{(t+1)} = \frac{G_j^{(f+1)} - G_j^{(t)}}{G_j^{(t)}} \; ; \; r_{ij}^{(t+1)} = \frac{g_{ij}^{(t+1)} - g_{ij}^{(t)}}{g_{ij}^{(f)}}$$

在式（4.1）中，$g_{ij}^{(t)} * R^{(t+1)}$ 代表的是国家分量（N），指的是研究地区 j 某产业或行业 i 第 t 期的产值按照国家所有产业或者所有行业所属产业的增长速度发展所增加的值；$g_{ij}^{(t)} * (R_i^{(t+1)} - R^{(t+1)})$ 则表示的是产业结构偏离分量（P），具体含义为研究地区某产业或行业第 t 期产值按照全国某产业或行业的实际增长率与全国所有产业或所有行业所属产业的增长率的差额发展所增加的值。如果全国的第 i 产业或行业的实际增长率大于全国所有产业或研究行业所属产业的实际增长率，那么该分量就为正，表示该产业或行业具有产业结构上的优势；如果为负，则表明处于结构劣势。竞争力偏离分量 $g_{ij}^{(t)} * (r_{ij}^{(t+1)} - R_i^{(t+1)})$，其含义为研究地区按照该地区第 i 产业或行业实际增长率与全国该产业或行业实际增长率的差额发展所增加的值。该分量反映了研究地区某产业或行业在该时段的相对竞争力，如果该分量为正则表明该地区的某产业或行业具有竞争优势。

把式（4.1）进行变形整理，可以得到式（4.2）：

$$\Delta g_{ij}^{(t+1)} - g_{ij}^{(t)} * R_i^{(t+1)} = g_{ij}^{(t)} * (R_i^{(t+1)} - R^{(t+1)}) + g_{ij}^{(t)} * (r_{ij}^{(t+1)} - R_i^{(t+1)}) \quad (式 4.2)$$

式（4.2）的左边是实际增加量与国家分量的差额，定义为总偏离分量，为产业结构偏离分量和竞争力偏离分量的总和。偏离－份额分析法可以依据分解的两个分量分别对总偏离的影响程度，得出是何种分量对总偏离起着作用，以此来准确地提出相关的改进策略。

（三）空间动态偏离－份额分析法

传统动态偏离－份额分析法忽略了地区之间的相互影响。Nazara 和 Hewings（2004）首次将空间相互影响引入传统动态偏离－份额分析模型[①]。对

---

① NAZARA S, HEWINGS G J D.Spatial Structure and Taxonomy of Decomposition in Shift —share Analy sis[J].*Growth and Change*, 2004, 35(4): 476-490.

此，国外学者已经进行了许多验证。在我国学者中，吴继英等（2009）构建了空间权重矩阵表示区域间的空间相互作用[①]。罗健等（2013）构建了环比式动态算法下的比例性偏离份额空间模型，并对安徽省地级市的经济增长进行了分析[②]。王贝贝等（2015）也恰当地运用该模型，分析了2005—2012年丝绸之路经济带14个省份的经济，将该模型运用得恰到好处[③]。空间动态偏离－份额分析法的原理如下。

1. 空间权重矩阵

空间动态偏离－份额分析法重点研究区域经济发展受相邻区域发展的影响，为了精确分析地区间影响程度，需构建 $R \times R$ 阶的空间影响系数矩阵 W（R 表示研究地区数量）。

$$W = \begin{bmatrix} 0 & \omega_{12} & \cdots & \omega_{1R} \\ \omega_{21} & 0 & \cdots & \omega_{2R} \\ \vdots & \vdots & \vdots & \vdots \\ \omega_{R1} & \omega_{R2} & \cdots & 0 \end{bmatrix} \qquad （式4.3）$$

在矩阵 W 中，ω_{jk} 代表研究地区 j 和其他地区 k 的空间影响系数，且 $0 \leq \omega_{jk} \leq 1$。DSSM 空间模型的关键问题就在于选择何种变量来体现地区之间的空间影响程度。目前，有地理变量和经济变量两大类变量可以考虑。在本研究中采用经济变量 X 来衡量地区之间的权重，X 可以是人均产值、人口数量或者分行业产值，等等。Boarnet（1998）所定义的空间影响系数随地区之间的经济发展相似度的提高而增加，设 X_i 为研究地区的经济变量，X_k 为其他地区的经济变量。因此，研究地区与其他地区的空间影响系数计算公式如下：

$$\omega_{jk} = \frac{\dfrac{1}{\left| X_j - X_k \right|}}{\displaystyle\sum_{k=1}^{n} \dfrac{1}{\left| X_j - X_k \right|}} \qquad （式4.4）$$

① 吴继英，赵喜仓.偏离－份额分析法空间模型及其应用[J].统计研究，2009，26(4)：73-79.

② 罗健，曹卫东，田艳争.比例性偏离份额空间模型推演及应用[J].地理研究，2013，32(4)：755-766.

③ 王贝贝，肖海峰，孙赫.丝绸之路经济带：省区经济增长与产业优势[J].广东商学院学报，2015(1)：4-11，22.

2. 空间动态偏离 - 份额（DSSM）分析模型

依据定义的空间影响系数公式，在传统 DSSM 模型中引入空间增长速度对地区 j 中产业或行业 i 的影响。将研究地区 j 考虑其邻近地区 k（本研究中邻近地区主要指地理位置接壤的地区）第 i 产业或者行业影响的产值增长率记为 $\tilde{r}_{ij}^{(t+1)}$（也称之为空间增长速度），那么以增长率表示的经典空间模型公式如下：

$$r_{ij}^{(t+1)}=R^{(t+1)}+(\tilde{r}_{ij}^{(t+1)}-R^{(t+1)})+(r_{ij}^{(t+1)}-\tilde{r}_{ij}^{(t+1)}) \qquad （式 4.5）$$

在式（4.5）中，右边第一项为国家分量。第二项表示邻近地区某产业或行业 i 与国家全部产业或行业产值增长率的差额，可称之为邻近 - 国家产业结构分量。如果该值为正，则表明邻近地区会对研究地区产生正面拉动作用。第三项描述了研究地区 j 某产业或行业与邻近地区某行业的差异，称为地区 - 邻近竞争力分量。如果该分量为正，则表明研究地区能有效的利用邻近地区某行业 i 发展的积极促进作用；如果为负，则表明邻近地区 i 行业的发展可能会给研究地区带来不利的影响。该公式体现的是竞争力分量而不是结构分量，较为直观地体现出选择范围内的所有行业的竞争力排名，可作为最后选择的依据。

式（4.5）中的 $\tilde{r}_{ij}^{(t+1)}$ 空间增长速度的公式如下：

$$\tilde{r}_{ij}^{(t+1)}=\frac{\sum_{k=1}^{n}w_{jk}*g_{ik}^{(t+1)}-\sum_{k=1}^{n}w_{jk}*g_{ik}^{(t)}}{\sum_{k=1}^{n}w_{jk}*g_{ik}^{(t)}} \qquad （式 4.6）$$

在式（4.6）中，n 代表邻近地区的数量，$g_{ik}^{(t+1)}$ 和 $g_{ik}^{(t)}$ 分别代表邻近地区 k 的第 $t+1$ 期和第 t 期第 i 产业或行业的生产总值，其他变量含义不变。

空间 DSSM 模型竞争力分析一般公式如下：

$$\Delta g_{ij}^{(t+1)}=g_{ij}^{(t)}*R_i^{(t+1)}+(\tilde{r}_{ij}^{(t+1)}-R^{(t+1)})+g_{ij}^{(t)}(r_{ij}^{(t+1)}-\tilde{r}_{ij}^{(t+1)}) \qquad （式 4.7）$$

由此可见，动态偏离 - 份额分析法的空间拓展模型加入了邻近地区对于研究地区的产业或行业影响，使得研究结论更加准确和科学，体现了研究地区某行业或产业在邻近区域中的发展变化情况。

本研究选用空间动态偏离 - 份额（DSSM）分析模型进行服务业竞争力视角调研省份的选择与确定。

三、发达省份调查对象的选取

为了能够比较出全国范围内服务业竞争力各省份的排名情况，本节选取了包括内蒙古在内的 31 个省级行政区（不包括港、澳、台地区）进行竞争力分析排名。研究内容选择 2010—2015 年各省份服务业国内生产总值与全国服务业增加值进行空间动态的偏离－份额计算。通过空间动态偏离－份额分析法计算得出各省份服务业竞争力的排名情况。

（一）公式含义解析

在本节中，$\Delta g_{ij}^{(t+1)}$ 代表省份 j 服务业第（$t+1$）期相对于第 t 期的增加或减少值，$g_{ij}^{(t)} * R^{(t+1)}$ 代表国家分量 N，即省份 j 服务业第 t 期的产值按照国内生产总值的增长速度发展所增加的值；$g_{ij}^{(t)} * (R_i^{(t+1)} - R^{(t+1)})$ 代表产业结构分量 P，即省份 j 服务业第 t 期产值按照全国服务业的增长率与国内生产总值增长率的差额发展所增加的值。如果此值为正，则说明该地区服务业具有产业结构上的优势。$g_{ij}^{(t)} * (r_{ij}^{(t+1)} - R_i^{(t+1)})$ 为竞争力偏离分量 D，其含义为省份 j 服务业第 t 期产值按照省份 j 服务业实际增长率与全国服务业增长率差额发展所增加的值，该分量反映了省份 j 服务业在研究阶段所表现出的竞争力情况。

（二）数据来源

定量分析所涉及的经济变量包括全国以及所选 31 个省级行政区 2010—2015 年服务业的生产总值、全国的国内生产总值等。数据来源分别为历年《中国统计年鉴》、2015 年全国及所选 31 个省级行政区的国民经济和社会发展统计公报。

（三）空间动态偏离－份额分析结果

我们将所涉及的经济变量数据带入公式，经一系列计算得出最终结果，为了便于比较，把计算结果经过整理得到表 4-2，表中描述了全国所选 31 个省级行政区服务业动态偏离－份额的结果。由结果可以看出，内蒙古各个偏离分量在全国所处的位置。

表4-2　本研究所选31个省级行政区服务业动态偏离-份额总体分析表

指标 省份 j	年　份	总增量 g	份额分量 N	结构偏离 分量 P	竞争力偏 离分量 D	总偏离分量 （$P+D$）
内蒙古	2010—2011	512.37	657.24	−19.03	−125.84	−144.87
	2011—2012	806.87	748.15	18.24	40.48	58.72
	2012—2013	614.61	488.57	164.79	−38.75	126.04
	2013—2014	518.28	511.99	222.84	−216.55	6.29
	2014—2015	773.82	763.89	280.48	−270.55	9.93

指标 省份 j	年　份	总增量 g	份额分量 N	结构偏离 分量 P	竞争力偏 离分量 D	总偏离分量 （$P+D$）
新疆	2010—2011	178.97	282.28	−8.17	−95.14	−103.31
	2011—2012	478.43	314.03	7.66	156.74	164.4
	2012—2013	458.06	218.68	73.76	165.62	239.38
	2013—2014	422.8	245.80	106.98	70.02	177
	2014—2015	671.7	388.35	142.59	140.76	283.35
西藏	2010—2011	33.97	42.82	−1.24	−7.61	−8.85
	2011—2012	47.75	48.85	1.19	−2.29	−1.1
	2012—2013	55.23	31.42	10.60	13.21	23.81
	2013—2014	50.13	34.35	14.95	0.83	15.78
	2014—2015	64.49	53.16	19.52	−8.19	11.33
宁夏	2010—2011	138.71	100.23	−2.90	41.38	38.48
	2011—2012	159.47	124.86	3.04	31.57	34.61
	2012—2013	120.6	83.95	28.32	8.33	36.65
	2013—2014	94.6	89.34	38.88	−33.62	5.26
	2014—2015	115.01	133.82	49.13	−67.94	−18.81
广西	2010—2011	463.98	519	−15.03	−39.99	−55.02
	2011—2012	615.22	601.35	14.66	−0.79	13.87
	2012—2013	616.97	389.45	131.36	96.16	227.52
	2013—2014	556.09	419.68	182.66	−46.25	136.41
	2014—2015	753.77	642.46	235.89	−124.58	111.31
北京	2010—2011	1421.65	1631.99	−47.25	−163.09	−210.34
	2011—2012	1762.34	1884.30	45.94	−167.9	−121.96
	2012—2013	1306.75	1204.22	406.18	−303.65	102.53
	2013—2014	1316.5	1243.03	541.01	−467.54	73.47
	2014—2015	1639.87	1861.83	683.61	−905.57	−221.96

续　表

指标 省份 j	年　份	总增量 g	份额分量 N	结构偏离 分量 P	竞争力偏 离分量 D	总偏离分量 （P+D）
天津	2010—2011	833.49	605.41	−17.53	245.61	228.08
	2011—2012	980.59	753.42	18.37	208.8	227.17
	2012—2013	839.22	508.37	171.47	159.38	330.85
	2013—2014	846.57	550.90	239.77	55.9	295.67
	2014—2015	850	857.84	314.97	−322.81	−7.84
上海	2010—2011	902.66	1587.84	−45.97	−639.21	−685.18
	2011—2012	1309.35	1747.90	42.62	−481.17	−438.55
	2012—2013	1056.29	1085.35	366.08	−395.14	−29.06
	2013—2014	1245.92	1109.29	482.80	−346.17	136.63
	2014—2015	1826.82	1670.34	613.30	−456.82	156.48
重庆	2010—2011	406.64	439.94	−12.74	−20.56	−33.3
	2011—2012	742.73	512.11	12.49	218.13	230.62
	2012—2013	870.6	352.97	119.06	398.57	517.63
	2013—2014	747.62	408.68	177.87	161.07	338.94
	2014—2015	1430.48	651.24	239.12	540.12	779.24
黑龙江	2010—2011	489.64	599.51	−17.36	−92.51	−109.87
	2011—2012	688.38	686.40	16.74	−14.76	1.98
	2012—2013	990.34	443.18	149.48	397.68	547.16
	2013—2014	407.61	503.79	219.27	−315.45	−96.18
	2014—2015	840.08	738.94	271.31	−170.17	101.14
吉林	2010—2011	354.86	490.04	−14.19	−120.99	−135.18
	2011—2012	568.79	553.00	13.48	2.31	15.79
	2012—2013	470.45	358.44	120.90	−8.89	112.01
	2013—2014	463.53	377.40	164.26	−78.13	86.13
	2014—2015	378.1	573.20	210.46	−405.56	−195.1

续 表

指标 省份 j	年 份	总增量 g	份额分量 N	结构偏离 分量 P	竞争力偏 离分量 D	总偏离分量 （P+D）
辽宁	2010—2011	958.12	1047.42	−30.33	−58.97	−89.3
	2011—2012	1309.61	1217.47	29.68	62.46	92.14
	2012—2013	1301.14	794.72	268.05	238.37	506.42
	2013—2014	1026.44	860.22	374.40	−208.18	166.22
	2014—2015	1469.64	1302.79	478.34	−311.49	166.85
河北	2010—2011	1055.46	1078.90	−31.24	7.8	−23.44
	2011—2012	1359.4	1266.25	30.87	62.28	93.15
	2012—2013	901.61	826.29	278.70	−203.38	75.32
	2013—2014	654.11	853.37	371.42	−570.68	−199.26
	2014—2015	914.61	1247.18	457.92	−790.49	−332.57
河南	2010—2011	906.98	1013.58	−29.35	−77.25	−106.6
	2011—2012	1383.83	1174.55	28.64	180.64	209.28
	2012—2013	1165.85	778.42	262.56	124.87	387.43
	2013—2014	1132.92	832.71	362.43	−62.22	300.21
	2014—2015	2585.41	1278.43	469.40	837.58	1306.98
山东	2010—2011	2574.96	2092.30	−60.58	543.24	482.66
	2011—2012	3027.75	2549.49	62.16	416.1	478.26
	2012—2013	2624.92	1691.99	570.70	362.23	932.93
	2013—2014	2523.42	1818.25	791.37	−86.2	705.17
	2014—2015	3320.87	2797.66	1027.22	−504.01	523.21
山西	2010—2011	525.46	513.27	−14.86	27.05	12.19
	2011—2012	548.49	606.55	14.79	−72.85	−58.06
	2012—2013	722.08	385.80	130.13	206.15	336.28
	2013—2014	352.8	425.83	185.36	−258.39	−73.03
	2014—2015	592.25	625.61	229.71	−263.07	−33.36

续　表

指标 省份 j	年　份	总增量 g	份额分量 N	结构偏离 分量 P	竞争力偏 离分量 D	总偏离分量 （P+D）
江苏	2010—2011	3502.38	2423.15	−70.16	1149.39	1079.23
	2011—2012	3710.76	3045.11	74.25	591.4	665.65
	2012—2013	2675.77	2030.11	684.74	−39.08	645.66
	2013—2014	2903.66	2138.52	930.76	−165.62	765.14
	2014—2015	3974.86	3282.47	1205.22	−512.83	692.39
浙江	2010—2011	2145.04	1763.49	−51.06	432.61	381.55
	2011—2012	2116.41	2144.34	52.28	−80.21	−27.93
	2012—2013	1500.9	1381.21	465.87	−346.18	119.69
	2013—2014	1656.09	1425.91	620.61	−390.43	230.18
	2014—2015	1884.78	2153.88	790.84	−1059.94	−269.1
安徽	2010—2011	531.53	651.10	−18.85	−100.72	−119.57
	2011—2012	782.27	745.43	18.18	18.66	36.84
	2012—2013	652.53	484.68	163.48	4.37	167.85
	2013—2014	658.34	511.81	222.76	−76.23	146.53
	2014—2015	965.58	781.04	286.77	−102.23	184.54
福建	2010—2011	802.13	897.58	−25.99	−69.46	−95.45
	2011—2012	1028.12	1039.95	25.36	−37.19	−11.83
	2012—2013	858.39	670.02	225.99	−37.62	188.37
	2013—2014	770.9	703.55	306.21	−238.86	67.35
	2014—2015	1017.46	1056.99	388.09	−427.62	−39.53
湖南	2010—2011	966.46	960.58	−27.81	33.69	5.88
	2011—2012	1170.27	1132.14	27.60	10.53	38.13
	2012—2013	1104.06	734.38	247.70	121.98	369.68
	2013—2014	1241.49	785.97	342.08	113.44	455.52
	2014—2015	1532.71	1228.07	450.91	−146.27	304.64

指标 省份 j	年 份	总增量 g	份额分量 N	结构偏离 分量 P	竞争力偏 离分量 D	总偏离分量 （P+D）
湖北	2010—2011	926.25	911.56	−26.39	41.08	14.69
	2011—2012	1193.65	1075.99	26.23	91.43	117.66
	2012—2013	961.56	705.89	238.09	17.58	255.67
	2013—2014	1190.19	746.42	324.87	118.9	443.77
	2014—2015	1951.16	1167.65	428.72	354.79	783.51
江西	2010—2011	484.33	468.85	−13.57	29.05	15.48
	2011—2012	799.8	554.83	13.53	231.44	244.97
	2012—2013	564.86	381.94	128.83	54.09	182.92
	2013—2014	544.57	407.92	177.54	−40.89	136.65
	2014—2015	605.97	624.98	229.47	−248.48	−19.01
广东	2010—2011	2658.96	3209.62	−92.93	−457.73	−550.66
	2011—2012	3386.15	3681.47	89.76	−385.08	−295.32
	2012—2013	2421.99	2347.21	791.70	−716.92	74.78
	2013—2014	3169.28	2411.47	1049.56	−291.75	757.81
	2014—2015	3590.83	3688.39	1354.26	−1451.82	−97.56
四川	2010—2011	831.61	924.31	−26.76	−66.56	−92.7
	2011—2012	983.63	1071.90	26.14	−114.41	−88.27
	2012—2013	1228.27	683.19	230.44	314.64	545.08
	2013—2014	1013.82	749.48	326.20	−61.86	264.34
	2014—2015	1230.07	1149.93	422.22	−342.08	80.14
云南	2010—2011	372.69	447.97	−12.97	−62.31	−75.28
	2011—2012	809.48	514.11	12.54	282.83	295.37
	2012—2013	533.93	360.57	121.62	51.74	173.36
	2013—2014	662.03	385.16	167.64	109.23	276.87
	2014—2015	643.85	608.47	223.41	−188.03	35.38

指标 省份 j	年　份	总增量 g	份额分量 N	结构偏离 分量 P	竞争力偏 离分量 D	总偏离分量 （P+D）
陕西	2010—2011	545.19	558.93	−16.18	2.44	−13.74
	2011—2012	666.88	655.71	15.99	−4.82	11.17
	2012—2013	653.84	424.27	143.10	86.47	229.57
	2013—2014	597.87	455.53	198.27	−55.93	142.34
	2014—2015	827.7	696.65	255.79	−124.74	131.05
青海	2010—2011	72.34	70.86	−2.05	3.53	1.48
	2011—2012	69.3	83.70	2.04	−16.44	−14.4
	2012—2013	84.11	52.62	17.75	13.74	31.49
	2013—2014	64.86	56.77	24.71	−16.62	8.09
	2014—2015	163.93	85.62	31.44	46.87	78.31
海南	2010—2011	205.08	133.09	−3.85	75.84	71.99
	2011—2012	195.26	169.51	4.13	21.62	25.75
	2012—2013	190.6	111.91	37.75	40.94	78.69
	2013—2014	179.17	121.81	53.01	4.35	57.36
	2014—2015	453.11	188.67	69.28	195.16	264.44
贵州	2010—2011	291.28	335.28	−9.71	−34.29	−44
	2011—2012	604.22	386.97	9.44	207.81	217.25
	2012—2013	501.46	270.91	91.38	139.17	230.55
	2013—2014	451.29	298.38	129.92	22.99	152.91
	2014—2015	394.46	463.90	170.33	−239.77	−69.44
甘肃	2010—2011	173.23	242.38	−7.02	−62.13	−69.15
	2011—2012	427.29	273.11	6.66	147.52	154.18
	2012—2013	305.82	191.28	64.52	50.02	114.54
	2013—2014	297.99	206.38	89.82	1.79	91.61
	2014—2015	442.01	318.98	117.12	5.91	123.03

由表4-2可以看出，从竞争力偏离分量结果来看，2010-2011年服务业竞争力前五名的省份依次是：江苏＞山东＞浙江＞天津＞海南；2011-2012年前五名的省份依次是：江苏＞山东＞云南＞江西＞天津；2012-2013年前五名的省份依次是：重庆＞黑龙江＞山东＞四川＞辽宁；2013-2014年前五名的省份依次是：重庆＞湖北＞湖南＞云南＞新疆；2014-2015年前五名的省份依次是：河南＞重庆＞湖北＞海南＞新疆。由排名结果可知，近五年来服务业竞争力较全国平均水平有优势的省份主要多集中在沿海省份以及南方部分省份；中部地区由于受经济发展水平所限，优势不明显；新疆近两年注重"转方式、调结构"，服务业竞争力优势显著，值得内蒙古学习；内蒙古排名位于全国中等偏下水平。根据竞争力偏离分量结果分析，总结得出近五年在全国竞争力排名前五位的省份总结，如表4-3所示。

表4-3 全国竞争力排名前五位的省份

年份	排名第一	排名第二	排名第三	排名第四	排名第五
2010—2011	江苏	山东	浙江	天津	海南
2011—2012	江苏	山东	云南	江西	天津
2012—2013	重庆	黑龙江	山东	四川	辽宁
2013—2014	重庆	湖北	湖南	云南	新疆
2014—2015	河南	重庆	湖北	海南	新疆

根据表格分析结果，选定重庆、山东、湖北、新疆、河南五省份作为重点调查的服务业竞争力强的省份。选择的原因如下：重庆、山东五年内三年全国排名前五位；湖北、新疆近两年都在前五位；"2014—2015年"是最近的年份，对调查的影响作用最显著，所以增加2014—2015年服务业竞争力排名第一的河南省。

四、相邻省份调查行业的选取

目前，推动现代服务业快速发展已经被作为经济结构优化的战略重点。如何准确反映内蒙古服务业发展水平，寻求找出服务业结构调整的瓶颈所在就成为目前亟待解决的问题。因此，做好内蒙古服务业主导行业的遴选，确定服务业各行业先后发展顺序就成为现代服务业发展的重要任务。一方面，服务业竞争力的发展受邻近地区影响较大，具体到各细分行业，其发展情况受周边地区经济发展水平的影响较为显著；另一方面，现代服务业在发展过程中也会呈现出空间位置或者行业上的集聚发展特征。

本研究采用动态偏离－份额分析法的空间拓展模型对与内蒙古接壤的八个省份现代服务业各细分行业进行竞争力评价。根据评价分析结果，对八个省份现代服务业主导行业竞争力进行实地调查研究，寻找对我区现代服务业主导行业发展有帮助的、能够实现地区间集聚发展的经验与启示。

（一）评价方法与行业分类

本书选取与内蒙古地理位置接壤的黑龙江省、吉林省、辽宁省、河北省、山西省、陕西省、宁夏自治区和甘肃省八个省份作为邻近地区，全国作为背景区域；空间影响系数由式（4.4）计算得出，采用研究基期（2009 年）的人均国内生产总值来衡量空间影响系数。根据空间经济学的假设，各地区之间的空间影响系数在研究期限内保持不变，内蒙古与周边八个省份空间影响系数结果见表 4-4。

表4-4　内蒙古与周边八省份的空间影响系数

变量	研究地区 j	周边地区 k							
	内蒙古	黑龙江	吉林	辽宁	河北	山西	陕西	宁夏	甘肃
人均GDP（元）X	40 225	22 447	26 319	35 239	24 581	21 522	21 688	21 777	13 269
空间影响系数 ω_{jk}	——	0.095	0.122	0.339	0.108	0.090	0.091	0.092	0.063

数据来源：各省份 2010 年统计年鉴

根据国家统计局的分类标准，服务业被分为 14 个细分行业，如图 4-1 所示。

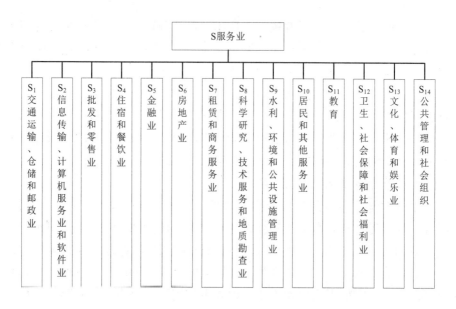

图 4-1 服务业各细分行业

（二）基于空间动态偏离－份额模型的行业竞争力分析

将表 4-4 中的空间影响系数、2009—2014 年内蒙古及邻近八省份的服务业各细分行业每年的产值数据（均按当年实际价格计算）代入 DSSM 模型中的公式 4-7 中，得出内蒙古自治区近五年服务业各细分行业的空间动态偏离－份额分析表，如表 4-5 所示。

表4-5 内蒙古2009-2014年服务业行业偏离-份额分析表

单位：亿元

行业	偏离份额	2009—2010 年	2010—2011 年	2011—2012 年	2012—2013 年	2013—2014 年	平均
S	实际增量	1112.86	512.37	806.87	614.61	518.28	713.00
	国家行业分量	328.49	638.21	766.39	653.36	734.83	624.26
	邻近－国家竞争力分量	248.80	−21.43	42.33	77.98	−163.01	36.93
	地区－邻近竞争力分量	535.57	−104.41	−1.85	−116.73	−53.54	51.81

行业	偏离份额	2009—2010 年	2010—2011 年	2011—2012 年	2012—2013 年	2013—2014 年	平均
S_1	实际增量	132.79	102.32	164.42	145.27	118.43	132.65
	国家行业分量	14.27	111.19	151.06	103.26	126.07	101.17
	邻近 - 国家竞争力分量	66.88	16.46	20.24	12.91	−47.56	13.79
	地区 - 邻近竞争力分量	51.64	−25.33	−6.88	29.10	39.92	17.69
S_2	实际增量	35.79	13.92	16.51	9.61	6.01	16.37
	国家行业分量	3.15	10.30	13.25	18.01	17.08	12.36
	邻近 - 国家竞争力分量	12.90	−16.28	47.64	−22.77	−8.79	2.54
	地区 - 邻近竞争力分量	19.75	19.90	−44.39	34.37	−2.28	5.47
S_3	实际增量	367.47	136.07	164.42	198.87	131.57	199.72
	国家行业分量	58.70	213.66	226.57	166.60	179.89	169.08
	邻近 - 国家竞争力分量	54.38	−35.88	−17.55	−12.15	−49.37	−12.11
	地区 - 邻近竞争力分量	254.39	−41.71	−44.39	44.43	1.05	42.75
S_4	实际增量	59.18	37.51	49.4	52.3	34.91	46.66
	国家行业分量	17.88	39.35	45.47	53.73	42.71	39.83
	邻近 - 国家竞争力分量	40.38	3.79	21.69	−0.15	−6.35	11.87
	地区 - 邻近竞争力分量	0.92	−5.63	−17.76	−1.28	−1.45	−5.04

行业	偏离份额	2009—2010 年	2010—2011 年	2011—2012 年	2012—2013 年	2013—2014 年	平均
S_5	实际增量	124.25	55.34	101.02	54.55	60.99	79.23
	国家行业分量	32.60	52.64	65.68	67.49	84.10	60.50
	邻近－国家竞争力分量	48.90	－9.26	3.72	50.55	13.31	21.44
	地区－邻近竞争力分量	42.75	11.95	31.62	－48.48	－36.43	0.28
S_6	实际增量	119.07	22.6	75.51	0.46	29.37	49.40
	国家行业分量	44.53	63.42	54.32	37.00	51.63	50.18
	邻近－国家竞争力分量	17.07	－14.02	21.77	21.13	－13.52	6.49
	地区－邻近竞争力分量	57.47	－26.79	－0.58	－57.67	－8.74	－7.26
S_7	实际增量	53.95	36.61	33.11	27.03	32.94	36.73
	国家行业分量	5.31	27.02	29.50	26.57	39.12	25.50
	邻近－国家竞争力分量	4.43	20.76	－45.25	13.93	－30.32	－7.29
	地区－邻近竞争力分量	44.21	－11.17	48.86	－13.47	24.14	18.51
S_8	实际增量	23.56	1.87	10.21	12	6.46	10.82
	国家行业分量	6.92	11.93	14.95	13.48	13.25	12.11
	邻近－国家竞争力分量	0.66	7.91	－16.30	1.17	12.18	1.12
	地区－邻近竞争力分量	15.98	－17.96	11.56	－2.65	－18.96	－2.41

行业	偏离份额	2009—2010 年	2010—2011 年	2011—2012 年	2012—2013 年	2013—2014 年	平均
S_9	实际增量	8.43	1.07	8.34	1.77	3.58	4.64
	国家行业分量	4.72	6.65	6.12	8.18	7.21	6.58
	邻近－国家竞争力分量	3.76	11.18	−6.40	−0.91	8.53	3.23
	地区－邻近竞争力分量	−0.05	−16.76	8.62	−5.50	−12.15	−5.17
S_{10}	实际增量	−18.84	40.7	44.85	47.27	40.76	30.95
	国家行业分量	15.93	21.00	30.42	21.09	23.57	22.40
	邻近－国家竞争力分量	6.26	−15.92	−2.32	39.15	59.66	17.37
	地区－邻近竞争力分量	−41.03	35.62	16.75	−12.98	−42.46	−8.82
S_{11}	实际增量	62.11	6.26	37.42	10.12	19.75	27.13
	国家行业分量	26.10	30.90	42.40	32.27	29.75	32.28
	邻近－国家竞争力分量	−0.74	−5.59	−25.62	−13.18	38.95	−1.24
	地区－邻近竞争力分量	36.76	−19.05	20.64	−8.97	−48.95	−3.91
S_{12}	实际增量	24.53	3.12	18.74	13.04	10.5	13.99
	国家行业分量	7.81	18.40	27.16	25.12	23.11	20.32
	邻近－国家竞争力分量	18.77	−10.94	−13.31	48.71	−56.00	−2.55
	地区－邻近竞争力分量	−2.05	−4.34	4.89	−60.79	43.39	−3.78

续　表

行业	偏离份额	2009－2010 年	2010－2011 年	2011－2012 年	2012－2013 年	2013－2014 年	平均
S_{13}	实际增量	−2.06	11.7	9.21	2.44	9.29	6.12
	国家行业分量	5.71	3.98	9.27	7.96	7.25	6.83
	邻近－国家竞争力分量	10.97	1.16	−2.46	29.61	−23.66	3.12
	地区－邻近竞争力分量	−18.75	6.56	2.40	−35.13	25.69	−3.85
S_{14}	实际增量	122.62	43.28	73.5	39.88	13.71	58.60
	国家行业分量	23.04	24.42	43.92	55.06	53.47	39.98
	邻近－国家竞争力分量	−1.40	227.13	−48.97	−41.07	−16.30	23.88
	地区－邻近竞争力分量	100.98	−208.27	78.55	25.88	−23.46	−5.26

注：由于 2009-2014 年甘肃省和宁夏回族自治区的统计年鉴将行业 S_2、S_7-S_{14} 共 9 个行业统称为其他服务业，故计算过程中所用到的产值数据是利用 Eviews7.0 采用最小二乘回归法计算得出。

经过对中国及包括内蒙古在内的九省份服务业各细分行业近五年的产值计算得出表 4-5 的结果。为了能够更直观地观察研究，根据表 4-5 中的计算结果，以邻近－国家竞争力分量为横轴，以地区－邻近竞争力分量为纵轴绘制出内蒙古服务业空间 DSSM 分析图，如图 4-2 所示。

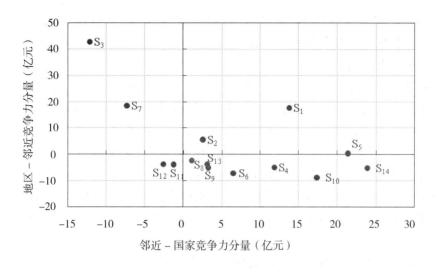

图 4-2　内蒙古服务业空间 DSSM 分析图

第一象限为两个竞争力分量全部大于零的行业，位于该象限的行业地区竞争力最强，可以称之为该地区的优势产业。内蒙古服务业中 S_1、S_2、S_5 这 3 个行业的地区 - 邻近竞争力分量平均值和邻近 - 国家竞争力分量平均值均为正值，说明 2009—2014 年这 3 个行业发展较快，能够较充分利用周边省份该行业的发展对其产生的积极影响，尤其是行业 S_1 的近五年地区 - 邻近的竞争力偏离分量平均值为 17.69 亿元，说明行业 S_1 的发展优于周边省份，区位竞争优势较为明显。

第二象限代表该地区的行业具有自身的竞争优势，但是邻近地区的行业发展可能会给研究地区带来一定的消极影响。内蒙古服务业中 S_3、S_7 两个行业的近五年地区 - 邻近竞争力分量平均值分别为 42.75 亿元、18.51 亿元，均大于零，邻近 - 国家竞争力分量平均值均小于零，说明内蒙古服务业中 S_3 和 S_7 两个行业对于邻近 8 省份而言竞争优势较为明显，但是八省份内这两个行业的发展状况在全国范围内并没有竞争优势，可能会给内蒙古这两个行业带来不同程度的负面影响。

第三象限代表研究地区较为落后的行业，自身既没有竞争优势，周边地区的发展还可能给该地区带来负面的消极作用。从近五年的数据分析结果来看，最不具有竞争优势的两个行业就是 S_{11}、S_{12}。这两个行业地区 - 邻近竞争力分量均值和邻近 - 国家竞争力分量均值近五年均为负值，说明不仅内蒙古这两个行业与邻近省份相比较没有竞争优势，而且邻近省份这两行业的缓慢发展还会给内蒙古带来负面影响。这也从一定程度上反映了我国西部地区的教育、卫生、社会保障业在全国处于较落后水平，不适合作为西部地区的服务业主导行业发挥带头作用。

第四象限代表该地区某些行业自身的竞争优势不明显，但邻近地区的发展情况较好，可以拉动研究地区的行业发展。在第四象限的内蒙古服务行业有 S_4、S_6、S_8、S_9、S_{10}、S_{13}、S_{14} 共 7 个行业，近五年的地区 – 邻近竞争力分量均值均为负值，邻近 – 国家竞争力分量均值均为正值。这说明这 7 个行业与相邻省份比较无竞争优势，但是周边省份这些行业的增长速度高于国家平均水平，可能会对内蒙古这 7 个行业的发展产生积极的促进作用，如果内蒙古能够有效利用邻近的优势资源与条件，这 7 个行业的发展前景较为乐观，有望成为主导行业。

通过图 4.2 直观的描述可以看出，内蒙古服务业 14 个行业中有 3 个位于竞争力和发展潜力较大的第一象限，2 个位于处于竞争劣势的第三象限，在进行主导行业的选择时这 2 个行业不予考虑。其余 9 个行业分别位于二、四象限，有一定的竞争优势。在舍弃 2 个行业、提炼出 3 个主导行业的基础上，进一步结合并参考区位熵综合分析，最终可以确定内蒙古服务业主导行业。

（三）基于区位熵的行业竞争力分析

区位熵（LQ,Location Quotient）指标是由美国哈盖特首先提出的，同样也是许多学者对产业或行业专业化水平进行评价的方法。一般情况下，$LQ_{ij} > 1$，则研究地区 j 的第 i 行业对于全国来说具有优势，地区行业分布集中；如果 $LQ_{ij} < 1$，则行业 i 不具优势；LQ_{ij} 越接近于 0，表明行业分布越分散，不能形成行业竞争力。区位熵系数的具体计算公式如下：

$$LQ_{ij} = \frac{y_{ij} / \sum_{i=1}^{n} y_j}{y_i / \sum y}$$（式 4.8）

在式（4.8）中，y_{ij} 表示研究地区 j 第 i 产业或行业产值（或从业人数），$\sum_{i=1}^{n} y_j$ 表示地区 j 所有产业或行业产值（或从业人数），y_i 代表全国该产业或行业产值（或从业人数），$\sum y$ 代表全国所有产业或行业产值（或从业人数）。本研究利用两个 LQ 系数进行 2009—2013 年间内蒙古自治区服务业各细分行业竞争力的分析，即利用行业产值区位熵 LQ_1 和从业人数（城镇单位）区位熵 LQ_2 进行分析。产值区位熵可以反映出行业 i 的整体发展水平对于全国 i 行业所表现出的优势或劣势；从业人数区位熵可以反映出行业 i 是否具有较强的吸纳就业的能力，以此来分析该行业是否具有良好的社会效益，从而判断其是否可以作为地区重点发展的主导行业。区位熵 LQ_1 的原始数据来自中国及各省的 2010—2014 年的统计年鉴，区位熵 LQ_2 原始数据来源于 2010—2014 年中国第三产业统计年鉴。将所有相应的原始数据分别代入式（4.8），则可以得出相应的两个区位熵系数 LQ_1 和 LQ_2，具体分析结果，如表 4-6 所示。

表4-6　内蒙古2009—2013年服务业各行业两个 LQ 系数表

LQ 行业	行业产值区位熵 LQ_1^*					行业从业人数区位熵 $LQ_2^\#$				
	2009年	2010年	2011年	2012年	2013年	2009年	2010年	2011年	2012年	2013年
$S_1^{*\#}$	1.85	1.89	1.90	1.98	2.04	1.22	1.25	1.22	1.28	1.28
$S_2^{*\#}$	0.57	1.61	1.62	1.59	1.57	1.07	1.01	0.97	1.00	0.98
S_3^{*}	1.27	1.21	1.15	1.18	1.18	0.60	0.60	0.58	0.57	0.64
S_4^{*}	1.66	1.70	1.70	1.71	1.74	0.54	0.55	0.55	0.55	0.75
$S_5^{*\#}$	0.66	0.68	1.73	1.72	1.02	1.05	1.04	1.02	1.03	1.03
S_6	0.62	0.56	0.59	0.54	0.53	0.35	0.34	0.4	0.33	0.64
S_7	0.68	0.75	0.76	0.77	0.77	0.48	0.44	0.5	0.55	0.52
S_8	0.52	0.46	0.43	0.43	0.41	0.74	0.71	0.73	0.75	0.79
$S_9^{\#}$	0.98	0.88	0.92	0.81	0.78	1.58	1.61	1.67	1.62	1.58
$S_{10}^{*\#}$	0.90	1.06	1.14	1.28	1.41	1.64	1.60	1.73	0.57	0.69
S_{11}	0.79	0.73	0.71	0.66	0.66	1.06	1.06	1.06	1.06	1.04
S_{12}	0.82	0.74	0.69	0.64	0.61	0.94	0.94	0.93	0.91	0.90
$S_{13}^{\#}$	0.60	0.75	0.74	0.68	0.73	1.18	1.21	1.21	1.21	1.19
$S_{14}^{*\#}$	0.93	1.01	1.07	1.04	1.01	1.17	1.19	1.23	1.28	1.28

说明：服务业是产业，服务业还包括软件和信息技术服务业，信息传输、仓储和邮政业，租赁业，科学研究和技术服务业，金融业，水利、环境和公共设施管理业，居民服务、

修理和其他服务业，教育，卫生和社会工作，文化、体育和娱乐业，公共管理、交通运输、社会保障和社会组织，农、林、牧、渔业中的农、林、牧、渔服务业，采矿业中的开采辅助活动，制造业中的金属制品、机械和设备修理业，住宿和餐饮业，国际组织等十四个行业。

表格中标有 * 代表此行业产值区位熵近五年平均值大于 1，标有 # 代表此行业从业人数区位熵近五年平均值大于 1。从表 4-6 区位熵的分析结果可以看出，行业 S_1 占有绝对的优势，两个区位熵系数近五年的值均大于 1，说明该行业产生了很强的集聚效应，能够很好地带动内蒙古服务业整体产值与就业水平提升，竞争优势较为明显。同时，S_1 处于空间 DSSM 分析图中的第一象限，是主导行业的最佳选择，可以加大投资力度重点发展此行业，继续保持并不断提升其行业优势。

同样在区位熵系数表中表现出较明显竞争优势的行业还有 S_{10} 和 S_{14}。这两个行业在 LQ_1 和 LQ_2 两个系数上近五年的值绝大部分也大于 1，行业 S_{10} 在 2012-2013 年的从业人数区位熵系数 LQ_2 小于 1，说明该行业近两年吸收就业情况欠佳。但在空间 DSSM 图中，行业 S_{10} 和 S_{14} 位于第四象限，内蒙古可以通过充分利用周边省份该行业发展的积极带动作用快速提升该行业自身竞争力，尽快使这两个行业转入第一象限，成为内蒙古自治区服务业的优势行业。

在空间 DSSM 模型中，行业 S_2、S_5 位于第一象限，属于竞争力较为突出的行业。在区位熵分析中，两个行业的两个区位熵系数整体也较为理想，综合两个角度进行分析，通过进一步完善发展，S_2、S_5 同样有机会发展成为内蒙古服务业主导行业。

剩余的 9 个行业中，除了已舍弃的位于第三象限的行业 S_{11} 和 S_{12}，其他 7 个行业在基于空间 DSSM 模型的行业竞争力分析中不具备明显优势，在基于区位熵法的行业竞争力中两个区位熵系数值绝大部分在 1 以下，表明这 7 个行业不能很好地带动内蒙古服务业优质、快速、健康发展，故不能选其作为内蒙古自治区服务业主导行业。具体各行业竞争优势，如图 4-3 所示。图 4-3 中两个区位熵系数同时所连接的行业代表 2009-2013 年的两个区位熵系数平均值都大于 1 的行业。

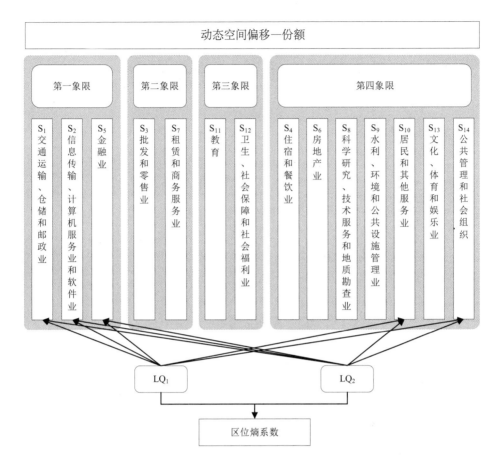

图4-3 主导行业选择分析图

（四）相邻省份重点调查的主导行业建议

空间 DSSM 克服了传统偏离－份额分析法忽略邻近地区间相互作用与影响的假设，将国家对选定研究地区的影响以及周边地区与选定研究地区的相互影响同时引入评价模型，动态地分析并解释了选定研究地区的产业或行业的发展趋势。进一步结合区位熵系数综合分析评价出了产业内部优先发展的主导行业，研究方法更加科学，研究结论更加严谨。两种方法结合运用的结论可以作为选择内蒙古自治区服务业优先发展的行业的依据。

通过空间动态偏离－份额分析以及两个区位熵系数分析最终得出内蒙古服务业应该优先发展的主导行业为 S_1、S_2、S_5、S_{10}、S_{14} 五个行业。这五个行业也是在对相邻省份现代服务业竞争力调研中应该重点关注的行业。

第三节　现代服务业创新能力调查省份的选取与评价方法

一、相关文献综述

（一）服务业创新能力的评价方法

随着服务业对各行业影响力的增强，国内外学者聚焦于服务业创新的研究，从不同的角度，运用不同的方法对服务创新能力进行了评价与分析。

国外学者 Sundbo 和 Gallouj 虽然提出了 6 种服务业创新模式，但并没有给出统一的分类标准，随意性较大[①]；国内学者周峰（2014）通过对科技服务业创新能力评价指标的遴选与运用，利用德尔菲法建立起模型帮助科技服务业明确现状，指出了发展的方向[②]；王铁山（2015）采用随机前沿分析（SFA）方法，分析发现服务业技术效率在全国存在明显差异，但是在各省市间的差异却逐渐缩小[③]；黄明凤等人（2015）以"一带一路"沿线的西北地区各省为研究对象，运用"索洛余值"法计算潜在要素投入并建立适当的计量模型对各省区服务业发展潜力进行实证测评，分析了西北五省区服务业发展实际值与潜力值之间存在较大差距的原因，针对原因提出了推动服务业稳步发展等建议[④]。

（二）服务业创新能力影响因素分析

服务业创新受到许多因素的制约与影响，过程中不确定因素较多，是一个比较复杂的过程。对服务业创新能力的评价基础是找到制约服务业创新能力提升的影响因素。Kupper（2001）在对制造业与服务业创新进行对比研究后，提取了 20 个影响服务创新的主要变量，涵盖服务创新过程、服务产品、企业外部环境以及内部环境四大方面。[⑤] 将国内学者对服务性企业创新能力影响因素的研究进行分类整理，发现学者所研究的服务业创新能力影响因素可分为微

① Sundbo J, GALLOUJ F. Innovation as a loosely coupled system in services [J]. International journal of services technology and management, 2000, 1(1) : 15-36.

② 周峰. 基于市场的科技服务业创新能力评价模式探讨 [J]. 广西社会科学，2014(4): 78-82.

③ 王铁山. 中国服务业的技术效率及其区域差异分析 [J]. 求索，2015(5): 96-100.

④ 黄明凤，李蕾. 西北地区服务业发展潜力探究 [J]. 开发研究，2015(2): 50-55.

⑤ KUPPER, C. Service Innovation-A Review of the state of the art[J].Technology management, 2001, 46(9): 1-46.

观层面与宏观层面，如表 4-7 表示。

表4-7　国内服务业创新能力影响因素分析

国内	作者	影响因素
宏观层面	程顺根	金融业：创新主体、机制、市场环境、监管体制、方式和理念
	张静、梁雄健	通信业：内部影响、外部推力
	张建升、谭伟	需求因素、供给因素和社会环境因素
	李辉	经济发展和城市化水平、居民消费需求与推动力
	李春成、马虎兆、和金生	体制创新、研发投入、信息化水平、市场结构、知识产权、市场需求、人力资源、企业家精神
微观层面	蔺雷、吴贵生	企业内部：战略制定、员工作用、研发部门；外部因素：制度、技术
	王红军	企业内部：公司特色、组织结构、战略、人员、资源、公司文化、领导力；外部因素：政策、市场、知识结构
	陈国平、梁鹏	政策支持、基础设施、市场开放程度、市场竞争、员工素质、市场需求、技术研发、知识产权

（三）相关文献评述

有关我国服务业创新能力的研究起步较晚。国内学者的研究主要选择主成分、回归、DEA 等分析方法，建立指标体系并构建模型完成分析，而熵值法运用较少。从研究对象来看，长期以来多集中于制造业的产业创新研究，且以投入产出为基础的创新效率评价及其研究已经很成熟；但对服务业，尤其是现代服务业创新能力研究的理论与实证性研究都较少，而对欠发达地区服务业创新能力的评价则更少。上述关于服务业创新能力指标选取以及指标体系构建的研究成果虽为本次调查研究指标选取指引了方向，但在评价指标体系的构建中缺少针对性，需要我们建立针对性的评价体系。

因为本次调研是针对各省份展开，所以服务业创新能力影响因素指标的选取参考了表 4-7 中宏观层面的指标值，以此确定服务业创新能力测评指标体系。在此基础上，运用熵值法进行分析，根据对各省份服务业创新能力进行定量分析的结果选择被调查省份。

本次调研着重研究对内蒙古自治区服务业创新发展有借鉴作用的地区服务业创新能力和服务业发展状况，选取适合欠发达地区服务业创新能力提升的评价指标进行评价。

二、服务业创新能力测评方法

（一）服务业创新能力测评指标体系构建

为保证测评指标的合理性与可行性，在衡量服务业创新能力时，应在考虑服务业创新资源因素的基础上结合区域层面的创新环境、创新绩效等因素建立指标体系。表4-8是按照服务业创新能力及特征选取的四类一级指标构建的测评体系。

表4-8　服务业创新能力测评指标体系

一级指标	二级指标
创新环境 X_1	X_{11} 地区居民消费水平（元） X_{12} 服务业 GDP 占地区生产总值比重（%） X_{13} R&D 法人单位数占服务业总法人单位数比重（%） X_{14} 地区互联网普及率（%） X_{15} 地区移动电话用户数（万户） X_{16} 外商直接投资企业法人单位数（个）
创新资源 X_2	X_{21} R&D 固定资产投资额占服务业固定资产投资比率（亿元） X_{22} R&D 人员全时当量（人/年） X_{23} 服务业 R&D 从业人员数（万人） X_{24} 每十万人口中大学生数（人） X_{25} 地区 R&D 经费支出占 GDP 比重 (%) X_{26} 技术市场成交额（亿元） X_{27} 科技经费支出占地方财政一般预算的比例 (%)
创新经济绩效 X_3	X_{31} 规模以上企业专利申请受理量（件） X_{32} 服务业增加值（亿元） X_{33} 规模以上服务业职工平均工资（元/人） X_{34} 规模以上服务业企业投资收益（亿元）
能力成长性 X_4	X_{41} 服务业增加值增长率（%） X_{42} 软件和信息技术服务业收入增长率（%） X_{43} 服务业就业人数增长率（%）

在确定服务业创新能力评价体系后，采用客观熵值赋权法对地区服务业创新能力相关指标的权重进行测算。根据测评结果选取所需要的调查省份。

（二）熵值法的具体操作步骤

（1）原始数据标准化：

$$x'_{ij} = (\bar{x} - x_{ij}) / s_j \qquad （式 4.9）$$

式中，x_{ij} 为第 i 个样本、j 项指标的原始数值，x'_{ij} 为标准化后的指标值，$\bar{x}$ 和 s_j 分别为第 j 项指标的平均值和标准差。

由于在熵值法中运用到了对数，标准化后的数值不能直接使用。为了合理解决负数造成的影响，对标准化后的数值进行平移：

$$z_{ij} = x'_{ij} + 2 \qquad （式 4.10）$$

式中，z_{ij} 是平移后数值，2 为平移幅度。

（2）将各指标同度量化，计算第 j 项指标下，第 i 城市占该指标比重（p_{ij}）：

$$p_{ij} = z_{ij} / \sum_{i=1}^{n} z_{ij} \quad (i=1,2,\cdots,n ; j=1,2,\cdots,m) \qquad （式 4.11）$$

式中，n 为样本（城市）个数，m 为指标个数。

（3）计算第 j 项指标熵值（e_j）：

$$e_j = -k \sum_{i=1}^{n} p_{ij} \ln(p_{ij}), k = 1/\ln(n), e_j \geq 0 \qquad （式 4.12）$$

（4）计算第 j 项指标的差异系数（g_j）：

$$g_i = 1 - e_j \qquad （式 4.13）$$

（5）对差异系数归一化，计算第 j 项指标的权重（w_j）：

$$w_j = g_j / \sum_{j=1}^{m} g_j \qquad （式 4.14）$$

（6）计算各个城市的服务业各一级指标能力水平（F_i）：

$$F_i = 100 \times 1/j \sum_{j=1}^{m} w_j p_{ij} \qquad （式 4.15）$$

（7）各城市的服务业创新能力评价水平（F）：

$$F = \frac{1}{4} \sum_{i=1}^{4} F_i \qquad （式 4.16）$$

运算以上熵值法对省份的服务业创新能力进行测度，根据测算结果选取相关省份。

三、发达省份调查对象的选取

根据上述熵值法的相关步骤，对预先选取的十个省份 2014 年的相关数据进行处理，得出所需的结果见表 4-9 至表 4-14。

表4-9　服务业创新能力各指标的熵值、差异系数及权重（排名）

一级指标	二级指标	e_j	g_j	w_j	排名
创新环境 X_1	X_{11}	0.955	0.045	0.068	6
	X_{12}	0.958	0.042	0.064	8
	X_{13}	0.962	0.038	0.058	12
	X_{14}	0.952	0.048	0.073	3
	X_{15}	0.965	0.035	0.054	16
	X_{16}	0.953	0.047	0.072	4
创新资源 X_2	X_{21}	0.961	0.039	0.059	10
	X_{22}	0.965	0.035	0.053	17
	X_{23}	0.956	0.044	0.067	7
	X_{24}	0.962	0.038	0.058	12
	X_{25}	0.960	0.040	0.060	9
	X_{26}	0.963	0.037	0.056	14
	X_{27}	0.971	0.029	0.044	18
创新经济绩效 X_3	X_{31}	0.964	0.036	0.055	15
	X_{32}	0.952	0.048	0.073	4
	X_{33}	0.943	0.057	0.087	1
	X_{34}	0.962	0.038	0.058	11
能力成长性 X_4	X_{41}	0.948	0.052	0.079	2
	X_{42}	0.975	0.025	0.038	20
	X_{43}	0.974	0.026	0.040	19

服务业创新指标的熵值越大，它能反映的信息量越小，同时权重也就越小。由表4-9的排名可知，权重为前5名的指标（权重高于0.07）分别为：创新环境中的X_{14}、X_{16}，创新经济绩效中的X_{32}、X_{33}，能力成长性中的X_{41}。

在服务业创新环境影响因素（X_1）中，地区互联网普及程度（X_{14}）以及外商企业投资力度（X_{16}）是影响研究地区的首要因素；创新资源（X_2）对所选取的十个省份影响较弱，但也不容忽视；在创新经济绩效影响因素（X_3）中，服务业增加值（X_{32}）以及服务业工作人员工资水平（X_{33}）影响较大；在能力成长性影响因素（X_4）中，地区服务业增长速度（X_{41}）越快，创新水平越高。

表4-10 各地区服务业创新环境X_1的评价值

地区	X_{11}	X_{12}	X_{13}	X_{14}	X_{15}	X_{16}	F_1	排名
北京	1.0279	1.2571	1.2597	1.0880	0.3752	0.6572	0.9442	1
上海	1.2433	0.9574	0.4857	0.9981	0.3706	0.4667	0.7536	2
江苏	0.7880	0.5508	0.5056	0.6279	0.4129	1.1554	0.6734	4
浙江	0.7436	0.5700	0.3452	0.8227	0.4174	1.0638	0.6605	5
安徽	0.3115	0.2855	0.3382	0.2663	0.3932	0.4317	0.3377	11
山东	0.5049	0.4702	0.5361	0.4952	0.4221	0.8334	0.5436	7
河南	0.3157	0.3245	0.4846	0.2663	0.4171	0.4639	0.3787	9
湖北	0.3989	0.4238	0.4600	0.4460	0.3979	0.4900	0.4361	8
广东	0.6722	0.5960	0.3464	0.9425	0.4871	1.0829	0.6878	3
四川	0.3366	0.3611	0.3675	0.2748	0.4454	0.3411	0.3544	10
全国	0.4613	0.5741	0.7012	0.5017	1.2137	0.2169	0.6115	6

表4-11 各地区服务业创新资源X_2的评价值

地区	X_{21}	X_{22}	X_{23}	X_{24}	X_{25}	X_{26}	X_{27}	F_2	排名
北京	0.9442	0.3228	0.4344	1.2507	1.2730	0.6880	0.4398	0.6886	1
上海	0.7536	0.3705	0.3629	0.6705	0.7925	0.4351	0.4109	0.4908	6

地区	X_{21}	X_{22}	X_{23}	X_{24}	X_{25}	X_{26}	X_{27}	F_2	排名
江苏	0.6734	0.3399	1.0008	0.5338	0.5575	0.4302	0.3647	0.5256	3
浙江	0.6605	0.3672	0.6665	0.4084	0.4987	0.3849	0.3701	0.4470	8
安徽	0.3377	0.5626	0.2778	0.3629	0.4211	0.3931	0.3308	0.3904	11
山东	0.5436	0.4440	0.7760	0.4120	0.4840	0.4010	0.3079	0.4637	7
河南	0.3787	0.6918	0.6706	0.3512	0.2637	0.3803	0.2859	0.4337	10
湖北	0.4361	0.5330	0.4016	0.6072	0.4169	0.4340	0.3292	0.4442	9
广东	0.6878	0.5371	1.2490	0.3939	0.5218	0.4173	0.3377	0.5612	2
四川	0.3544	1.2660	0.4698	0.3626	0.3539	0.3960	0.2812	0.5017	5
全国	0.6115	0.4452	0.3654	0.4307	0.4546	1.2286	0.8965	0.5190	4

表4-12 各地区服务业创新经济绩效 X_3 的评价值

地区	X_{31}	X_{32}	X_{33}	X_{34}	F_3	排名
北京	0.3947	0.5596	1.2518	0.8550	0.7653	2
上海	0.4118	0.5102	1.5477	0.4774	0.7368	3
江苏	0.5004	1.0706	0.8043	0.4097	0.6962	5
浙江	0.4132	0.6545	0.8968	0.4103	0.5937	6
安徽	0.4004	0.2214	0.6098	0.3976	0.4073	11
山东	0.4091	0.8966	0.6108	0.3971	0.5784	7
河南	0.3749	0.4256	0.5091	0.3900	0.4249	10
湖北	0.3826	0.3666	0.6626	0.3914	0.4508	9
广东	0.6043	1.1666	0.9617	0.5021	0.8087	1
四川	0.3893	0.3554	0.7944	0.3970	0.4840	8
全国	1.2279	1.0542	0.0323	1.2207	0.7238	4

表4-13　各地区服务业创新能力成长性X_4的评价值

地区	X_{41}	X_{42}	X_{43}	F_4	排名
北京	0.2708	0.2249	0.5491	0.3483	11
上海	0.6400	0.2312	0.4590	0.4434	8
江苏	0.8930	0.3494	0.0478	0.4301	9
浙江	0.1606	0.5644	0.4411	0.3887	10
安徽	0.8573	0.9774	0.3970	0.7439	1
山东	0.7099	0.7535	0.4013	0.6216	4
河南	0.9585	0.3924	0.5464	0.6325	3
湖北	1.0821	0.3673	0.5628	0.6707	2
广东	0.3586	0.4305	0.6040	0.4644	6
四川	1.3560	0.3313	0.0097	0.5657	5
全国	0.6427	0.3924	0.3558	0.4637	7

表4-14　各地区服务业创新能力综合评价值

地区	F	排名
北京	0.6866	1
上海	0.6062	3
江苏	0.5813	5
浙江	0.5224	7
安徽	0.4698	10
山东	0.5518	6
河南	0.4674	11
湖北	0.5004	8
广东	0.6305	2
四川	0.4765	9
全国	0.5895	4

通过表4-10至表4-13各地区服务业创新指标的测评结果可以得出创新环境、创新资源、创新经济绩效、能力成长性对各个地区影响程度的排名。将选取的十个省份与全国的平均水平进行比较，其中北京、上海、广东、江苏、浙江五省在服务业创新环境（X_1）方面优于全国平均水平；服务业创新资源丰富程度（X_2）及创新经济绩效（X_3）高于全国平均水平的省份有北京和广东两个省份；能力成长性（X_4）在平均水平之上的省份有六个，包括安徽、湖北、河南、山东、四川、广东。在选取的十个省份中，服务业创新能力综合水平高于全国平均水平的有北京、广东、上海三个省份（表4-14）。因此，选择这三个省份作为服务创新能力调查的发达省份。

四、欠发达省份调查对象的选取

国家"一带一路"沿线的十八个省份中包括新疆、陕西、甘肃、宁夏、青海、内蒙古、广西、云南、重庆、西藏十个经济欠发达的省份。由于西藏经济发展程度远远落后于其他九省，所以在进行欠发达地区服务业创新能力研究时仅选择除西藏以外的其他九个省份作为备选省份。

根据上述熵值法的相关步骤，对选取的九个省份2014年的相关数据进行处理，得出的结果见表4-15至表4-20。

表4-15 欠发达省份服务业创新能力各指标的熵值、差异系数及权重（排名）

一级指标	二级指标	e_j	g_j	w_j	排名
创新环境 X_1	X_{11}	0.951	0.049	0.054	9
	X_{12}	0.949	0.051	0.055	6
	X_{13}	0.936	0.064	0.070	2
	X_{14}	0.939	0.061	0.066	3
	X_{15}	0.963	0.037	0.040	12
	X_{16}	0.964	0.036	0.040	12
创新资源 X_2	X_{21}	0.955	0.045	0.049	11
	X_{22}	0.963	0.037	0.040	12
	X_{23}	0.964	0.036	0.040	12
	X_{24}	0.951	0.049	0.054	9

一级指标	二级指标	e_j	g_j	w_j	排名
创新资源 X_2	X_{25}	0.973	0.027	0.029	20
	X_{26}	0.963	0.037	0.040	12
	X_{27}	0.935	0.065	0.071	1
创新经济绩效 X_3	X_{31}	0.963	0.037	0.040	12
	X_{32}	0.963	0.037	0.040	12
	X_{33}	0.945	0.055	0.060	5
	X_{34}	0.963	0.037	0.040	12
能力成长性 X_4	X_{41}	0.949	0.051	0.055	6
	X_{42}	0.943	0.057	0.063	4
	X_{43}	0.949	0.051	0.055	6

服务业创新指标的熵值越大，它能反映的信息量越小，同时权重也就越小。由表4-15的排名可知，权重前5名的指标（权重高于0.06）分别为：创新资源中的 X_{27}（第一），创新环境中的 X_{13}（第二）、X_{14}（第三），能力成长性中的 X_{42}（第四），创新经济绩效 X_{33}（第五）。

表4-16　欠发达省份服务业创新环境 X_1 的评价值

地区	X_{11}	X_{12}	X_{13}	X_{14}	X_{15}	X_{16}	F_1	排名
新疆	0.329	0.487	0.752	1.039	0.334	0.335	0.546	3
陕西	0.551	0.220	0.895	0.796	0.342	0.337	0.523	4
甘肃	0.164	0.710	0.633	0.200	0.334	0.334	0.396	9
宁夏	0.587	0.666	0.319	0.716	0.327	0.334	0.491	6
青海	0.431	0.222	1.166	1.020	0.327	0.334	0.583	1
内蒙古	1.020	0.395	0.591	0.753	0.337	0.335	0.572	2
广西	0.376	0.279	0.966	0.362	0.342	0.337	0.444	7
云南	0.310	0.656	0.757	0.094	0.343	0.337	0.416	8
重庆	0.780	0.903	0.008	0.753	0.337	0.338	0.520	5

表4-17 欠发达省份服务业创新资源X_2的评价值

地区	X_{21}	X_{22}	X_{23}	X_{24}	X_{25}	X_{26}	X_{27}	F_2	排名
新疆	0.271	0.332	0.334	0.339	0.159	0.329	0.027	0.256	9
陕西	1.012	0.346	0.344	1.081	0.560	0.376	1.144	0.695	1
甘肃	0.638	0.334	0.334	0.522	0.312	0.337	0.832	0.473	2
宁夏	0.312	0.331	0.331	0.536	0.247	0.329	0.954	0.434	4
青海	0.317	0.331	0.330	0.132	0.182	0.331	0.844	0.352	7
内蒙古	0.708	0.336	0.336	0.497	0.200	0.330	0.498	0.415	5
广西	0.445	0.337	0.336	0.457	0.206	0.329	0.299	0.344	8
云南	0.301	0.335	0.336	0.332	0.195	0.332	1.036	0.410	6
重庆	0.296	0.340	0.340	0.833	0.390	0.340	0.556	0.442	3

表4-18 欠发达省份服务业创新经济绩效X_3的评价值

地区	X_{31}	X_{32}	X_{33}	X_{34}	F_3	排名
新疆	0.334	0.334	0.636	0.335	0.410	4
陕西	0.342	0.342	0.938	0.335	0.489	2
甘肃	0.334	0.332	0.124	0.333	0.281	9
宁夏	0.333	0.328	0.459	0.333	0.363	7
青海	0.332	0.328	0.994	0.332	0.497	1
内蒙古	0.334	0.343	0.491	0.338	0.377	6
广西	0.336	0.337	0.213	0.335	0.305	8
云南	0.336	0.337	0.677	0.345	0.424	3
重庆	0.341	0.341	0.533	0.336	0.388	5

表4-19　欠发达省份服务业创新能力成长性X_4的评价值

地区	X_{41}	X_{42}	X_{43}	F_4	排名
新疆	0.485	0.366	0.367	0.406	7
陕西	0.220	0.911	0.238	0.456	5
甘肃	0.708	0.573	0.792	0.691	3
宁夏	0.666	0.724	0.951	0.780	2
青海	0.220	1.094	0.170	0.495	4
内蒙古	0.394	0.472	0.496	0.454	6
广西	0.283	0.365	0.472	0.373	9
云南	0.659	0.074	0.443	0.392	8
重庆	0.783	0.807	0.823	0.804	1

表4-20　欠发达省份服务业创新能力综合评价值

地区	F	排名
新疆	0.404	8
陕西	0.541	1
甘肃	0.460	5
宁夏	0.517	3
青海	0.482	4
内蒙古	0.454	6
广西	0.367	9
云南	0.410	7
重庆	0.539	2

通过表4-16至表4-19的创新测度结果可以看出创新环境、创新资源、创新经济绩效、能力成长性对各个地区影响程度的排名。在我们所选取的九个经济欠发达的省份中，创新环境最佳的前四个省份是青海、内蒙古、新疆、陕西；服务业创新资源最丰富的前四个省份是陕西、甘肃、重庆、宁夏；创新经

济绩效最佳的前四个省份是青海、陕西、云南、新疆；创新能力成长性最强的前四个省份是重庆、宁夏、甘肃、青海。最终，各省份中服务业创新能力综合排名（表4-20）位居前四的省份是陕西、重庆、宁夏、青海。因此，选定陕西、重庆、宁夏、青海四省份作为"一带一路"沿线欠发达省份中值得我区学习与借鉴的省份进行实地考察与调研。

第四节　现代服务业与城镇化协调发展调查省份的选取与评价方法

一、相关文献综述

（一）国外学者对服务业与城镇化协调发展的研究

发达国家大约在20世纪80年代到90年代开始进入服务经济时代，所以对于服务业与城镇化协调发展的研究开展较早。国外学者对服务业与新型城镇化协调发展的研究成果集中体现在对两者的关系研究。其中，美国学者丹尼斯等（2010）在以国内部分城市为研究对象展开美国国内服务业发展实证研究的过程中发现地区服务业的发展及扩张动力紧密依存于城镇化发展水平。[①] 汉德森（2002）在对发展中国家城镇化问题的研究中发现标准化制造业较多分布在规模较小或者规模中等的城镇，而规模较大及人口较多的城镇则分布着更多的生产服务、研发和非标准化制造业。[②] 迈斯纳（2005）在其研究中发现区域城镇化发展水平与该地区服务业就业人数之间呈显著正相关关系。[③]

（二）国内学者对服务业与城镇化协调发展的研究

由于近几十年我国工业增速迅猛，国内学者在研究产业化与城镇化的关系与协调发展的进程中更多关注对工业化与城镇化协调发展的关系研究。柏程豫、吴旭晓（2013）运用回归方程与灰色综合关联度模型对我国中部6省工

---

① DANIELS P W, O'CONNOR K B, HUTTON T A.The planning response to urban service sector growth: an internationgal comparison[J].Growth and Change, 2010, 22(4): 3-26.

② HENDERSON V. Urbanization in developing countries[J].The World Bank research observer, 2002, 17(1): 89-112.

③ MESSINA J. Institutions and service employment: a panel study for OECD countries[J].Labour, 2005, 19(2): 343-372.

业发展对城镇化与工业化协调发展的影响程度进行了建模研究。[①] 任成（2014）针对江西省首先选取了新型城镇化评价指标和新型工业化评价指标建立指标体系，再引入协调发展度模型对两者协调发展水平进行了评价，最终研究发现江西省新型工业化水平整体上滞后于新型城镇化水平。[②] 方娜、王其和（2014）着眼于"新型性"与两者的"互动性"构建指标体系与评价模型，对湖北省12市工业化与城镇化协调发展进行了分析。[③]

　　由于我国经济增长增速放缓与产业转型升级的现实要求，服务业发展逐渐成为各省份经济发展新的支撑点，学者们在产业化与城镇化关系方面的研究关注点也由工业逐渐转为服务业与城镇化的关系研究，更注重服务业发展在产业结构变化中的作用，以及与新型城镇化发展的相互依存关系。欧新黔（2005）通过研究发现某一区域现代服务业发展会受到该地区城镇化发展快慢的影响。[④] 辜胜阻（2010）也得出了类似结论，认为新型城镇化的推进速度会催生现代服务业发展，且新型城镇化发展到一定程度，人口规模产生的规模效应可以推动生产性服务业与公共服务发展。[⑤] 曾桂珍、曾润忠（2012）按照国家划分的我国东、中、西部三大经济带对城镇化、服务业两者关系进行研究，并通过进行各经济带间格兰杰检验得出城镇化、服务业之间具有相互促进关系。[⑥] 专门针对省份的研究包括王向（2013）对上海市[⑦]、崔宏桥等（2014）对吉林省[⑧]、刘德军等（2015）对山东省[⑨] 分别开展的城镇化与服务业关系与互动

①　柏程豫，吴旭晓 . 工业化与城镇化协调发展中的工业支撑问题研究——以中部6省为例 [J]. 开发研究，2013，166(3)：49-53.

②　任成 . 江西省新型工业化与新型城镇化协调发展研究 [J]. 科技与管理，2014，16(6)：18-22，37.

③　方娜，王其和 . 湖北省新型工业化与城镇化协调发展实证研究 [J]. 湖北工业大学学报，2014，29(6)：20-24.

④　欧新黔 . 服务业：经济发展的新动力 [J]. 中国质量，2005(7)：6-9.

⑤　辜胜阻，李华，易善策 . 城镇化是扩大内需实现经济可持续发展的引擎 [J]. 中国人口科学，2010(3)：2-10，111.

⑥　曾桂珍，曾润忠 . 城市化与服务业的协整及因果关系研究 [J]. 华东交通大学学报，2012，29(5)：121-126.

⑦　王向 . 城市化进程与服务业发展的动态互动关系研究：来自上海的经验(1949-2010)[J]. 上海经济研究，2013，25(3)：125-134.

⑧　崔宏桥，沈颂东 . 吉林省城镇化与服务业灰色关联分析 [J]. 当代经济研究，2014(2)：28-32.

⑨　刘德军，尚蔚 . 城镇化与服务业互动发展的动态计量分析及对策建议：以山东省为例 [J]. 湖南社会科学，2015(4)：128-131.

发展研究；这些学者虽然运用了灰色关联、动态计量等不同的定量研究方法，但均得出两者在发展过程中存在着互相促进的正相关关系。

（三）相关文献评述

通过对文献资料的整理可以发现，目前国内对于服务业与城镇化协调发展的研究大多是沿用了工业或者新型工业与城镇化协调发展的研究方法与思路。研究方法集中于灰色关联、回归、聚类等分析方法以及运用协调度模型的手段。国内外学者已有的研究成果可以为本研究提供理论依托与指标选取的依据。本书所采用的因子分析与协调度模型构建相结合进行省份间服务业与城镇化协调发展程度对比分析的方法是对已有研究成果整理后选取的研究方法。但由于国内针对欠发达地区与省份的相关研究成果不丰富，所以在具体调研对象选取上进行了一定创新。

二、现代服务业与城镇化协调发展评价与调查方法

（一）选取调查省份的依据

首先，为了能够体现出现代服务业与城镇化协调发展的互动性，选择城镇化率、服务业占 GDP 比重作为地区服务业与城镇化协调发展的基础指标。选择这两个指标超过国家平均水平的省份作为所调查的发达省份。

另外，为了所调查省份的经验对内蒙古自治区现代服务业与城镇化协调发展更具有借鉴意义，所以本书有针对性地选取调查对象进行省份间服务业与城镇化协调发展水平的区域间比较分析。因内蒙古自治区城镇化率为 59.52%，服务业占 GDP 比重为 39.52%，所以研究选取城镇化率在 50%–70% 之间与服务业占比在 30%–50% 之间的其他十四个省份（吉林、江西、陕西、福建、湖北、辽宁、宁夏、山东、山西、黑龙江、重庆、江苏、浙江、广东）为对比省份。选取这十五个省份相关数据进行服务业与城镇化进程协调发展水平的比较分析，从而试图寻找内蒙古服务业与城镇化进程协调发展水平与其他省份间的差距。

（二）选取测评指标

表 4–21 是在已有学者进行使用指标研究的基础上，结合本次研究的实际需要，针对选定的十五个省份服务业发展特点与城镇化发展水平建立的测评指标体系。表中如果区位熵 >1，说明该产业是当地的专业化部门；如果区位熵 ≤ 1，说明该产业是自给性部门。

表4-21　服务业发展水平测评

一级指标	二级指标
发展水平	A_1 第三产业增加值占 GDP 的比重（%） A_2 第三产业从业人员（万人）
增长潜力	A_3 服务业增长率（%） A_4 生产性服务业产值占服务业总产值比重（%） A_5 第三产业固定资产投资占产业总投资的比重（%） A_6 老龄化系数（%）
公共条件	A_7 城镇化率（%） A_8 科技人员在服务业就业人数中所占比重（%） A_9 每万人拥有卫生技术人员数（人） A_{10} 每万人医疗机构床位数（%）
比较优势	A_{11} 教育财政支出额占财政总支出额的比重（%） A_{12} 交通运输业区位熵（%） A_{13} 金融业区位熵（%） A_{14} 其他服务业区位熵（%）

注：区位熵 =（某地区特定部门的产值/某地区工业总产值）/（全国该部门的产值/全国工业总产值）

表 4-22 是按照城镇化发展水平选取相关指标构建的测评指标体系。

表4-22　城镇化进程测评

一级指标	二级指标
人口水平	B_1 城镇化率（%） B_2 城镇人口自然增长率（%） B_3 第三产业从业人员（万人）
经济发展	B_4 人均 GDP（%） B_5 城镇居民人均可支配收入（元） B_6 第三产业增加值占 GDP 比重（%） B_7 工业增加值占 GDP 比重（%）
生活质量	B_8 人均城市道路面积（平方米） B_9 人均公园绿地面积（平方米） B_{10} 万人拥有的城市公共交通车辆（台） B_{11} 交通与通信财政支出比重（%）
城乡经济协调性	B_{12} 城乡居民可支配收入比重（%） B_{13} 城乡居民人均消费支出比重（%） B_{14} 城乡居民消费水平比重（%）

（三）选择测评方法

为了对与内蒙古发展水平相近的省份的现代服务业与城镇化协调发展程度进行测评，本书采用因子分析与协调度模型构建相结合的方法进行省份间服务业与城镇化协调发展程度对比分析。

构建协调度模型：

$$C=(A+B)/(A^2+B^2)^{1/2} \qquad （式4.17）$$

式（4.17）中，A 表示服务业发展指标，B 表示城镇化指标，C 表示两者的协调度。由于 A、B 值不同，对协调度测评值 C 的结果也有不同影响，最终得出多种测评类型，具体测评类型见表4-23。

表4-23　服务业与城镇化协调发展程度评价

A	B	C	协调程度
$A \leq 0$	$B \leq 0$	$-1.414 \leq C \leq 0$	极不协调
$A \geq 0$	$B \leq 0$	$-1.414 \leq C \leq 0$	不协调
$A \leq 0$	$B \geq 0$	$-1.414 \leq C \leq 0$	
$A \geq 0$	$B \leq 0$	$0 \leq C \leq 1.414$	弱协调
$A \leq 0$	$B \geq 0$	$0 \leq C \leq 1.414$	
$A \geq 0$	$B \geq 0$	$0 \leq C \leq 1.414$	协调

三、发达省份调查对象的选取

选择城镇化率、服务业占GDP比重作为地区服务业与城镇化协调发展的基础指标。选择这两个指标超过国家平均水平的省份作为调查的发达省份。

通过数据收集与整理，将三十一个省份城镇化率、服务业占GDP比重均超过全国平均水平的省份列入表4-24。这五个省份是本次重点调查的发达省份。

表4-24　发达省份城镇化率、服务业占GDP比重

地区	城镇化率（%）	GDP 占比（%）
浙江省	47.85	64.87
广东省	48.99	68.00
天津市	49.57	82.27

续　表

地区	城镇化率（%）	GDP 占比（%）
上海市	64.82	89.57
北京市	77.95	86.34
全国平均水平	47.84	54.77

四、发展相似省份调查对象的选取

（一）各省份服务业与城镇化协调度比较分析

收集了十五省份 14 个指标的数据后，运用软件 SPSS 20.0 进行因子分析和数据处理。通过对服务业指标数据的处理，得出服务业因子的 KMO 检验值为 0.803 且 Barteltt 检验值 sig=0.00，故证明服务业因子不仅适合做因子分析，且相关因子具有显著代表性[①]。根据分析结果可以发现具有五个主因子的服务业指标累计贡献率高达 80.432% >80%，故提出五个主因子 X_1–X_5（表 4-25）。

表4-25　服务业因子成分矩阵

项目	成分				
	X_1	X_2	X_3	X_4	X_5
A_1 第三产业增加值占 GDP 的比重	0.755	0.323	0.003	−0.035	0.122
A_2 第三产业从业人员	0.834	−0.295	−0.183	−0.230	−0.011
A_3 服务业增长率	−0.131	0.923	−0.115	−0.063	0.299
A_4 生产性服务业占服务业比重	0.029	−0.202	0.263	−0.651	0.032
A_5 第三产业固定资产投资占总投资的比重	0.677	0.462	−0.058	0.320	0.015
A_6 老龄化系数	0.374	−0.121	0.790	−0.233	−0.134
A_7 城镇化率	0.716	0.043	0.064	0.033	0.362
A_8 科研科技活动就业人员占服务业就业人员比重	−0.202	−0.157	0.357	0.714	−0.201
A_9 每万人拥有卫生技术人员数	0.217	−0.165	0.171	0.687	0.394

---

① 夏玉森. 服务业发展水平与城镇化进程关系实证研究：以河北省为例 [J]. 调研世界，2015(8)：15-19.

项目	成分				
	X_1	X_2	X_3	X_4	X_5
A_{10} 每万人医疗机构床位数	−0.221	−0.116	0.909	0.215	0.007
A_{11} 教育财政支出额占总财政支出额的比重	0.559	−0.197	−0.620	−0.079	−0.130
A_{12} 交通运输业区位熵	−0.759	0.272	−0.009	−0.049	0.566
A_{13} 金融业区位熵	0.124	0.954	−0.027	0.010	0.023
A_{14} 其他服务业区位熵	−0.132	−0.192	0.058	−0.011	−0.887

通过表 4-25 整理出服务业主因子的计算公式为

$$X_1=0.834 \times A_2 - 0.759 \times A_{12} + 0.755 \times A_1 \cdots\cdots + 0.029 \times A_4 - 0.132 \times A_{14},\cdots\cdots$$

（式 4.18）

根据式（4.18）求出十五省份相应的 X_1、X_2、X_3、X_4、X_5 的值。根据各省份城镇化主因子的值以及服务业各主因子贡献数据求得服务业发展指标 A 的公式为：

$$A=24.65\% \times X_1 + 17.43\% \times X_2 + 15.13\% \times X_3 + 11.97\% \times X_4 + 11.25\% \times X_5$$

（式 4.19）

通过对服务业主因子以及服务业发展指标 A 的数据进行整理，得到表 4-26。

表4-26　各省份服务业主因子与A值

省份	X_1	X_2	X_3	X_4	X_5	A
吉林省	−4.06	−3.80	1.03	0.85	−3.01	−174.41
江西省	−3.13	−1.04	−2.44	−3.67	−1.98	−198.42
陕西省	−1.09	−0.87	1.92	3.40	−0.84	−56.99
内蒙古	−4.25	−0.74	1.37	−0.30	3.50	−47.67
福建省	−0.08	2.56	−3.08	−0.50	1.76	−2.41
湖北省	−0.20	−2.24	1.45	−1.06	−1.98	1.56

省份	X_1	X_2	X_3	X_4	X_5	A
辽宁省	−0.21	−0.31	3.46	1.52	0.74	−61.15
宁夏	−4.45	5.10	−0.81	1.23	1.77	18.28
山东省	2.15	−3.40	0.02	−0.87	−0.29	137.3
山西省	−1.97	2.55	−1.23	0.88	0.87	68.3
黑龙江省	−0.79	−2.39	1.48	0.86	−1.71	−19.63
重庆市	1.92	3.55	2.50	−1.31	0.53	9.85
江苏省	3.93	−0.08	0.51	−1.82	−0.35	77.47
浙江省	5.44	0.59	−2.11	1.50	0.93	140.88
广东省	6.79	0.53	−4.08	−0.70	0.06	107.17

同理，通过对城镇化指标的数据处理得出城镇化因子的 KMO 检测值为 0.837 且 Barteltt 检验中 *sig*=0.00，证明城镇化相关因子不仅适合做因子分析且这些因子具有显著代表性。根据分析结果，发现具有五个主因子的城镇化指标累计贡献率高达 82.154%>80%，故提取五个主因子 Y_1–Y_5（表4-27）。

表4-27　城镇化主因子成分矩阵

项目	成分				
	Y_1	Y_2	Y_3	Y_4	Y_5
B_1 城镇化率	0.901	−0.061	−0.273	−0.094	−0.039
B_2 城镇人口自然增长率	−0.077	0.097	0.810	−0.049	0.378
B_3 第三产业从业人员	0.753	0.022	0.087	−0.055	0.100
B_4 人均 GDP	0.883	0.062	0.113	0.268	−0.201
B_5 城镇居民人均可支配收入	0.892	0.312	0.147	0.108	−0.019
B_6 第三产业增加值占 GDP 比重	0.595	0.006	0.047	−0.717	−0.133
B_7 工业增加值占 GDP 比重	0.171	−0.042	−0.049	0.945	0.052
B_8 人均城市道路面积	0.174	0.135	0.774	0.063	−0.450

项目	成分				
	Y_1	Y_2	Y_3	Y_4	Y_5
B_9 人均公园绿地面积	0.135	−0.447	0.730	−0.135	−0.126
B_{10} 万人拥有的城市公交车辆	0.597	0.081	0.106	−0.226	0.291
B_{11} 交通与通信财政支出比重	0.080	−0.114	−0.029	0.136	0.929
B_{12} 城乡居民可支配收入比重	0.171	0.805	−0.284	−0.182	−0.124
B_{13} 城乡居民人均消费支出比重	−0.051	0.903	0.157	−0.018	0.047
B_{14} 城乡居民消费水平比重	0.499	0.689	0.042	0.221	−0.263

　　根据式（4.18）可求得十五省份的 X_1、X_2、X_3、X_4、X_5 的值，同理，求出城镇化主因子 Y_1、Y_2、Y_3、Y_4、Y_5 的值。根据各省份城镇化主因子的值以及各主因子的贡献数据求出城镇化指标 B 的公式为

$$B=28.81\% \times Y_1+16.37\% \times Y_2+14.49\% \times Y_3+12.00\% \times Y_4+10.49\% \times Y_5（式4.20）$$

表4-28　城镇化主因子与B值

省份	Y_1	Y_2	Y_3	Y_4	Y_5	B
吉林省	−3.38	0.81	−2.83	2.30	−0.03	−97.85
江西省	−5.21	0.67	0.51	1.47	0.50	−108.85
陕西省	−3.11	−3.54	−0.54	1.69	2.78	−27.63
内蒙古	−0.25	−1.52	1.95	1.91	−1.11	−133.79
福建省	1.58	1.93	0.05	1.43	1.92	−145.28
湖北省	−1.69	1.59	−0.74	−0.36	0.96	−105.74
辽宁省	1.93	−1.74	−3.19	1.09	−1.32	7.44
宁夏	−3.48	−2.09	3.59	−1.96	0.02	−105.96
山东省	1.68	−0.38	3.57	−0.09	−1.82	−139.57
山西省	−4.13	−0.09	−1.11	0.11	−0.96	−19.89
黑龙江省	−2.29	1.08	−2.69	−3.38	−0.57	73.75
重庆市	−1.95	−3.37	−0.51	−2.48	0.85	115.13

省份	Y_1	Y_2	Y_3	Y_4	Y_5	B
江苏省	7.18	3.21	1.07	−0.43	−2.67	241.75
浙江省	7.38	5.17	0.40	−0.52	−0.62	290.31
广东省	5.73	−1.74	0.48	−0.78	2.08	155.99

（二）调查省份确定

根据 A、B 结果求得十五个省份服务业与城镇化协调度测评模型 C 的值以及十五省份两指标排名，如表4-29所示。从表4-29数据中能够发现，十五省份服务业与城镇化虽处于相近水平，但两者协调度差异很大。

表4-29 15个省份服务业与城镇化协调度类型

省份	A	排名	B	排名	C	协调程度
吉林省	−174.41	14	−97.85	9	−1.361	
江西省	−198.42	15	−108.85	15	−1.358	
湖北省	−56.99	12	−27.63	8	−1.336	极不协调
黑龙江省	−47.67	11	−133.79	13	−1.278	
山西省	−2.41	9	−145.28	15	−1.016	
宁夏	1.56	8	−105.74	10	−0.985	
内蒙古	−61.15	13	7.44	6	−0.872	
陕西省	18.28	6	−105.96	11	−0.815	不协调
重庆市	137.3	2	−139.57	14	−0.012	
辽宁省	68.3	5	−19.89	7	0.681	
山东省	−19.63	10	73.75	5	0.709	弱协调
福建省	9.85	7	115.13	4	1.082	
江苏省	77.47	4	241.75	2	1.257	
浙江省	140.88	1	290.31	1	1.336	协调
广东省	107.17	3	155.99	3	1.39	

　　根据表 4-29，四个现代服务业与城镇化发展协调的省份值得我区学习。并选择将辽宁、山东两省作为参考进行调查，因为这两个省份虽然现代服务业与城镇化发展为弱协调，但都为北方省份，协调度与内蒙古相接近，有共同之处，经验可为我区所用。

　　本章从现代服务业竞争力、现代服务业创新能力以及现代服务业与城镇化协调发展三方面入手，选择了科学合理的定量方法进行分析，并选取了十五个省份（表 4-1）作为调研省份。同时，对第二章中所划分的基础性、生产性、消费性和社会性四大类服务业分别进行了调查研究。接下来本书将归纳总结各省份可供学习的经验与做法，选择与内蒙古区情、现代服务业发展的市场需求和要素相近的省份进行实地调研与走访，并进行总结与提炼，从而形成第五章、第六章的内容。第五章是针对基础性与生产性现代服务业两类对被调查省份中典型案例进行了现代服务业重点行业发展经验与启示的总结归纳，而第六章是针对消费性与社会性现代服务业两类对被调查省份中典型案例进行了现代服务业重点行业发展经验与启示的总结归纳。

第五章　调研省份基础性与生产性现代服务业发展经验与启示

第一节　信息服务业

为了研究方便，本书将《国民经济行业分类》国家标准（GB/T 4754–2002）所规定的 14 个服务业行业中的"信息传输、计算机服务和软件业"简化命名为"信息服务业"，其内容包括电信、广播电视传输服务，互联网接入及相关服务，互联网信息服务，其他互联网服务，软件开发，信息系统集成服务，信息技术咨询服务，数据处理和存储服务，集成电路设计，数字内容服务等其他信息技术服务业。信息服务业是信息经济的核心基础产业，是引领科技创新、驱动经济社会转型发展的核心力量，是建设制造强国和网络强国的核心支撑，是抢占工业革命制高点的必然选择。

一、调查省份发展经验

首先选择浙江省作为调研省份。因为浙江省软件和信息服务业发展居于国家领先水平，一定拥有我区可学习借鉴的经验，但与内蒙古比较，地区经济发展与特征差异非常大，经验无法照搬照抄，只能借鉴其发展中政府行为与思路的成功之处。其次选择贵州省作为调研省份。因为在国家级大数据综合试验区建设中，贵州省是第一个获批建设的大数据试验区，而内蒙古是第二批获批建设的大数据试验区，向贵州省学习是最接近内蒙古实际情况的选择。最后选择河北省、甘肃省作为调研省份。虽然这两个省份信息服务业发展特色不鲜明，但河北省与内蒙古接壤，具有可学习借鉴的地缘优势；甘肃省无论经济发展还是地区特点都与内蒙古具有很多共同之处，且具有接壤的地缘优势，所以选择了这两省份进行调查。基于以上原因，选择以下 4 个省份作为信息服务业最终调研省份。

（一）浙江省

浙江省采取了一系列具体举措发展基础信息服务业，为信息服务业新兴业态发展奠定了良好的基础。近年来，浙江省信息服务业持续快速发展，2017年浙江信息服务业行业综合发展指数位居全国第三，创新指数位居全国第二。浙江省信息服务业的高效率发展为现代服务业新业态发展、行业创新能力提升、企业国际化发展与服务业产业集聚等方面提供了强有力的支撑作用。

1. 落实国家及地方各项产业税收优惠政策

浙江省对于国家颁布的针对信息化企业的税收优惠政策全部执行，并在此基础上，2018—2020年每年为信息服务业拨付财政专项资金1亿元用于鼓励信息服务业企业研发与技术创新、培育企业发展、品牌建设、知识产权保护和促进应用、行业能力提升、平台建设等方面，并由地方统筹用于支持软件和信息服务产业发展。各基地所在地应设立相应的发展资金扶持产业发展。对营业收入首次超过一千亿元、五百亿元、一百亿元、五十亿元、十亿元、一亿元的软件和信息服务企业，鼓励各地方政府根据本地实际给予相应的支持。鼓励国内外企业来浙投资，对实际到位投资超过十亿元、五亿元、一亿元、五千万元、一千万元的新落户浙江省的软件和信息服务企业，由各地政府给予相应的奖励。

2. 加大对业内企业科研投入及关键技术攻关的奖励与资助

首先，对符合国家有关规定的国家规划布局内重点软件企业和行业应用领军企业，优先由其承担省重大科技项目及工业和信息化产业重大项目，优先支持其建立省级重点企业研究院，适当降低研究院建设项目中硬件设备投入的比例，使其可享受省级重点企业研究院相关专项政策。每年都评选十大优秀软件和信息服务企业、十大优秀软件和信息服务产品，由省级地方财政予以奖励。

其次，通过发放省级科技专项资金加大对新兴领域关键软件技术产品、集成应用平台、军民共用技术产品等研发应用的支持力度。对信息服务企业自主研发国际领先技术并取得重大进展与突破的或主导国际及国内相关技术标准制定的给予重点资助。鼓励软件和信息服务业企业设立省级企业研究院。

最后，如果是企业当年的研发费用超过了一千万元，且超过了全年销售收入的10%，地方政府就重点对该企业加以培育，并加大奖励和补助的力度。支持建设覆盖全省的软件开发云平台，对利用软件开发云提升研发能力的企业，各地财政给予适当补助。鼓励企业申请发明专利或商标、软件著作权，申报软件能力成熟度（CMM）、信息技术服务标准（ITSS）等认证，各地方政府根据实际情况对申请费及维护费给予一定补贴。

3. 鼓励政府采购、服务外包与数据开放政策

优先支持本省企业参与浙江省信息化建设，推广其具有自主知识产权的软件产品和信息服务项目。一方面，政府采购软件和信息服务项目应立足服务的及时性、有效性，同等条件下优先采购浙江省省内企业的产品与信息服务；另一方面，鼓励企业购买信息服务，企业可以将购买成本算作技术改造成本，享受浙江省出台的相关技术改造优惠与奖励政策。

积极鼓励各级政府带头实施数据开放政策和服务外包业务。首先，鼓励各级政府在保障信息安全的基础上向社会开放数据资源，为创业创新企业与个人提供数据支撑，加速催生和释放公共数据资源的红利。其次，鼓励各级政府和大型国有企业购买第三方云服务，也就是把日常业务数据处理与信息管理服务外包给专业的信息服务咨询企业完成，促进信息服务业发展。

4. 实施有利于行业发展的相关政策

实施有利于产业发展的人才政策。推动企业与高校、科研机构联合定向培养产研融合型人才。推进信息技术专业职称评审制度改革。推广校企合作实操型人才培养模式，推动互联网人才培养模式创新，鼓励多方共建软件和信息服务技术、运营、设计人才"加速器"。依托国家或省的"千人计划""万人计划"等人才项目，加快高端人才培育引进。推动企业、科研院所及各应用领域有关机构开展人才交换计划，实施跨领域人才合作。扶持市场化人才培养机构，对长期在当地工作并对当地产业发展贡献突出的人才给予奖励。举办软件和信息服务业大赛，发现和培养优秀软件人才。

实施有利于产业发展的金融政策。鼓励金融机构、社会资本和各类投资基金建立支持软件和信息服务的风险投资机制。健全软件和信息服务企业融资担保体系，拓展资本市场融资渠道，支持创新型、成长型的软件开发企业与信息服务咨询企业在中小企业板、创业板上市，在"新三板"、浙江股权交易中心挂牌。积极开展知识产权融资试点工作。

实行有利于产业发展的土地政策。浙江省将信息服务业纳入战略性新兴产业，企业用地享受特殊的土地政策。它包括：第一，信息服务类型企业可以利用企业库房、闲置厂房和物流设施等条件扩建、发展企业，并享受水电、房屋等费用补贴；第二，只要不改变土地规划与用地主体，原有的工业企业可以使用企业的存量房产、未开发的土地资源发展信息服务业；第三，对符合条件的拟招商引资的信息服务领域优势企业和重大项目，优先将其录入浙江省的重

大项目库，并及时供地，在完成供地后，按规定及时给予新增建设用地计划指标奖励。

（二）贵州省

作为国家首个大数据试验区，贵州大数据综合试验区 2015 年 9 月 18 日正式启动建设。在全国信息化发展评估中，2015 年全国信息化发展指数增长为 7.69%，而贵州省为 9.99%，远超于全国平均水平，在全国 31 个省份中位居第四；信息技术的应用效益指数增幅高达 11.18%，同样超过了全国 6.1% 的平均增幅，全国排名第二位。以上数据表明，同样是不发达省份，贵州省的大数据产业发展已经走在全国前列，并且进一步带动了其他行业发展。

1. 打造全国第一个省级政府数据"聚通用"

所谓"聚通用"，就是指建设基于信息技术与网络基础的数据"汇聚、融通、应用"的系统平台。贵州省政府所建设的"云上贵州"是我国第一个省级政府的数据系统平台。通过平台建设，实现了大数据的"聚通用"。

贵州发展大数据坚持以应用带产业，从抓政府数据资源共享开放入手，打造了全国第一个省级政府数据系统平台，致力于数据信息的融汇和应用，力求消除数据孤岛，打破政府部门信息壁垒。

夯实"聚"。数据的汇聚既包括省级政府部门和所辖的市、县政府部门的各自分散的信息系统及存储数据向"云上贵州"汇聚；也包括通过提供大数据服务将国家各部委、科研机构与院所的数据向"云上贵州"汇聚，目前已经汇聚的数据包括国家旅游局、公安部、教育部、中科院等部门的数据。

确保"通"。在数据汇聚过程中，如何打通数据通道，进行融合与分类存储也非常重要。贵州省通过梳理大数据的资源目录、整理数据集上传"云上贵州"平台（已整理数据目录 353 项、数据集 170 项）、发布共享数据集（已共享 118 项）等做法实现数据融通。目前，贵州省已经率先开放省级政府可机读活数据集，打破了省政府与省内各直属部门之间的信息孤岛，实现了政府部门间数据无缝交换，并且已将 13 个省直属部门公共性数据资源面向公众开放。

抓好"用"。在数据汇聚、融通的基础上，数据的核心服务是数据应用。从"云上贵州"系统平台建设来看，所建设的"20 朵云"、335 个大数据服务商的应用系统已迁入"云上贵州"并提供服务，已有 47 个政府委办局的公共信息应用系统在云上运行。从访问量来看，"云上贵州"日均访问量超过 10 亿次，尤其是政务民生系统，其目前占据着主要的访问量。具体访问内容涉及医疗、扶贫、社保、工商注册、国土空间、公安执法等公共服务领域。随着大数据试验区的进一步建设，目前贵州省大数据应用不仅服务于"政用"领域，也在逐渐覆盖"民用""商用"领域。

2. 大数据与传统行业加快融合

贵州省深入开展"大数据助力企业转型升级专项行动",从工业企业与大数据的融合、服务业企业与大数据的融合两方面开展工作,实现大数据与传统行业的融合。一方面,搭建工业云平台,作为贵州省推动工业企业数字化、网络化、智能化改造提升的主平台,建立助推工业企业转型升级的长效机制。通过工业云平台,以信息化作为改造提升所有工业企业的总方向,贵州省组织企业专家分批赴全省重点企业,为用友、西门子、信邦制药、三一重工等省内知名制造业企业展开信息技术诊断服务,并为其提出定制化的信息技术升级方案;另一方面,为了能够让企业数据存储与应用汇聚于"云上贵州",贵州省特意设立了5亿元的产业基金和2亿元的引导基金,引导腾讯、中科汉天下、阿里巴巴等数据服务企业落户大数据试验区;并通过搭建大数据金融服务平台,组建云上贵州基金管理公司、贵州大数据金融投资公司,为金融企业创造信息服务平台。

3. 以大数据推动供给侧结构性改革

目前,依托"云上贵州"平台的全省智慧物流系统与电力交易指数系统初步建成。智慧物流系统整合了企业物流信息网络和空运、航运、陆地运输的各种运力资源信息,能够合理安排物流信息、降低企业成本。贵州的电力交易指数系统是全国首创,这一系统将电力计量、调度、营销、交易指数进行了数据对接并使其自动化运行,电力企业可以依据系统数据实时调整电价与电力供应。另外,利用信息与网络技术能够推动贵州省土特产的网络销售渠道发展,实现"黔货出山";并通过大数据解决了居民消费的"最后一公里"问题,构建社区O2O网络商业圈。

（三）河北省

近年来,河北省大力实施创新驱动发展战略,出台了一系列政策,有力推动了全省高技术服务业的快速发展,信息服务业规模不断壮大,信息资源开发利用逐步深入。根据河北省统计局公布的第四次全国经济普查结果显示,河北高技术服务业快速发展,行业集中态势明显,2018年,信息服务营业收入占高技术服务业半壁江山。

1. 加强信息服务基础设施建设

一方面,全省统筹推进大数据与互联网新业态服务的基础设施和信息网络建设,具体建设内容包括宽带网络、无线局域网和第四代移动通信网建设,推进网络提速降费;另一方面,有线广播电视网络的受众面广泛,河北省通过对全省广电网的升级改造，在提高电视清晰度的同时，加载了智能家居、物联网、可视电话等业务功能，为全省的智慧城市和智慧乡村建设打好广电网基础，并且为下一步有线电视与卫星相结合的广电网做了基础设施的准备。

同时，河北省进一步加强了与北京、天津的网络基础建设协同对接，逐渐融入建设京津冀大数据综合试验区。通过信息基础设施建设的对接，有助于实现京津冀交通一体化、环境综合治理、健康医疗、教育大数据一体化、旅游综合服务，推动跨区域数据开放共享，促进技术创新、服务模式创新，建立京津冀大数据协同发展的格局。

2. 提升软件与信息技术服务支撑能力

一方面，充分发挥河北省在行业应用软件、嵌入式软件领域的比较优势，推进工业控制和嵌入式软件、应用软件、卫星导航、高端信息咨询、软件服务外包等领域实现突破，形成较为完备的信息技术服务体系；另一方面，通过加快二维码标识技术、电子标签、传感器、安全认证等物联网相关的基础产品的研发，促进集数据采集、传输、利用于一体的智能集成的物联网产业链的发展与完善。通过物联网产业链的建设，积极推进物联网技术在农业、工业，以及智慧城市建设各个领域的应用。

3. 培育和扶持信息内容服务业

河北省统筹考虑气候、能源、人才等因素，合理布局与定位云计算云服务基地，整体实施"云计算服务能力促进工程、云计算创新能力提升工程、云计算服务应用示范工程、电子政务集约化建设工程、数据资源开发共享工程、云计算产业链发展培育工程、云计算基础设施建设工程、云计算安全保障建设工程"八大工程，统筹推进"云上河北"系统。其中，重点打造张北、承德、廊坊、秦皇岛云计算、大数据基地，构建产业上下游数据链，形成信息技术服务新优势。

同时，全省建立统一的政务信息共享体系，统一汇总公共数据并逐渐向政府各部门与公众开放，推进大数据在政府治理与民生服务中的应用。抓住广电网、电话网络、互联网三网融合的实际，发展广播电视、数字消费、演艺娱乐、数字出版等领域的现代服务新业态、以迎合人民群众的消费新理念，满足人民群众的新需求。

（四）甘肃省

1. 重点城市试点，推进"智慧甘肃"建设

甘肃省把敦煌、嘉峪关、兰州、张掖、酒泉等8个"中国优秀旅游城市"列入了建设"智慧城市"的日程表，推进这八座城市的信息基础设施完善，在

旅游、文化、电商、物流、交通等行业开展产业智慧化的建设，逐渐融入物联网、共享经济的新模式。同时，在全省范围内实施三维数字化建设，保证甘肃省80%的社区拥有辖区居民经济状况核查和电子病历档案系统，社保"一卡通"覆盖全省城乡各个医院、诊所、药店，有关民生服务领域的信息服务体系进一步完善。

2. "智慧农业"推动农业信息化发展

在实施"智慧城市"试点工作的同时，开展"智慧农业"工程示范区建设。一方面，针对偏远落后的少数民族地区、革命老区，以及贫困地区实施互联网全覆盖工程，让网络信息技术带动偏远老区走出贫困与闭塞；另一方面，在条件成熟的地区实施"智慧农业"试点，以现代农业的发展眼光发展农村经济，建立起农产品产、供、销的信息服务平台，既保证农产品质量的可逆、可追溯，又可借助互联网实现农产品销售量的增加，最终实现建成甘肃现代农业大数据平台。

3. 信息化和工业化深度融合取得显著成效

近年来，甘肃省一直积极落实《中国制造2025甘肃行动纲要》，目前已经实现规模以上企业数字化研发设计工具普及率达到65%，关键工序数控化率达到60%。推广普及"信息化和工业化"融合管理体系，支持企业建设智能化的车间与工厂，要求企业达到最低"两化"融合管理体系标准。打造为制造业提供信息服务的"工业云"平台，为实现"互联网＋制造"打造示范园区基地，通过龙头企业示范效应实现"两化"深度融合。目前，已经有800多家企业通过了"两化"融合管理体系的达标。

4. 信息安全建设进一步加强

甘肃省在积极推进信息服务业改革与发展的过程中维护网络空间安全的能力进一步增强。第一，制定与出台与网络安全、信息安全等相关的法律法规，并且进一步完善与落实网络与信息突发事件的危机处理预案；第二，深入推进网络信任体系建设，对全省的涉密单位、部门，涉密的网络与信息管理系统的安全测评及完成，正在完成安全防护与空间分析平台，以保证网络公共安全。

二、信息服务业发展启示

（一）提升信息基础设施水平

信息服务业属于现代服务业的基础性服务业。信息技术的迅猛发展催生了现代服务业的出现，信息服务业的发展推动着现代服务业新业态、新模式的层出不穷。信息服务业发展水平直接影响着一个地区现代服务业的发展水平。

而信息服务业的高速发展离不开健全、完善的基础设施。内蒙古大力发展信息服务业的第一步一定是完善信息服务业的基础设施建设。

学习河北、甘肃、贵州省信息化基础建设的成功经验，继续加大投资，保证信息基础建设的资金投入，推进"宽带内蒙古"战略，加快建设高水平的"汇集、智能、安全、融合、普惠"的信息通信基础设施，推进 5G 网络和无线城市网络建设进程。拓展信息传输手段，促进宽带互联网、电话网络、广电网企业加强合作，加快推进"三网融合"。从信息基础建设的资金上，政府应加大对农村、牧区，尤其是偏远贫困地区的基础设施建设的投入与支持，实现全区农、牧区网络全部覆盖，创新农、牧区信息化与网络化的服务模式，同时注意保证网络信息安全，提高应急通信保障能力。

（二）实现大数据产业发展步入快车道

在贵州获批国家大数据综合试验区之后，2016 年我区进入国家大数据综合试验区第二批建设的省份，试验区的建设必将为我区信息服务业发展提供良好的基础与创新发展理念。2018 年 12 月，自治区党委办公厅、自治区人民政府办公厅联合印发了《内蒙古国家大数据综合试验区改革实施方案》，明确了五个方面：一是统筹推进新一代信息基础设施建设，要整合分散政务数据中心，构建数据中心新体系，开展绿色数据中心试点，加快建设新一代信息通信基础设施。二是建立数据资源共享开放机制，要建立政务数据资源目录体系，建立政务数据资源统筹管理机制，推广政务数据资源管理经验，建立健全公共数据开放制度，建立统一的政务数据共享和公共数据开放平台体系，建立政务数据与社会数据融合机制。三是深化大数据在各领域的创新应用。建设完善基础信息资源库，大力推进党建、社会治理、公共服务、产业发展、创新创业等领域大数据创新应用。四是健全大数据产业发展机制。建立大数据技术产品创新体系，建立健全大数据产业公共服务支撑体系，完善大数据产业生态。五是建立完善大数据制度体系。创新大数据管理体制和交流合作机制，完善大数据法规体系，建立健全大数据相关标准，建立大数据流通交易制度和安全保障制度，健全人才保障机制。①

因此，我区应该学习借鉴贵州省的成功经验，在大数据产业发展规划的指导下，应继续推动建设高水平国家级数据中心等云计算基础设施，利用云计算

---

① 内蒙古自治区党委政府印发·内蒙古国家大数据综合试验区改革实施方案 [EB/OL].(2018-12-27)[2019-01-15].http：//nmg.sina.com.cn/news/2018-12-27/detail-ihqfskcn1672410.shtml.2018-12-27.

技术和运作模式，带动电商、物流、金融、在线支付等现代服务业的发展，在产业链下游促进内蒙古新型现代服务业发展。同时，带动内蒙古能源、农牧业、高端装备制造业的发展，构建形成具有内蒙古特色的承上启下的云计算产业链。

（三）推动物联网产业发展

加强政府引导，在大数据产业发展基础上进行信息传感设备与网络的连接，实现大数据产业的延伸和扩展，带动物联网产业在内蒙古的集聚与发展。开展物联网技术创新，研究制定行业应用标准和关键环节技术标准，通过对传输通信、传感感知和跟踪、计量等行业企业的引导与支持，在服务业各行业中开展物联网应用，实现商业流程数字化、信息处理智能化。同时，加快物联网与互联网、云计算的融合发展，为物联网应用提供基本技术支持。

（四）扶植信息服务企业发展

我区的信息服务企业大多是中小企业，培育中小企业发展是提升信息服务业综合实力的关键。应建立信息服务业协会，积极引导中小企业通过各种方式协作共赢，实现规模经济，鼓励自主品牌建设，提高我区信息服务业竞争力。同时，政府应加强相关政策与法治建设，完善制度环境，促进中小信息服务企业的良性竞争。

（五）培养发展稳定的信息服务业专业化人才

通信与信息服务对经济发展的作用，很大一部分是通过专业技术人员来维持的。信息服务业是专业性很强的行业，对人才的要求很高，它的发展离不开创新型人才的引领和推动。因此，培养发展稳定的专业化人才是通信与信息服务业发展乃至整个经济链发展的重要保障。内蒙古地处偏远的欠发达地区，高新技术人才匮乏；因而为了满足未来信息服务业的发展需要，应该从政府角度制定相应的人才战略，从制定有吸引力的引进人才政策、优化人才成长与发展环境、建立完善的人才交流市场机制等方面开展工作，以便吸引人才、留住人才。同时，也可与内蒙古自治区内外的高校合作，实现有针对性的人才培养和引进。

第二节　金融业

金融业是指经营金融商品的特殊行业，它包括银行业、保险业、信托业、证券业和租赁业。金融业具有指标性、垄断性、高风险性、效益依赖性和高负债经营性的特点。目前，我国金融业已经形成了以中国人民银行为核心，国有四大银行为主体，股份制、地区银行、外资银行，以及信托投资、保险、证券等形式的其他金融机构共同发展形成的一个强大的现代金融体系。随着金融业与实体产业产融结合的进一步发展，越来越多资本雄厚的民营企业与外资进入我国金融行业。同时，随着大数据与互联网的迅速发展，互联网企业也深度参与到金融业的发展中，形成金融业发展新模式。

一、调查省份发展经验

作为金融发展相对落后的内蒙古，在调查省份的最终选取时，尽量寻找适合于我区金融业发展借鉴的省份。这包括我国中部地区金融业发展迅速的湖北省，也包括我国西部地区金融业领先的重庆市，还选择了与我区接壤，具有地缘集聚效应的陕西省作为调查省份。

（一）湖北省

2018 年 4 月 2 日发布的《湖北金融发展报告（2017）》显示[①]，湖北省社会融资规模 2017 年全年新增 7281 亿元，同比多增 1367 亿元。全省金融业实现增加值 2640.86 亿元，同比增长 9.0%；在全省 GDP 中占比 7.23%，与 2016 年相比较提升了 0.71%。湖北省金融业近年来围绕"金融活"和"金融稳"做工作，连续七年全省信贷延续快速增长态势，金融业对全省经济发展中结构调整与产业升级都起到了重要的推动作用，资金脱虚向实趋势明显。

作为中部金融业发展的成功典范，湖北省金融业发展的具体举措包括以下几点。

1. 加大各类金融机构的引进、设立力度，不断增强金融供给能力

截至 2017 年，全国性质的 12 家股份制商业银行都已经落户湖北省。除此之外，还有外资的富邦华一银行武汉分行、航天科工金融租赁公司、三环集团财务公司等多家银行业机构在鄂扎根。湖北省银行机构体系进一步完善，外资银行、股份制银行的数量都排在全国中部地区的首位。同时，保险业、证券业规模进一步扩大。湖北省还拥有各类交易场所 26 家，拥有融资担保、融资租赁、小额贷款，以及典当公司等机构 1000 余家。各类金融机构汇集，使湖北金融组织体系呈现出更加多元和丰富的特点。

① 湖北日报.2017 湖北金融发展报告出炉 7281 亿元"活水"浇灌湖北经济[EB/OL].(2018-04-09)[2019-02-10].http://www.hubei.gov.cn/zwgk/hbyw/hbywqb/201804/t20180409_1271394_1.shtml.

2. 优化社会融资结构，推动实体经济直接融资

2017 年，全年湖北省上市公司通过首发募集资金 13.8 亿元，实现再融资 64.5 亿元；"新三板"挂牌企业实现定向增发融资 36.33 亿元，居我国中部地区之首。2017 年，省内企业实现债权融资 2565.23 亿元；保险资金对重点基础设施建设和棚户区改造等领域的直接投资超过 200 亿元。

3. 以武汉市为龙头发展城市圈金融一体化，加快金融服务创新

目前，作为湖北省省会城市，武汉在城市圈金融一体化建设中做了如下的金融服务创新：首先，金融服务各项业务的一体化发展。加快金融信息、信贷、清算、产股权市场的融合与一体化建设，在武汉构建全国性金融外包与后台服务中心，形成具有国际结算能力和较强融资能力，辐射周边城市和全省的城市金融体系。其次，金融业与其他现代服务业的融合一体化发展。这包括金融与科技、民生、物流航运等服务业的融合，也包括基于网络的第三方支付、融资租赁、移动金融等金融新业态的发展。最后，金融业与制造业的融合一体化发展，包括鼓励金融机构加强与工业园区的合作，增加融资途径；针对制造业开展生产厂房、生产设备、生产线及运输工具等的融资租赁服务。引导企业利用融资租赁方式，进行设备更新和技术改造。

4. 服务"三农"、精准扶贫，开凿资本"绿色通道"

2017 年，全省创新实施扶贫小额信贷，如果农产品生产与经营主体能够吸纳与带动贫困户实现增收，则为其发放扶贫小额信贷贴息。通过金融杠杆，全年累计发放扶贫贴息信贷 86 亿元，带动贫困户 12.8 万户实现增收。同时，鼓励企业发放短期扶贫融资券，如湖北省交投集团发行金额 25 亿元的专项扶贫超短期融资券。2017 年，全省贫困地区企业通过发行用于扶贫的专项公司债券等，共融资 19 亿元。贫困地区企业通过规范辅导"即报即审、审过即发"的 IPO 和"新三板"挂牌，开始踏上资本绿色通道，加快上市挂牌进程。到 2017 年末，全省贫困县域"新三板"挂牌企业达到 20 家，累计融资 7.76 亿元。

（二）陕西省

从 2013 年"一带一路"建设以来，陕西省金融业立足国家"一带一路"发展战略，积极探索投融资模式创新，跨境金融业务方式创新，促进区域金融新业态形成，形成了陕西省具有丝路经济带特色的金融业发展路径。2016 年，陕西与"一带一路"沿线国家贸易额为 34.7 亿美元，占 2016 年全省对外贸易总额的 11.6%。2007 年到 2011 年全省累计进出口总额为 5949.62 亿元，而 2012 年到 2016 年进出口总额比前五年增长了 1.3 倍，年均增长 15.9%，达到

7734.51 亿元，增长速度居全国第二。[①]

1. 出台政策，引导金融机构支持产能合作

加强产能合作是我国"一带一路"战略实施的重要内容。2015 年，人民银行西安分行结合陕西实际，制定出台了《关于金融支持陕西省丝绸之路经济带新起点建设的指导意见》，引导金融机构加大对重点项目、能源金融贸易中心、先进制造业、高新技术、外向型企业"走出去"、文化旅游产业基地六大项目和领域的支持力度。在这之后，各大银行纷纷积极响应。工商银行与陕西省政府签订了《全面推进陕西"一带一路"建设框架性合作协议》，为陕西省的"一带一路"产能合作重点项目建设提供 1500 亿元的资金支持；光大银行设立了"光大信托·陆港集团"产业发展基金，预计投入 30 亿元信托资金用于"一带一路"西安港综合物流园区的重点项目建设等。

2. 注重创新投融资方式，服务于"一带一路"建设

为了在"一带一路"框架下建设陕西丝绸之路经济带，需要充足的建设资金作为后盾。陕西省的金融机构通过融资机制、金融产品、筹融资模式创新，提供全方位、多元化的金融服务方式。国家开发银行与陕西省商务厅签署《海外投资战略合作协议》，提出完善"政府、银行、保险、企业"共同拓展海外市场的"四位一体"的融资工作机制。同时，陕西省多家银行开展发行境外企业债券的业务，为企业募集资金；如西安城建投资集团通过星展银行、中信银行发行境外企业债券，实现了共计 6.2 亿美元的基金募集。同时，陕西省金融业积极探索"一带一路"沿线省份的金融服务联合创新。例如，2017 年陕西省的陕西秦农农村商业银行股份有限公司与农村信用合作社两家银行牵头省内 35 家农商银行，与"一带一路"沿线的 10 个省的 18 家农商银行共同成立了丝绸之路农商银行发展联盟，并首次成功募集丝路经济带建设基金 10 亿元。

3. 结合陕西自贸区战略，推动区域金融改革创新

2017 年，陕西省国家自由贸易试验区的成立成为加快新丝路经济带建设、扩大对外开放与国际合作的又一重要抓手。人民银行西安分行组织专家并成立工作组，结合陕西自贸区的战略定位和特色优势，进行了自贸区金融创新的相关政策研究，重点实施了金融制度、金融产品、外汇管理、金融组织体系等方面的服务模式创新，进一步提升了金融服务于新丝路经济带与自贸区建设的能力。与此同时，借助国际文化交流平台，积极推进金融与文化产业的融合发

[①] 白鹤祥.金融支持陕西丝绸之路经济带建设的思考 [J/OL](2017-08-07)[2019-02-15]. https://www.financialnews.com.cn/ll/gdsj/201708/t20170807_122290.html.

展，将金融创新与丝绸之路文化紧密结合，努力构建与陕西新丝路经济带建设相适应的文化金融服务体系。

4. 促进对外贸易投资便利化，推进人民币跨境业务

随着新丝路经济带建设的深入，跨国贸易往来不断增多，为了对外贸易企业能够充分利用境内外资源，为企业实现大额资金购付汇、规避汇率风险、提升外汇资金运作效益等需求，国家外汇管理局陕西省分局积极落实国家外汇管理局有关推进贸易投资便利化的政策措施。截至 2016 年，陕西共有 5 家跨国公司纳入外汇资金集中运营，先后为多家中资企业办理外债登记，共引进 3 亿多美元。2011 年，陕西省启动了跨境人民币业务，截至 2017 年 6 月末，陕西省累计实现跨境人民币结算金额达 1911.99 亿元，参与业务的企业包括国内 2475 家、国外 1439 家，业务涉及 107 个国家，其中"一带一路"沿线国家 37 个。中国人民银行建设了"通丝路"跨境电子商务人民币结算平台，平台可切换使用五种语言（中、俄、韩、日、英），实现在线完成人民币跨境结算、报关报检、信用担保、贸易融资等十项服务功能"一站式服务"。通过国际金融平台的搭建，实现了陕西省农副产品、特色产品走向国际市场。

（三）重庆市

作为中国内陆开放高地的重庆，金融业发展日新月异、金融主体从小到大、金融创新从无到有。长江上游地区金融中心是国家赋予重庆的功能定位。重庆地处"一带一路"经济带和长江经济带交汇处，作为中国西部传统金融业的领先地区，借助"丝路经济带"和长江经济带建设、中新合作、自贸试验区等战略机遇，加快打造内陆开放高地，金融服务不断创新，金融业发展速度和质量都在大幅提升。2017 年，重庆市完成 1813.73 亿元的金融服务业增加值，比 2016 年增长了八个百分点，金融服务业生产总值占全市的 9.3%。其中，现代金融服务业企业实现增加值 391.11 亿元，增长 19.1%。金融机构资产规模达到 5.27 万亿元，增长 10.2%。①

1. 推进功能性金融中心建设

重庆是由政府主导，将"国内重要功能性金融中心"作为金融服务业的建设目标。功能性金融中心是在地区良好的经济发展与运行的基础上，建设服务于地方经济发展的金融服务功能集聚区。其中，"功能"的含义必须体现金融服务于实体经济这一理念，同时还必须强调是与当地经济发展一致的特色功

---

① 重庆日报 .2017 年重庆市国民经济和社会发展统计公报 [EB/OL].(2018-03-17)[2019-02-20].https: //www.cqrb.cn/html/cqrb/2018-03-17/008/content_196855.htm.

能性金融服务。通过金融中心的建设，在政府推动与政策支持下，引导金融服务企业在金融中心集聚，并在金融中心的辐射与带动下，增强金融业的创新能力与核心竞争力，实现资本运作与融通的优化配置；进而为重庆市乃至西部地区带来投资的繁荣、交易的聚集、大量就业机会，为重庆市经济发展带来长远的巨大利益。《2017年重庆市政府工作报告》显示，截至2016年，重庆市加快建设国内重要功能性金融中心，金融服务业增加值占比达到9.5%，实现电子商务交易额8500亿元。①

2. 发展跨境金融业务

重庆市在推进功能性金融中心建设的过程中，把跨境投融资作为一个突破口，积极推进跨境金融中心建设，通过跨境金融中心的建设，推动跨境人民币结算、离岸金融结算、第三方支付结算等业务的开展，通过政策引导有条件的企业开展跨境金融的各项业务。2016年，离岸金融结算达到900亿美元，跨境人民币结算超过1000亿元。2016年，包括国有四大银行和招商、渣打等重庆市七家银行联手，与西部航空、西部物流园、瀚华金控等企业签署了跨境金融服务战略合作协议；为企业进军国际市场，实现跨境电商与交易提供强大的金融支持。

3. 推进全国保险资产交易平台运营

2017年8月，中保保险资产登记交易系统有限公司正式在重庆注册，成为全市首家全国性金融要素平台，交易平台将发挥保险资产登记、发行、交易、结算等功能。它的成立，可以为重庆市、我国西部地区，甚至是"一带一路"发展提供更全面的保险服务与保险资金的保障，以此带动全国保险资产盘活、保险市场活跃。它成立的战略意义在于它是全国第二家保险资产登记交易平台，和上海的第一家交易平台分别布局于长江首尾两个重要城市，从地理区域分布上可以实现为全国保险业发展提供综合性服务，带动全国保险业的发展。

二、金融业发展启示

（一）政策引导，强化金融业对特色经济的支撑

被调查省份中许多省份都通过积极出台各类政策，支持地区特色经济发展。例如，湖北省金融业服务"三农"、精准扶贫，陕西省促进对外贸易投资

---

① 郭辉，木兰.回眸2016：重庆实现"决胜全面小康"良好开局 [EB/OL].(2017-01-16)
[2019-02-20]. http://www.china.com.cn/news/2017-01/16/content_40111729.htm.

便利化，重庆市大力发展跨境金融业务等，都充分体现了政府对金融业发展的政策性引导。

总结各省份经验，金融业在政策性引导方面可以采取的措施包括三方面：一是健全政策引导体系。它包括优化货币信贷政策支持，强化金融监管，鼓励金融机构实行业务支持政策，完善地方引导支持政策等。通过发挥地方政府政策引导功能，与金融机构合力打造有利于现代服务业迅速成长的金融生态环境。二是创新金融服务模式与经营业态。它包括创新银行、保险、证券等行业的服务模式；创新境内与跨境服务贸易的结算流程；拓展服务业企业，尤其是中、小、微企业的直接融资渠道等。通过提高金融服务供给的多元化和均衡化水平，满足服务业各领域差异化的金融需求。三是支持服务业重点突破。它包括推动消费性服务业升级、生产性服务业提速，支持政府公共服务增加投入，发展和完善金融市场体系，推进金融改革创新等。通过强化对重点和特色领域的金融支持，提高金融服务的针对性和实效性。

（二）借助区位优势，加快金融业集聚

首先，学习重庆经验，推进功能性金融中心建设。政策支持金融集聚核心功能区发展，建设并推动金融中心和金融后台服务园区建设；推进金融服务外包产业园区建设。

其次，学习湖北经验，围绕中心城市，建设城市圈金融一体化。一方面，通过加快信贷、票据、资金清算、金融信息、产股权市场一体化进程，构建具有较强融资和结算能力的区域性金融体系；另一方面，打造文化旅游、科技、国际贸易等服务业与金融业融合发展的服务体系。

最后，借助陕西省力量，实现与周边省份集聚发展金融业。陕西省具有深厚的文化底蕴，良好的经济基础与实力来打造丝绸之路经济带金融中心。我区紧邻陕西省，同属于"一带一路"重要省份。可以借助陕西省金融业发展的力量，结合我区"丝路经济带"的地理优势，及多年形成的中、蒙、俄国际贸易网络，积极探讨跨境金融服务，进行跨境人民币结算试点，打造对中、蒙、俄及"丝路东北亚"，欧洲国家的国际旅游、国际物流、国际贸易与金融业的融合发展。

（三）健全金融体系，实现金融创新

首先，支持本土银行加快网点布局，筹建消费金融公司。同时，深入推进资本市场多元化。积极支持保险交易、股权交易、期货交易市场的健全与发展。增加股权投资基金、产业投资基金。通过各种途径，健全金融组织体系。其次，作为偏远地区，积极推动科技服务业金融业务创新，为科技服务企业设立专门的金融机构与金融服务项目，争取建立区域性科技金融服务平台。在为科技服务业提供便利的同时，加快发展民生金融、网络金融、融资租赁、第三方支付等金融新业态。最后，大力推进融资租赁，试点并推广制造业企业厂房、设施，设备等的融资租赁，探索生产性服务业金融领域的新模式。

第三节　电子商务业

电子商务服务业是我国服务业领域增长最快的部分之一，已经成为拉动经济增长的重要力量。这个产业的发展可以直接促进电子认证、IT服务、网络营销、网（站）店运营、电子支付、客服外包、快递、动态仓储等其他新兴服务行业的发展，即使是其中最传统的快递业务，也是基于二维码、条形码等载体建立在信息系统之上，可实时查询流通过程，可通过第三方支付平台进行在线支付。

一、调查省份发展经验

东部沿海省份电子商务业发展基础良好，已经进入电子商务发展的快车道。因为内蒙古处于偏远落后地区，经济欠发达，电子商务基础薄弱，因而东南沿海省份发展电子商务业的先进做法与经验，与我区发展实际差距太大，借鉴与学习有一定难度。因此，本次研究中特意选取了中部地区、北方地区省份进行调查，将这些省份能够供我区电子商务行业发展所借鉴与学习的经验进行了总结。

（一）湖北省

作为工业发展为主的省份，湖北省制定了建设"中部电子商务中心"，实现互联网助推传统制造业和加工业转型提档升级的电子商务业发展目标；目前以湖北省省会城市武汉为龙头，以较大城市宜昌、襄阳、鄂州等为节点，通过大量引进国内外知名电商品牌企业、建设电子商务产业集聚区，逐步形成了辐射全省，乃至我国中部地区的电子商务中心。2016年、2017年两年，湖北省电商交易额分别实现了1.4万亿、1.7万亿元，连续两年居中部地区首位。

1. 加强顶层设计与管理，进入电商发展快车道

湖北省政府通过加大财税支持，统筹相关专项资金的安排，调整财政资金投入结构，创新对电子商务从业企业的支持方式；并加大金融支持等各项工作，形成有利于电子商务发展的良好政务与金融环境。另外，加大在土地政策

上给予电商企业的政策支持，在节点城市统筹电子商务示范园区的区域布局，以便充分发挥电子商务对现代服务业新业态发展的引导和带动作用，保障重点电子商务企业项目建设。

同时，积极推进湖北省电子商务"五大工程"建设，即电子商务公共平台建设工程、电子商务应用工程、网络零售拓展工程、电子商务创新工程、电子商务示范工程。具体内容包括：推进电子商务公共平台建设工程，通过兼并、引进、合作等方式，打造一批市场覆盖面广、交易规模大、商品特色鲜明的大型综合性电子商务平台；推进电子商务应用工程，支持国内外知名互联网公司与湖北省传统制造业和加工企业加强合作；推进网络零售拓展工程，支持零售企业通过网络开展电商业务与同城派送，在解决消费者最后一公里消费瓶颈的同时，增加电商、物流等新兴服务行业的就业人口；推进电子商务创新工程，推进云技术、大数据等关键技术在电子商务领域的研究与应用；推进电子商务示范工程，建设以武汉为首，各节点城市逐渐推进的电子商务示范市、示范区、示范县的建设。进一步完善电子商务的信用标准体系、在线支付体系、专业服务体系、物流配送体系，以及安全技术保障体系。

2. 电子商务进农村，探索出独具特色的农村电商模式

互联网的普及、乡村智慧物流的建设为农村电子商务的发展提供了有力的支撑。湖北省结合农副产品特点，推进农产品电商网络销售，为农村经济发展提供了新模式。数据显示，2017 年，湖北省农产品网销金额占全国的 3.9%，排名第 8。其中，最成功的案例之一是通过电商模式推广与销售小龙虾，先后建设了"虾谷 360 网""中国虾谷网"国内知名电商品牌，通过各类线上线下的宣传与活动，通过"虾谷 360"网络销售，小龙虾日均销量超过了 231 吨、销售额达到 6.34 亿元，"中国虾谷"上小龙虾的网络销售额也达到了日销近亿元。2017 年，湖北省跻身于全国物流时效同比提升最快的十个省份。物流时效的提升，一方面反映出湖北省电子商务的迅猛发展，另一方面又为电子商务发展奠定了良好的基础。

3. 电商企业迅速崛起，新动能创造新岗位

随着数字经济的崛起，互联网企业作为新经济新动能的代表，发展势头强劲，带动了千万人就业。湖北以拥有 28 万个电商就业岗位被列入我国十大电商就业大省。在互联网、大数据等产业蓬勃发展的大背景下，湖北省通过招商引资，招财引智，通过对电子商务业产业链的发展和两端延伸，衍生了一系列相关产业的发展，创造了更多就业形态，新型职业不断诞生与壮大。以湖北省潜江市为例，目前全市拥有各类网店 2300 多家，电子商务企业和服务企业

4 家，市级电子商务营运中心 1 个，开通电子商务平台 3 个，建立特色馆 4 个，特色产品展示馆 1 个。建设镇级服务站 3 家，村级网点 327 家，从业人员 1 万多人，带动电商网民近 10 万人。

（二）山东省

虽然山东省电子商务发展仍存在一些发展瓶颈，如网络平台规模偏小、自主品牌不多、网络销售逆差、农村物流滞后、电商服务支撑较弱、中高端人才缺乏等短板问题依然较突出，在一定程度上制约着山东电子商务的发展；但山东省电子商务工作按照"电商＋品牌""电商＋流通""电商＋数据""电商＋扶贫""电商＋集聚"的总体布局，通过突出提升发展质量，优化网销结构，加强网络品牌建设等各项工作的积极开展，近年来电子商务业发展迅速。2016 年，山东省实现电子交易额 2.65 万亿，与 2015 年相比较增长了 31.1%，比全国平均增长幅度高 8.3%；网络零售额 3007 亿，与 2015 年相比较增长了 33.7%，比全国平均增长幅度高 7.1%。特别是网络消费与网络销售结构进一步优化，产品上行能力增强，网络平台买入卖出比值从 2015 年的 1：0.6 提升到 2016 年的 1：0.73，网络逆差同比缩减了 32.4%。[①]

作为农业大省与人口大省的山东省，其电子商务发展围绕农村电商发展、农商结合等方面做了探讨与尝试，取得了成功的经验，具体包括以下内容：

1.加强顶层设计和政策引导

先后出台了《加快电子商务发展的意见》等多个政策文件，在培育主体、强化支撑、促进网销、营造环境等方面提供政策支持和服务保障。

2.大力推进农村电商新模式——淘宝村、淘宝镇的发展

通过全面推进"电商进村"工程，完善农村电商服务体系，62 个县对接阿里巴巴"农村淘宝"，位居全国首位，设立村级电商服务站 3000 多个，全部实现菜鸟物流覆盖到村；2016 年，山东省新增"淘宝村"44 个、"淘宝镇"6 个，全省"淘宝村"总数达到 108 个，"淘宝镇"总数达到 12 个。其中，菏泽曹县大集淘宝村集群演出服的网络销售额达到 20 亿元。因为，山东省农村市场巨大，京东、苏宁、乐村淘、雅购、淘实惠等多家国内知名的电商品牌也逐渐进入山东农村市场，下沉服务站点，基本实现了全省县乡村电商服务全覆盖。利用"淘宝村、淘宝镇"聚集区，实现了推动大学生农村创业产业园区的建设，促进了网络店铺和线下企业的有机结合。例如，菏泽市大集镇，首批"淘宝

---

① 商务部网站.2016 年山东省电商持续快速发展 [EB/OL].(2017-03-21)[2019-02-27].http://finance.sina.com.cn/roll/2017-03-21/doc-ifycnpvh5169422.shtml.

村""淘宝镇"所在地,吸引 160 多名毕业大学生返乡创业,2500 多名外出务工农民返乡就业、带动 1.5 万余人就业。

3. 建立与国内电商平台的战略合作关系

在引进阿里巴巴全面合作的基础上,又引进京东、苏宁两大电商龙头企业实现战略合作。同时,加快省内实体产品与电子商务企业与各大电商平台进行全网对接,全省电子商务企业数量达到 70 多万家,增长势头超过广东、浙江等发达省份。同时,结合山东农业大省的特点,利用阿里巴巴、苏宁、京东等国内知名电商平台推动农产品的全网销售,共开设 77 个市(县)网上"地方特色馆";先后举办了"农商互联大会""农产品上线对接会""双十一"购物节"齐鲁电商节""阿里年货节"等十几个场次的网络促销活动,推动构建农产品生产商、供应商和电商平台的联动体系。2016 年,仅"双十一"期间,山东省全网零售规模达到 82.5 亿元。

(三)天津市

天津市地理位置位于中国传统的三大工业基地——沪宁杭工业基地、京津唐工业基地、辽中南工业基地之一。从改革开放前中国的十大工业城市之一,经过几十年的发展,截至 2016 年,工业生产总值为 2.94 万亿元,仍然位列北方第一大工业城市,全国第三大工业城市。

天津既是一座历史悠久的工业城市,又是我国重要的港口城市,天津市发展电子商务与工业经济发展、对外贸易发展息息相关。总结天津发展电子商务的经验,可以概括为两点:

1. 实现了电子商务产业集聚发展

天津京津电子商务产业园(简称天津电子商务产业园)于 2009 年获批,是天津市的市级重点示范园区。2014 年,该园区成为科技部第二批认定的国家火炬特色产业基地之一,2015 年,又获批成为第二批"国家电子商务示范基地"之一。园区选择的地理位置位于天津市武清区东北部,是京津冀交汇区域之间重要的节点,具有明显的地理区位优势。依托天津工业重镇的产业优势,结合工业现代化与产业链的延伸,产业园区以工业企业服务的电商业务为基础,以跨境电商、文化创意为主导,建设电商发展所必需的云计算与大数据管理、加工制造、智能仓储、现代物流、创意研发、服务外包,以及保税库各项业务为一体的集成化产业园区。目前,已经形成具有三个功能区(综合工业区、电子商务区、商务配套区)的我国北方最专业化、规模最大的电子商务产业基地。园区从为企业手续办理、建立电子商务企业孵化器、完善电子商务体系、电子商务人才的实训工作、协调园内企业关系、帮助企业推广、提供法律保障等方面，实现了电子商务产业的集聚化、规模化发展。产业园区的发展与壮大，进一步吸引了各相关行业企业的聚拢，形成了良好的产业集聚效应。

2.跨境电子商务生态圈已形成

从2016年天津的国家级跨境电子商务综合试验区批准建设至今，全市形成了东疆保税港区、中心商务区、空港经济区等多个跨境电商创新集聚区。国外跨境电商第三方平台，如eBay、亚马逊，和国内阿里巴巴、京东、苏宁、唯品会等一批电商企业在津落户，并涌现出"津贸通""北贸通""自贸通"等一批为跨境电商企业提供物流、报关等服务的专业服务平台。同时，UPS、顺丰、圆通等国内外知名物流企业也积极在天津设立分支机构，各类服务平台也提供便捷、安全的支付方式，如银联在线、支付宝等。通过多方面的发展与建设，天津市跨境电子商务生态圈已逐渐形成。

（四）辽宁省

辽宁省作为老工业基地——辽中南工业基地的一部分，受到产业转移与地理位置的限制，经济发展近年来持续走低。在2015、2016、2017三年中，辽宁地区生产总值增速分别为3%、-2.5%、4.2%。作为经济增速缓慢，经济欠发达的省份，辽宁省仍通过政策出台，努力实现电子商务集聚发展。

辽宁省在经济缓慢增长的大环境下，仍然采取了一系列推动电子商务发展的政策措施。例如，在2016制定并着手实施辽宁省电子商务发展的四年行动计划。同时，确定了突出支持的15个电子商务集聚区（产业园）、10个大宗商品现货电子交易平台、10家"O2O"模式网上商城，并安排专项资金给予重点支持。电子商务集聚区中，浑南电子商务产业园是辽宁省唯一的国家级电子商务示范基地，也是辽宁省电子商务发展的核心。辽宁省部署了以浑南电子商务产业园为核心的电商发展计划，力争把浑南电子商务产业园建设成为东北地区电子商务区域运营及服务中心和东北地区电子商务总部基地、区域物流配送基地、电商船业孵化基地。

二、电子商务业发展启示

（一）通过政策出台，引导电子商务集聚发展

我区先后于2014年、2016年出台的《关于印发加快电子商务发展若干政策规定的通知》《关于发展跨境电子商务的实施意见》两个文件，都制定详细，将责任与工作重点落实到各委办厅，相关的财政、税收、金融等政策支持力度进一步加大，其他政策支持加大，各项工作程序简化，为我区电子商务快速发展奠定了良好的基础。

应借鉴辽宁省经验，进一步制定电子商务启动计划，要求各盟市联动，给予政策与资金的支持，并列出完成时间表。首先，大力发展新一代信息技术条件下的电子商务。应当引导区内大型生产企业利用我区的云计算基础设施优势，及早利用数据挖掘、数据整合等新手段开展和升级电子商务业务。其次，按照经济发展整体布局，建设自治区级产业园区与示范企业。同时，加快已建的电子商务产业园区的建设速度，通过政府引导实现以和林格尔大数据示范区为中心的电商集聚发展。最后，结合自治区"高校毕业生万人创业行动"等就业创业工程，大力扶持、规范微商等移动电商 C2C 新模式发展。

（二）搭建本地化电商交易服务平台，促进电商与其他产业融合发展

根据我区农畜产品特点，推进农畜产品电商网络建设。借鉴学习湖北"互联网 + 小龙虾"的电商模式，以内蒙古特色农畜产品为主打品牌，建设本地化农畜产品电商网络平台，进行网络洽谈与订货；在此基础上，进一步将内蒙古其他农畜产品通过电商交易服务平台推向全国各地，争取与国内知名电商平台合力打造具有内蒙古特色的农牧电商网络品牌；进一步推进农业与电子商务业融合发展。

将制造业产品在知名电商平台上展示和销售，并搭建本地化电子商务交易服务平台，实现制造业产品平台展示与交易、闲置生产资料、厂房、设施的租赁，生产性服务外包与承包等各项活动；实现制造业企业生产性服务环节智能化、网络化，节约制造成本；加快制造业与电子商务业的融合发展。

（三）加快农村牧区电子商务基础设施建设，学习农村电商新模式

近年来，我国县域和乡村电子商务快速崛起，从人均网购次数、人均网购金额等指标看，目前都已经超过了一二线城市。湖北重要城市基本已经实现村村路通、网通、邮通，为发展农村电子商务做好了基础设施建设。随着基础设施建设的完善，农村电商已经成为影响中国农村经济发展的一股不可忽视的新兴力量。山东省大力发展"淘宝村、淘宝镇"这一农村电商新模式，不但创新性地打开了农产品的销售与盈利模式，而且吸引了高学历人才返乡创业，开创了大学生创业的新模式。

我区发展电子商务服务业，应重视县域和农牧区电子商务，有必要着重关注电子商务在旗县乡镇的落地发展、创新应用经营模式，争取使其与内蒙古已经实施的农牧区"十个全覆盖"基础设施建设工程形成有益的补充。

（四）健全跨境电商产业链，形成跨境电子商务创新集聚区

作为跨境电商服务试点城市，天津市的跨境电商集聚区吸引了生产企业、进出口企业、跨境电商第三方平台、各类跨境电商企业在津落户。集聚区内完善跨境电子商务的货物监管流程，进驻服务于跨境电商企业的专业平台，物流、金融各类配套服务齐全。天津市作为港口城市，跨境电子商务发展处于全国先进水平，与内蒙古又是近邻，为我区学习跨境电商的发展经验创造了便利条件。

我区应学习借鉴天津模式，建设跨境电商生态圈，积极推动扶持跨境电子商务发展。针对俄蒙两国电子商务市场特点，完善服务区内外对俄蒙跨境电子商务经营企业的公共服务平台建设。同时，利用陆路交通较海运快速便捷的优势，畅通我区经俄蒙前往欧洲的国际快递渠道，争取能够成为我国对欧跨境电子商务领域的重要组成部分。

第四节　物流业

现代物流业的前身是交通、仓储与运输业。现代信息技术与互联网的发展与普及，使生产环节、流通与消费环节都发生了重大变化，现代物流业作为生产、流通，以及消费各环节的重要连接，在原有交通、仓储与运输业的基础上创新了行业业态，丰富了行业功能。物流服务模式，包括工业企业物流系统、农业企业物流系统、批发零售物流系统、连锁经营物流系统、第三方物流系统，以及消费性终端物流系统等多种类型的经营模式。同时，随着网络的普及、网络购物环境的改善与网络信用体系的建立，我国网购市场整体将继续保持相对较快增长态势。快速增长的网购市场需要强大的物流服务系统为电子商务 B2B/B2C/C2C 提供流通环节的保证。

一、调查省份发展经验

虽然内蒙古无法与首都北京的物流业发展速度与发展程度同日而语，但因为目前北京市是内蒙古物流进出最大的门户，我区可以依据近邻北京市的优势，借力发展现代物流业，从地理位置上可实现经验的借鉴，所以选择北京市进行调查。而山西省既与内蒙古接壤，又具有相似的现代物流业发展程度，所以选择山西省作为调查省份之一。

（一）北京市

京津冀协同发展背景下，三地整体规划，统一布局，使北京物流发展形势发生了一定变化。在这三地中，北京未来以高新科技、文化创意等知识密集型现代服务业发展为主；天津依托工业基地与重要港口城市的城市特点，以发展高技术产品与工业品加工为主要发展核心；而河北省则规划了依托资源优势，以农副产品、初级工业产品为主的资源型发展道路。三地在合理分工的基础上进行协同发展是未来的必经之路。在京津冀协同背景下，三地的不同定位必将影响未来物流业的发展趋势。例如，北京作为京津冀的知识产业区域，目前已经限制了区域性物流基地和大型仓储中心的建设。这些变化都会对北京物流业的发展产生影响。

1.强化京津冀区域物流合作，拓展首都经济圈物流服务功能

北京市城市定位所发生的调整使北京市目前所辖区域内的物流中心的建设与发展受限，但同时"一环六射"京津冀城际运输通道的形成，又促进了京津冀交通一体化的进程。下一步，北京市物流业通过与津冀两地的物流业的深度合作，进一步完善首都经济圈物流系统，实现物流服务业的京津冀区域一体化建设。同时，优化京津冀区域国际物流发展环境；发挥政策功能，拓展国际物流业务，为国际物流发展提供良好配套服务。

2.建设智慧城市，打造智慧物流

北京在2014年被列入我国第一批智慧城市建设的目录。北京借助首都的区位优势和智力、科技资源优势，整合各类资源，实现城市物流智慧化，提高社会物流资源的利用效率和生产力水平；同时，积极鼓励企业加强与智慧物流相关的技术研发与创新。具体做法包括以下几点。

（1）实施物流标准化推广工程。一是以为首都提供精益化的智慧物流服务，协调京津冀物流发展为目标，在京津冀区域范围内进一步探索统一的物流服务标准，并开展标准化的认证试点工作。二是采用多种模式实现物流各环节设施设备的标准化升级改造，实现标准化物流装备的普及应用。三是鼓励利用互联网、物联网等技术，提升标准化物流装备运营管理与服务水平。四是重点推进京津冀区域物流公共平台的应用建设，政府出面协调建设物流标准化托盘管理公共信息服务平台。

（2）实施"互联网+"物流创新工程。一是通过智慧物流，提高服务于全球贸易和跨境电商的物流发展水平，促进国内外市场的共享融合。二是鼓励物流业态创新，满足"互联网+"应用创新的物流需求。三是鼓励物流终端的创新性网点建设，通过多样化的物流终端配送模式，扩大物流终端的网点服务范围、提升其综合服务能力。

3.引导城市配送物流，鼓励末端小微体系成形

作为首都的北京市，常住人口高达2100多万人，虽然从2016年以来，

常住人口数量有所下降，但其消费品零售总额近年仍保持平稳增长，仅 2019 年的 1、2 月份，北京市实现社会消费品零售总额 1793.8 亿元，同比增长 3%；其中，网上零售额 444.1 亿元，同比增长 23.4%，说明网络销售已经成为北京市零售行业的主要力量。[①] 未来随着消费者互联网购物习惯的养成，这个比例将进一步提升。为了能够满足终端消费者的物流服务需求，与此配套的规模大、覆盖广、服务复杂的现代物流网络末端小微体系的建设也随之建成并加速发展。为了解决物流服务"最后一公里"的瓶颈制约，除物流中心外，北京市利用各种形式建立末端微循环节点，服务于周边的终端消费者。例如，增加商场辐射周边的物流与送货服务。通过末端微循环节点配送形成了"小众化、短途化、辐射周边"的小微物流系统，既节约配送成本与时间、缓解道路拥堵，又提升了消费者对物流服务的满意度。

（二）山西省

2017 年以来，山西省重视物流业发展，将其作为重点扶持的战略性产业之一，并对其行业发展制定了政府支持与政策倾斜的三个标志性文件，分别是《关于发展现代物流的实施意见》《关于推动交通物流发展的实施意见》和《山西省智慧物流体系建设实施意见的通知》。[②] 通过顶层设计与引导强化，山西省物流业取得了长足的进步。

1. 与其他优势产业深度融合发展

第一，通过物流业进一步发挥山西资源大省优势，向下游延伸煤炭、钢铁、有色金属等产业链条，大力发展工业企业生产性物流业外包，尤其是煤炭、钢铁、有色金属等产业。工业企业降低生产性物流自服务比例，将生产性物流外包与第三方物流企业，实现节约型工业与节约型服务业互动融合发展的良好势头。第二，通过鼓励发展农产品、医药、快销品等生活物流，实现工商企业与物流业企业的联动发展，创造山西省新的经济增长点。具体做法包括依托农村供销社体系与邮政网络，建立集采购、批发、零售、物流配送为一体的农村便民连锁配送网络；依托原有的商贸批发市场与集散地，建设一批商贸物流基地，提升了效率、降低了成本；依托周边省份抓住跨境电商快速发展的契机，促进跨境电商的现代物流技术与平台的发展。

---

① 新华网.北京市社会消费品零售额增速企稳回升 [EB/OL].(2019-03-22)[2019-03-30]. http://www.xinhuanet.com/fortune/2019-03/22/c_1210089571.htm.

② 张临山．山西物流业确定发展大思路将实现三大目标 [EB/OL].(2017-12-31)[2019-03-30].https://www.sohu.com/a/213822993_395108.

2.优化物流通道与网络

目前，山西省已经逐步完善并构建了省外联合、省内畅通的物流通道。第一，抓住"一带一路"发展的机遇，利用已有的铁路路网，适当增容扩能，打通国际物流通道，成为了丝绸之路物流通道上的重要环节。第二，完善了与邻近省份的物流通道，全面构建航空、公路、铁路全方位的，速度快、高品质的综合交通骨干网络。深化与周边省份的合作，加快发展山西省的煤炭、农产品、机械装备等产品的跨省销售，打造区域物流联动发展新格局。第三，疏通山西省内物流辅通道，形成省内省外物流通道的顺畅对接。省内物流通道疏通以公路与铁路为主。一方面，发挥"三纵十二横十二环"高速公路网的骨干作用和国道、省道、县道公路网的辅助作用；另一方面，借助铁路的运能优势，配合各区域生产力布局，沟通物流业密集区，构建了功能齐全、集聚辐射能力强的物流通道网络。通过物流网络的完善，建立健全城乡物流配送体系，实现城市配送的统一协调管理，乡村配送的"乡乡有网点、村村通快递"。

3.加快物流园区建设，以优化物流节点布局

积极推行"传统专业市场＋互联网＋高效物流"模式，改造传统商贸物流行业，鼓励物流企业"退城入园"。统筹规划和推进全省物流园区建设，发挥其在业务模式、先进技术、信息系统、集约节约利用土地、政策环境、服务水平、部门协同、诚信体系、跨境电商、增值业务、绿色环保、公共管理等方面的引领示范作用。通过物流园区建设，一方面，可以提高物流业发展的规模经济水平和物流产业的产业集中度，形成物流业集聚发展的良好态势；另一方面，把园区作为物流网络的重要节点进行建设，有利于物流节点的优化与统一管理。

4.多举措推进物流企业现代化转型

首先，加快培育本土物流龙头企业。作为全省重点工程，通过宣传引导、企业培训、环境改善、政策扶持等，做强一批专业性强、具备核心竞争力的本土物流品牌，如山西交投公司、太原铁路局等企业集团，实现省内5A级物流企业不断增长。其次，鼓励中小物流企业通过资产重组、业务功能整合与服务延伸、加盟连锁等多种形式进行经营联盟，已实现物流服务整体效率与水平提升，加快物流企业向现代物流转型发展。最后，积极引进国内外大型知名第三方物流企业，鼓励本地物流企业与其开展多种形式的合作。支持国内外快递企业在山西落户，促进企业间业务互补和资源共享，全面提升物流企业竞争力。

二、物流业发展启示

（一）做好顶层设计，发挥政府部门的政策引导与组织协调作用

山西省在三个多月的时间，先后出台了物流业发展的 3 个文件，完成了物流业发展政策层面的"顶层设计"。作为与山西省接壤的内蒙古，应借鉴山西省物流业发展经验，加强物流业政府引导与调控职能。

自治区政府应出台促进现代物流业发展的方针政策，简化审批环节，完善财税优惠政策，指导、协调发展中的重大问题，并优化城市空间布局，整合现有的土地资源与物流设施，促进物流园区集聚发展；在现代化的技术与理念框架下，规范物流园区组织架构，优化物流园区运营管理，争取能够建成 1～2 家国家级物流示范园区，建成一批自治区级的物流示范园区。同时，加大自治区政府及各旗县区政府的财政支持力度，通过专项资金的设立用于解决物流基础设施建设、物流示范项目与企业培育、物流人才队伍建设等工作；通过一系列政策措施的实施，做到优化现代物流业发展环境，丰富物流网络内涵。

（二）实现物流业的多产业融合发展

我区虽然无法照搬照抄北京市"建设智慧城市，打造智慧物流"的物流业发展方案，但可以结合北京市与山西省的经验，通过政府对市场资源配置的决定性调节控制，实现多产业融合发展。

首先，与制造业企业融合，推进生产性物流发展。通过工业园区的建设，形成制造业企业的集聚，带动生产性物流迅速发展。集聚区内的制造业企业通过产业链上各环节的资源整合，在零部件和中间产品加工、固定资产修理修配、设备检测与保养等方面实现生产性服务的合作与外包，加快释放制造业的生产性物流需求。引导有条件的企业内部物流服务部门进行独立核算，深入挖掘物流资源潜力，逐步开展面向其他企业和社会的物流服务，以增加收入与利润，提升企业的综合效益。

其次，促进物流企业联合，实现物流企业规模化发展。通过市场机制和手段，加强物流企业间的兼并重组与业务合作。通过竞争性的市场机制培育规模化第三方物流业龙头企业，形成带动效应。鼓励仓储、交通运输、分拣包装、报检报关、信息服务等物流业相关和延伸企业的纵向和横向联合，培育形成专业化、一体化程度高的面向不同产业的大型综合龙头物流企业。

最后，加快形成多元化投融资机制。有效发挥政府投入的引导作用，加强和提升物流企业的经济效益和社会服务效益，鼓励相关企业、社会资本和境

外投资通过参股、发债、信托、改制上市、票据融资等方式积极向现代物流业投资，加快形成包括政府、企业，以及各方社会资本共同参与的多元化投融资机制，化解现代物流企业改造升级中的资金短缺难题。

（三）强化区域物流合作，构建内畅外联的物流通道

北京市针对城市定位进行了物流业发展方向的调整，提出强化京津冀区域物流合作以便拓展首都经济圈物流服务功能。而山西省也提出积极融入京津冀、环渤海经济圈。我区与北京，山西地理位置接壤、交通便利，完全可以把物流业作为融入京津冀、环渤海经济圈的重点发展产业。我区可借鉴山西省的发展经验：第一，充分发挥我区的口岸优势，构建与蒙古、俄罗斯等"一带一路"经济国家的国际物流通道，整合跨境电商与国际物流的信息资源，建立信息共享平台，实现互联互通。第二，学习山西省，逐渐完善与邻近省份的物流通道，全面构建航空、公路、铁路全方位的，速度快、高品质的综合交通骨干网络。深化与周边省份的合作，加速我区的农牧特色产品、资源矿产、装备制造等产品走向全国市场，打造省际合作的物流联动发展新格局。第三，疏通自治区内物流辅通道，形成区内区外物流通道的顺畅对接。逐步构建功能齐全、集聚辐射能力强的物流通道网络，建立健全的城乡物流配送体系。

（四）加速物流链末端配送平台的配套建设

随着电商的迅猛发展，产生了更多的异地、同城 BZC 和 CZC 电子商务交易，针对城乡末端个人消费者的配送服务需求暴增，消费者对物流配送的时效性、低成本的要求越来越高，这必然会对微循环物流服务产生越来越多的需求，也必然对物流链末端配送平台建设有了更高的要求。

对于城市物流末端服务，我区应从两方面着手开展工作。一方面，我区应该针对已有的分拨中转、揽货配送点等物流末端节点进行用地、设施的整合与重组，实现物流设施与土地的高效利用与现代化改造；另一方面，充分考虑新建商圈物流配送配套设施与平台的便利性。对于新建楼宇商圈，应借鉴北京商圈区域共同配送经验，在建设规划中必须预留配套的物流服务末端的平台与基础设施建设空间，并由政府出面协调建设配送平台，通过租用、合作等形式实现多主体公共使用，逐步完善共同配送体系，提高资源利用率，做到在节省企业物流配送成本的同时规范城市物流秩序，改善交通环境，减少因物流配送造成的交通拥堵和资源浪费。

对于农牧区物流末端服务，我区可借鉴山西省农村物流网点建设的经验做法，争取也能实现"乡乡有网点、村村通快递"。但是，因为我区农牧区居民人口稀少、居住分散，电子商务与物流业发展较慢。因此，应通过政策引

导，鼓励资金雄厚的大型快递企业与农村的邮政所、小超市等末端服务网点结合，建设覆盖农牧区的快递物流服务体系，提高农牧区物流配送的规模化和协同化水平。

第五节 科技服务业

科技服务业作为较晚出现的新型产业类型，是随着产业细分与不断融合发展趋势下逐渐形成的。作为现代服务业的重要组成部分，科技服务业是指基于人类科学理论研究成果，运用科学的知识、方法与技术，尤其是现代信息技术下的新技术、新发明，为社会和企业提供智力服务与经验、信息支持的新兴产业，科技服务业水平也是决定一个国家或地区产业结构优化、经济健康发展的关键产业。2005年，国家统计局开始设立了科技服务业相关的统计门类，并列入了国民经济行业分类统计。科技服务业具体内容主要包括科技金融服务、研发与设计服务、工程与专业技术服务、知识产权与技术推广服务、科技信息交流与咨询服务、科技评估与鉴证等活动。

一、调查省份发展经验

因科技服务业涵盖范畴非常广泛，调查无法面面俱到，所以先进行了网络资料调查，对第四章选择出的十五个省份进行了筛选。在此基础上，赴北京、河北、重庆、浙江、湖北等地实地调研。从实用性角度，最终选择了北京、河北、重庆三个省市的发展经验进行总结。

（一）北京市

1. 打造创新2.0时代的开放创新空间

早在2006年北京市就启动了"三验"应用创新园区（AIP）的探索，探索通过体验、试验、检验"三验"，在城市管理领域打造覆盖整个城市的开放众创空间。具体做法：北京市依托各级各类高新区、创新示范区等园区，在对产业进行细分的基础上，针对优势产业建设平台型众创空间，支持建设一批双创示范基地；利用科技与人才优势，整合高校、科研院所，以及高科技企业等资源投入科技创新空间与平台建设；积极支持北京众创空间联盟、北京创业孵育协会、中关村创业生态发展促进会等社会组织的发展，促进创新企业共建共享、降低成本、提高效率。通过一系列的举措，北京已经走在全国前列，成为我国众创空间发展最快的城市。

2.实现了多元化的科技企业投融资模式

2011年，中关村被列入全国科技和金融结合的首批试点区域。之后，中关村通过开展各种形式的科技企业投融资模式的试验，总结出了"一个基础、六项机制、十条渠道"的中关村投融资模式，建立了具有特色的中关村科技金融体系，成为全国科技金融发展的"风向标"。中关村科技企业的投融资模式的成功之处可总结为三方面。第一，政策引领，机制创新。在政策引领上，中关村先后出台了20个与科技企业融资、企业创业投资、企业转制与融资等方面相关政策性文件，设立专项引导基金，实施补贴政策，缓解初创期的科技服务企业的融资压力；在机制创新中，专门成立了专项工作组，在开放创新平台上为相关企业开展咨询与业务办理，形成了从中央到北京市、再到区、县各级政府的自上而下的互助协作体系。第二，提高服务于科技企业的金融中介的服务效率。服务于科技企业的专业金融中介服务机构，包括征信机构，信用评价机构，会计师、律师事务所等。通过搭建科技服务业金融服务平台，开展针对科技企业金融服务的相关信息发布、征信、法律、会计专业咨询，供需企业的对接等专业化服务，实现有效资源共享。第三，利用现代信息技术实现金融创新。借助中关村的科技资源优势，积极开展人工智能、云计算、大数据等技术在金融领域的互联网金融安全、资金风险防控、信用评价与征信查询、点对点的精准营销等方面的试点与应用，加快了金融服务的业务办理速度与效率，提升了金融安全。

（二）河北省

1.实施推广"科学家＋企业家"模式，形成科技服务业集聚发展态势

河北省秦皇岛市通过政府行为与政策引导，在经济技术开发区为科研创新企业落户提供便利条件，同时积极鼓励企业间联盟与合作开展科学创新研究。通过这两种方式的有机结合，不断吸引科创企业与人才落户秦皇岛。目前，已有30多家科研创新机构相继落户秦皇岛经济技术开发区，20余名两院院士和百余名京津高层次科技创新人才汇集开发区。同时，秦皇岛经济技术开发区大力实施推广"科学家＋企业家"模式，营造浓厚的创新创业氛围，形成"1+1>2"的科技服务业集聚发展的集聚与裂变效果。

2.复制"中关村"模式，构建创新平台、激发创新活力

2015年8月，由漫游世纪科技孵化器有限公司创办的e谷创想空间（简称"e谷"）正式启动。"e谷"是河北省秦皇岛市在京津冀协同发展的经济背景下，积极学习与复制中关村科创企业发展的支持模式，为开发区的小型科创企业提供"中关村式"的市场、技术、融资、人力等方面支持的一个试点。通

过不断推广，目前已经有快点儿网络科技、天辰科技、丹鹿科技等 62 家企业与 e 谷签署了入孵协议。至此，复制"中关村"模式有了初步的成效。

（三）重庆市

1.产学研一体化平台建设稳步推进，成果转化能力不断提高

重庆市积极引导和鼓励企业进行技术创新与研发，并主动为科研院所、高校服务于企业技术创新搭建平台；政府出面，打破行业边界、摆脱部门割裂、克服地域局限，探索出了重庆市与所辖各区县的联动、校企合作、校企、区县与院、企多方合作的多种产学研合作模式。通过建立产学研战略联盟的形式，既提升了高校与科研院所的关键技术攻关能力，又提升了大型骨干企业的产品研发能力。例如，通过产学研合作，重庆市组织院、校、企共同合作，联合开发天然气汽车产业，目前重庆市已经成为全国最大的天然气汽车产业基地。同时，为了补短板，重庆市积极探索国内知名高校、科研院所与龙头企业的科技合作以及科技成果转化，如先后与清华大学、中科院、北京航空航天大学等国内知名高校与研究院所签订科技合作协议，进一步提升了高精尖的科研成果在企业生产中的转化能力。

2.以企业为主体的科技创新格局逐步形成

重庆市充分认识到科技服务业发展的主体是企业，因而通过近几年的大力宣传提升企业意识，企业逐渐提升了对科技创新的重视程度。近几年，重庆市企业内部技术研发人员占全市技术研发人员的比例一直保持在 50％以上，而企业在技术研发方面投入的总经费比例也一直保持在总投资额的 70％左右，且呈现出逐年增长的态势。2018 年，重庆市企业专利申请总量全国排第 14 名，居西部省份之首。以上数据表明，企业研发活动逐年增多，目前重庆市以市场为导向、以企业为主体的科技创新格局逐渐形成。

3.结合房地产"去库存"，打造特色科技服务业

重庆市结合"大众创业、万众创新"的科技服务业新特点，利用已建成的闲置楼宇，打造"孵化－加速－科技园培育"的培育链条，助力小微科技服务企业健康成长。例如，江北区坚持把发展科技服务业与发展楼宇经济相结合，既盘活了闲置楼宇，又解决了战略性新兴服务业项目落地问题。同时，江北区还把发展科技服务与打造"一街一品"相结合，鼓励和支持街镇根据产业基础和资源禀赋，打造"一街一品牌、一镇一特色"，努力形成百花齐放的格局。目前，华新街的信息服务业、五里店的专业服务业初步形成品牌。目前，已经建成"小样"青年创业社区等 3 个国家级众创空间、10 个市区级众创空间，培育创新型服务企业 2000 余家。

二、科技服务业发展启示

（一）完善科技创新与创业的投融资机制

科技创新的投融资机制是内蒙古目前的短板所在。我区可以学习借鉴北京市的"中关村"模式，一方面，发挥财税作用，加强科技创新与创业的政府引导。主要通过财政资金的杠杆作用、小微科技企业发展专项资金的设立和税收政策与优惠等途径为中小科技企业、战略性新兴产业与高新技术企业的初创期提供资金支持；另一方面，通过以市场机制为主体的社会资金引导，运用支持天使投资、投资保障、阶段参股、互联网股权众筹等方法，引导社会各方资本向科技创新与创业流动，实现金融资本支持科技创新与创业活动。

（二）推进产学研一体化平台建设，建立实用成果转化体系

重庆市的产学研一体化平台建设经验值得借鉴。我区可以通过支持各类科技服务平台与科技中介服务机构的发展，健全网上技术市场交易机制，为科技成果转化提供共享的网络化、专业化、规范化的技术集成、技术推广、工业性试验、标准认证等科技专业服务，以及为科技成果实现产业化转化提供的融资、评估、法律、经纪等综合性服务。通过线上线下相结合的科技服务市场体系，转移转化区内外实用技术。鼓励企业、科技中介机构利用展会开展技术转移和成果推广服务，并在国家和自治区组织的大型科技会展中开展服务，对取得突出成绩的单位给予一定经费奖励。

（三）推进科技服务产业化与市场化

结合科技服务业发展趋势和自治区实际，深入研究和分析从技术研发、成果转化、企业产品开发到产业化推广的科技服务业产业链、价值链、创新链。开展科技服务业企业认定试点工作，壮大一批科技服务业中小微企业，对入选企业和服务机构给予财政、税收方面的支持。积极培育和扶持一批科技服务、知识产权应用示范企业，打造一批科技服务业龙头企业，大力支持非公有制主体进入科技服务业。

（四）促进科技服务业与"大众创业、万众创新"互动发展

学习北京、河北、重庆的先进经验，面对大量的小微创业型科技服务企业，引导企业、社会资本参与孵化器建设，增强众筹、互联网金融等形式对大众创新创业的服务能力。积极探索基于专业平台与互联网提升针对小微创业型科技企业孵化服务能力的模式与方法。学习河北省的"e谷"、重庆市的"小样"众创空间与社区建设的经验，尝试建设网络化、便利化、低成本、集成

化，可以为创业者与小微创新企业成长提供开放式、全要素的综合服务平台与共享空间；并由政府出面健全创新创业指导制度，整合创业导师资源，支持各类咨询服务机构组织各类创业训练营，与科研院所、高校联合举办创业创新大赛，通过线上与线下的模式搭建网络化的创业辅导平台，培育创客文化。

第六节　会展业

会展业是通过举办会议、大型展览和节日庆典与祭祀等各项活动，带动区域经济发展的服务活动的总称。它起源于 19 世纪的英国并迅速发展成为受到全世界各国瞩目的新兴产业之一。在我国，会展业同样是 21 世纪最具有潜力的产业之一。随着经济与信息全球化水平的不断提升，会展业作为新兴服务业表现出极强的产业带动效应。会展业不仅在促进信息沟通、经济合作、贸易往来与技术交流等方面发挥着重要的作用，还可以带动当地的金融、交通、广告、餐饮，以及旅游等行业的发展，进而增加就业、促进区域经济发展。会展业是现代服务业的重要支柱、凭借其较高的产业关联度带动区域产业聚集及所在城市的资源运行。

一、调查省份发展经验

目前，我国国内已经初步形成了三个会展经济产业区域，他们分别是以北京为核心，包括京津冀和山东的廊坊、烟台等地的环渤海会展经济区域；以上海为中心城市、沿长江、杭州湾等海湾的长江三角洲会展经济区域，以举办多年的广交会和高交会为龙头品牌的粤港澳大湾区会展经济区域。本次调查，按照地区会展业发展程度，分别选取了会展业发展领先的长江三角洲会展经济带中的上海市；地处中部地区、经济发展速度与会展业发展在全国前十的重庆市；以及与内蒙古发展类似并接壤的吉林省。通过不同经济发展水平与会展业发展情况的省份的经验与做法对比，寻找适合于内蒙古会展业发展的经验。

（一）上海市

20 世纪 90 年代起，上海展览行业初步形成，现已进入一个高速发展的时代。从 2002 年申博成功开始，以筹备世博会为契机，上海的会展经济就进入了"加速跑"时代。2002 年至今，上海展馆数量从最初的 7 个变为如今的 12 个，室内展馆面积从 15 万平方米扩大到 80 万平方米。

1. 与国际接轨，积极推进会展业品牌建设与品牌维护

上海市每年办展会数量和展览面积均位于全国城市首位。2018 年上海共举办国际、国内展览会以及各类会议、活动，合计 994 场，总面积 1906.31 万平方米，数量同比增长了 18.05%，面积同比增长 8.04%。①上海是中国展览业中的领头城市，其国际化的发展势头强劲，给上海带来了巨大的经济效益和社会影响。其中，中国国际工程机械、国际汽车展览会、工程车辆及设备博览会等国际知名展会在规模上达到国际先进水平。相比于其他城市，上海有着与国外展览业合作的丰富经验，并一直与展览业巨头——德国保持着紧密的联系。

上海作为全国展览行业的领头羊，一方面，充分利用自身展会发展的良好基础优势，以国际先进标准为目标，由目前的知名展会入手，通过建设与维护展会品牌来提高展会的层次与质量，推动会展业持续健康发展，提高了城市办展整体水平；另一方面，率先在国内建立权威的展会评估认证机构，并加强展览期间对商标、版权、知识产权、专利权的严格保护，完善行业体系建设，带动全国会展业向着更健全的方向发展。

2. 浦东会展产业多区融合、东西呼应，智慧化发展

浦东会展业的空间布局"多区融合"是指浦东会展既有以花木、陆家嘴、世博为主的发展较为成熟的会展集聚区，又有以度假区、临港地区为主的发展较为突出的会展集聚区，以及外高桥以保税展示为主的会展集聚区。"东西呼应"，即浦东会展产业与浦西会展产业在空间上形成联动效应。"智慧化发展"，即打通连接物理空间与虚拟空间的通道，从而更好地对新区空间土地资源优势进行利用，同时实现浦东新区所有场馆展览、会议的智能化，优化场馆空间布局与交通服务等配套建设，形成更大规模的产业集聚区。为了实现这一目标，浦东重点完成以下任务：立足浦东产业优势，扩大品牌会展项目集聚；打造浦东会展业新地标，引领新区内外发展新格局；引进国际化专业化会展项目，强化国际品牌效应；依托资源优势，丰富会展产品体系；加大政策扶持，优化政府保障服务机制；打造智慧会展，完善配套设施建设。

在 2017 年出台的《浦东新区会展产业"十三五"发展规划》(以下简称《规划》)提出，到 2020 年，要把浦东新区打造成为世界一流、亚太领先的国际会展之都的高端品牌会展集聚区和核心区，打造成为国家会展产业创新发展示范区，浦东新区会展产业要成为上海市推动"四个中心"及"科技创新中心"建

---

① 上海会展业协会.2018年上海会展行业概况[EB/OL].(2019-02-13)[2019-04-07].http://www.sceia.org/news/News-del-226.html.

设的产业拉动与国际交流平台产业。

（二）重庆市

重庆会展业起步较晚，发展于 20 世纪初，从"工贸时代"到现在的"重庆国际会展中心时代"和"重庆国际博览中心时代"，经历了从无到有，从小到大的发展历程。据 2018 年 6 月中国会展业权威信息发布会上发布的《2017 年度中国展览数据统计报告》显示：2017 年全国前 10 位展览城市为上海、广州、重庆、北京、南京、沈阳、成都、青岛、深圳、东莞，其中重庆市位列第三。中国展览业在高质量推进支撑实体经济和消费升级中，全国展览平均面积为 1.38 万平方米，上海以展览平均面积 2.2 万平方米高居榜首，重庆以 1.77 万平方米排名第二，北京以 1.63 万平方米位列第三。在 2017 年全国各省（区、市）展览数量和展览面积的综合排名中，重庆位居广东、上海、山东、江苏四省之后，成为中西部省市展览业的领跑者。[①]

1. 实施品牌带动，促进会展消费

重庆市会展从无到有、从弱到强用了 7 年时间，即 2010 年到 2017 年是重庆会展快速发展的 7 年，各级各类展会数量不断增加，展出面积不断扩大，场馆设施逐渐完善，目前已形成了国家、市、区县三级会展业体系，经济效益显著提高。重庆市自主培育举办了渝洽会、渝交会、摩博会、立嘉机械展、金属冶金展、西部农交会、西部动漫节、文博会、老博会、汽车工业展等，专业展会和品牌展会活动产业带动性日益增强。其中，"渝洽会"先后获得"中国品牌展会金鼎奖""中国十大品牌会展项目""中国最具影响力政府主导型展会"等荣誉。重庆市鼓励支持各区县办好"一区一品牌，一节一特色"，具有地方文化特色的节庆展销活动。例如，2018 年 5 月在大足区举办的第八届中国（重庆）大足国际五金博览会首日便达到成交额 300 亿元，成为全国五金行业的盛会。2017 年，重庆还先后组织 27 个区县、园区的 68 家企业参加了中俄博览会、丝博会、东盟博览会等 10 个国家级重点展会，大力推介重庆特色产品和招商环境，有力推动了与相关省市的经贸合作和互利共赢，2017 年展会直接收入 152.8 亿元。

2. 统筹合理布局，提升会展业硬实力

重庆会展依据区域特点，进行统筹布局，合理规划会展业发展基础设施

---

① 中国会展经济研究会统计工作专业委员会.2017 年中国展览数据统计报告 [EB/OL].(2018-05-08)[2019-04-07].https://wenku.baidu.com/view/2f94be95dc3383c4bb4cf7ec4afe04a1b171b063.html.

建设。第一个布局点是会展经济核心区，由以"重庆国际博览中心"为核心的主城北部会展经济区域，和以"重庆国际会展中心"为中心的主城南部会展经济发展区域两大部分组成。第二个布局点是在涪陵、永川、荣昌、潼南等地规划建设辐射川黔、渝西的区域性会展中心。第三个布局点是依托万州、巫溪和秀山等地的农产品、旅游产品特色，重点打造以发展农产品、旅游产品的展示展销为主的域性会展产业集聚区。第四个布局点则是在丰都、石柱、奉节、巫山等区县，打造推出特色农业、旅游、民族、民俗一体化的区域性会展中心。通过统筹布局与发展，重庆市制定了 2020 年会展业的发展目标：形成布局合理、结构优化的会展业发展格局，会展经济体系进一步完善，建成发展更加均衡、实力更加雄厚的长江上游地区会展之都。

3.优化发展环境，实现会展业市场化运作

重庆市积极参加中国会展经济国际合作论坛、中国国际会展文化节等会展业界活动，全年参加国际会展业界专业活动开展宣传 3 次以上，市外会展宣传营销活动 1 次以上，在国内外知名媒体和会展专业媒体上开展宣传 5 次以上。策划外出举办重庆会展业推介会，提升了重庆的会展城市品牌知名度和影响力。

全市各区县各部门严格履行审批程序，规范党政机关举办展会活动，减少财政经费投入，全市会展业转型升级步伐进一步加快。通过以上有效政府行为，以国际化、品牌化、专业化、市场化为导向，推进全市会展业市场化发展，2017 年重庆市会展业市场化率达 95% 以上，专业化率达 70% 以上。[①]

重庆市积极发展网上会展，大力推进电子商务。延伸会展数据服务，开通设立会展政务平台和微信公众号，对重庆会展行业整体数据进行采集、分析和运用，强化行业发展规律和趋势研究，提升会展政务服务效率。并指导区县展览及会议设施的规划和建设，完善会展活动信息报告制度，探索建立"区县、市级、国家"三级信息报送体系。同时，推动会展业标准化体系建设，持续开展展览展示工程企业资质评定，建立与国际接轨的展览服务体系和标准，逐步形成一套标准化会展服务体系。

4.注重人才培养，提升会展业软实力

会展服务软实力包括会展设计、展览中科技运用、相关人才培养等。从重庆的会展场馆、硬件，以及举办活动上来看，都位于我国会展产业的前几

---

① 郑三波.产业链拉动消费破千亿重庆渐成"会展之都"[EB/OL].(2018-05-22)[2019-04-07]. http://mini.eastday.com/a/180522085258030-6.html.

名，已经具有一定的品牌特色。随着会展的增多，会展需求的人才也越来越多。但重庆的会展人才，特别是高、精、专的人才缺少。因此，近几年重庆市开展校企合作。首先，在重庆工商大学、文理学院两所本科高校，以及其他五所职业技术学院增设了会展专业；同时，支持重庆国际博览中心有限公司与重庆工商大学融智学院共同组建"长江会展经济研究院"，促进校企联动，提升重庆会展综合竞争力。并连续举办"会展策划师认证培训""会展管理师认证培训""高校会展专业技能大赛"等活动，切实提高了会展人才的培养水平与会展业的管理和服务质量。

重庆市鼓励将高科技运用到会展业中，把科技含量的高低作为对企业及参展商评价的重要标准，运用产业发展基金鼓励企业及参展商提高会展科技含量。会展业传统展览的摆设备、搭展台、搬机器，逐渐向利用声光电技术展示产品的三维动画、网上虚拟展会过渡与转化，开展多种多样的会展转变。

（三）吉林省

目前，吉林省已形成了会展业快速发展的良好环境，各项支持政策措施陆续出台，配套服务日益完善，会展业将成为服务业新的增长突破点。

1. 壮大品牌展会，延长会展业产业链

吉林省会展业坚持品牌化战略、多极化发展、继续统筹与整合会展资源，通过中国—东北亚博览会、汽博会、农博会等已有的知名品牌展会，大力培育专业性品牌展会，提升品牌展会的专业化和国际化水准，努力打造一批在国内外具有一定影响力的品牌展会。同时，延长了会展经济的产业链。在展会市场化运作的前提下，带动了服务于会展活动的策划、传媒、搭建、物流、广告等行业公司的快速增长，增强了会展业对地区经济发展与就业的带动能力，提高了会展业的综合效率，推动了作为东北老工业基地的吉林省的产业结构转型与优化升级。

2. 会展业与制造业互动发展，打造新的经济增长极

吉林会展业依托东北老工业基地的工业优势与得天独厚的黑土地的农业优势，以石化、汽车、农产品三大主导产业为会展业发展的核心，以新能源、装备制造、医药、电子信息等战略性新兴产业与基础雄厚的行业为辅助，突出经营运作好的十大系列会展项目，并通过统一对外宣传推介吉林会展优势和形象，吸引国际国内知名品牌展会和会展企业入驻吉林，大力开发新的会展资源，巩固和提升展会质量。从第四届到第九届，中国—东北亚博览会累计签约项目1581个，投资总额超过1万亿元，吸引大批域外投资者，很多新兴产业通过展会逐渐被域外投资者认知。近年来，各种展会带来的游客数量逐步增

加，东北亚游客已占全省入境游客 70% 以上。

3.扩大对外开放水平，构建会展新格局

吉林省抓住国家"一带一路"的契机，在会展业发展中积极引入外资、国际化的管理标准与会展技术，提高了展会的专业化和信息化水平，提升了会展业的国际化水准。

同时，吉林省会展业努力构建了"一核、一轴、多点"的会展业发展新格局。"一核"指长春市，"一轴"是指以长吉图区域为依托，围绕汽车、农产品等优势产业，打造系列专业性展会；"多点"，即以省内其他地级城市和经济重镇为结点，举办医药、特产、能源、旅游等系列展会。

二、会展业发展启示

（一）推进市场化进程，拉动消费经济

上海、重庆、吉林各省市虽然会展业发展水平不同，但都在推进市场化、专业化、国际化运作方面做了大量工作。首先，规范展会的市场环境，通过一定程度的政府办展，引导地区会展业发展方向；在此基础上扶持有实力的专业会展公司运营展会、引进展会。其次，在条件成熟的时候，建立政府办展退出机制，各级政府逐步退出举办基本成熟和形成市场规模的展会，逐步减少财政直接出资和行政参与，并且放宽市场准入，拓展会展业的市场空间。最后，地方政府应高度关注通过会展，能够带动旅游、电子商务、物流等相关消费性服务业迅猛发展的积极作用。例如，上海与吉林省会展业对消费经济的拉动都非常明显。

（二）延伸会展产业链，带动传统产业发展

树立大会展产业理念，提升对会展产业关联度的认识，推动展、会、节、演、赛融合发展，支持产业链上下游企业跨界融合，加强产业配套能力，增强企业协同能力。以会展业为基础，带动与会展相关的策划、广告、设计等科技服务业、物流业、金融保险、餐饮住宿等相关行业的共同发展。同时，通过会展，带动地区传统优势行业发展，形成会展业与关联产业互动共赢的发展格局，增强会展业对地区经济和社会发展的辐射、带动作用。

（三）加强开放与合作，采用"走出去，引进来"策略

内蒙古会展业也应该学习以上省份经验，加强开放与合作。上海作为世界经济与金融界的重要城市，具有得天独厚的国际化背景，这一点是内蒙古无法比拟的；但是内蒙古作为中蒙俄经济走廊是丝绸之路经济带的一部分，可以借助内蒙古地处中蒙俄经济走廊上的地域优势，结合少数民族地方特色发展

特色会展。应该坚持"走出去、引进来"策略，学习发达地区经验，在服务理念、运营方式、管理模式等方面积极向上海、重庆等会展业发达城市学习，并融入内蒙古的地方特色与产业优势，形成具有地方特色、符合市场经济规律的内蒙古会展业的发展机制。

首先，政府应加大资金扶持力度，通过设置专项资金等方式，支持和鼓励会展企业异地办展、参展和交流，鼓励企业"走出去"。其次，在"引进来"方面，内蒙古可以利用自身边疆少数民族的特点与优势，积极承办或联办国际、国内展会，提升本土会展特别是会议的国际化水平。最后，会展企业应争取加入会展领域权威的国际化组织，争取得到这些组织的认可，成为其中一员。积极申请 UFI 认证，努力培育成为国际化水平高、全国知名的品牌展会。

第六章　调研省份消费性与社会性现代服务业发展经验与启示

第一节　文化及相关产业

"文化及相关产业"的前身是文化娱乐业，是指以大众化的娱乐性个人消费需求为主要目标顾客，主要服务于消费者的精神世界的图形、文字、音符、旋律等文化娱乐符号的总称。随着现代科技手段和流通服务平台技术的日新月异，文化娱乐业的产业边界逐渐模糊，服务体现方式与服务受众面不断扩大。为了顺应产业发展的需要，国家统计局于 2004 年提出了"文化及相关产业"的产业命名，并将其界定为社会公众提供文化娱乐产品和服务的活动，以及与这些活动有关联的活动的集合；2018 年，又再次对文化及相关产业的分类进行了重新修订。通过修订，目前文化及相关产业包括以下两大类活动。第一，文化产品的生产活动，包括为消费者提供文化及相关服务而进行的以文化为核心的新闻、影视、娱乐休闲等内容的生产、创意、传播、运营等服务活动。第二，文化产品的辅助生产活动，包括文化产品生产所需要的装备、场地，以及传递给终端消费者的终结、销售等环节的服务活动。虽然世界各国的政府部门与研究者从不同的角度给出了对文化产业的不同定义，但因其内涵具有娱乐性、精神性等共同特征，所以文化及相关产业（本章中简称文化产业）可以简单定义为具有精神性娱乐性的文化产品的生产、流通、消费的全产业链过程的各项服务活动。

一、调查省份发展经验

按照 2017 年年底文化产业的统计表明，跻身于全国文化产业第一阵营的 5 个地方分别是北京、上海、广州、江苏、浙江。第一阵营涵盖了国内文化产业发展最快、最好的地方。其中，广东省文化产业增加值在 2015 年、2016 年两年分别达到 3648.8 亿元和 4256.63 亿元，高居五地榜首。因此，第一阵营选择广东省作为调查的先进省份。

第二阵营的省份是以鲁文化、赣文化、湘文化、巴蜀文化、闽文化、中原文化为代表的山东、江西、湖南、四川、福建、河南六省，被称作区域文化大省。其中，福建省作为"海上丝绸之路"的核心区，和内蒙古同为"一带一路"沿线省份，且具有和内蒙古一样的少数民族文化背景，近年来文化产业发展态势较好，所以在第二阵营选择福建省作为调查省份。

文化产业的第三阵营是"陆上丝绸之路"重要节点的西北六省，因为西北六省服务业发展水平在全国居中下游水平，且"一带一路"毫无疑问会为西北六省文化产业的发展带来新的发展机会。西北六省中，陕西省文化产业增加值 2015 年、2016 年两年分别达到 711.93 亿元和 802.52 亿元，两年文化产业占 GDP 的比重分别是 3.95%、4.14%。[①] 文化增加值与 GDP 占比均居西北六省第一位，也是西北六省中从产业增加值到 GDP 占比唯一一个高于内蒙古的省份；加之与内蒙古接壤，是可以借力发展文化产业的省份，所以选择陕西省作为第三阵营的调研对象。

基于以上原因，选择广东省、福建省、陕西省三省份作为文化产业最终调查省份。

（一）广东省

广东省文化产业拥有法人单位 12.1 万家、从业人员 350 多万人，增速连续 15 年居全国各省首位。到 2016 年，仅仅文化产业增速就占到广东省 GDP 比重的 5.26%，约占全国文化产业总量的 1/7。目前，广东省文化产业中，文化创意和设计、文化休闲娱乐、文化信息传输、工艺美术等 7 大类产业规模领先全国。[②] 文化产业已成为广东国民经济重要支柱性产业。

1. 建设现代文化市场体系与金融服务平台

随着发展保障体系的不断健全，通过深入推进体制改革，广东省现代文化市场体系建设基本完成。目前，全省已完成近 700 家文化单位转企改制。全省文化领域推进简政放权后，取消审批事项 30 项，下放 10 项，转移 2 项，调

---

① 搜狐财经.2017 年全国各地文化产业发展大揭底 [EB/OL].(2018-01-02)[2019-04-23]. https://www.sohu.com/a/214280571_100001736.

② 浦东新报.广东省文化产业持续快速发展跃上新台阶 [EB/OL].(2018-05-14)[2019-04-23].http://k.sina.com.cn/article_2568784360_991c89e8020008qzz.html.

整行政处罚职权 145 项，初步实现由"办文化"向"管文化"的机制转变。在国家政策许可范围内，文化领域所有行业均向社会资本开放，各类市场主体都可以在受到法律保护的营商环境下参与到文化产业的投资与经营中来。全省小微文化企业大量涌现，仅 2017 年一年经由广东省文化厅审批设立的经营性互联网文化单位就有 2708 家，同比增长 74.9%。

大力打造产业发展金融平台。广东省组建了规模均超一百亿元的南方媒体融合发展投资基金、全媒体产业基金、新媒体产业基金；与浦发银行签署了在"十三五"期间浦发为文化产业提供 500 亿元投融资额度的战略合作协议；探索构建中小微文化企业融资担保平台，推动了大量社会资本投向文化领域。通过一系列举措，广东省搭建了文化产业的投融资服务平台。

2. 文化产业与相关行业融合发展

广东省通过实施"文化 +"战略，积极推动了文化产业与传统制造业、农业，以及新兴的大数据业、旅游等产业、行业的融合发展，文化产业边界不断拓展。"文化 + 制造"主要是在已有发达的制造业产业基础上，融入文化创意与创新设计，并鼓励合理利用工业遗产发展文化产业；通过各种方式延长制造业的服务利润链以提高产品品质和附加值。鼓励文化与建筑、地产、乡村建设等行业结合，在建筑与环境建设中融入地方特色文化，建设具有文化内涵的特色城镇；并实施中国传统工艺振兴计划，促进岭南文化遗产活化利用与文化创意产业发展相结合，以传统手工艺发展推动乡村振兴。促进文化与旅游业发展的深度融合，支持特色文化创意旅游产品开发，打造一批省文化旅游融合发展示范区；同时，在传统农业中融入文化创意，发展田园体验与观光、特色农家乐、特色农业小镇等具有当地特色农业文化的文化旅游项目。推动文化产业与健康产业结合，发掘和发展岭南中医药文化，打造康养结合的广东省中医药与健康服务品牌。

3. 新业态全面重塑文化产业新格局

近年来，广东省通过政策引导，注重新兴行业发展，文化产业供给侧结构性改革取得了良好成效。2012—2018 年，全省文化设计服务业增加值年均增长近 40%；其中，数字出版、动漫业、电子竞技等高附加值的新业态快速增长，占文化产业比重超过了 50%，有力带动了相关产业加快发展。全省通过贯彻实施《"十三五"广东省文化发展改革规划》和一系列专项规划，鼓励发展电子竞技、游戏等新业态，支持在省内举办具有国内国际影响的电子竞技大赛；做强"媒体 +"，推动"南方 +"、触电新闻等创新发展，整合省市新媒体资源，打造新媒体发展标准项目，建设全国知名的新型主流媒体群；鼓励发展科技引领的动漫业、文化装备产业、网络音乐产业。在 2017 年，数字出版产值居全国第一，动漫业产值居全国前三，游戏业收入占全国 73.9%，占全球 20.4%。一系列的数据表明，广东省的文化产业，尤其是创意型新兴业态发展，居全国先进水平。

随着文化产业新业态的快速发展，广东省文化产业进一步优化地区间的结构布局。发挥粤港澳大湾区核心城市的区位优势，以深圳、广州为核心打造的"设计之都"与"创意之城"，形成创意文化产业的集聚发展；珠三角的其他城市依据各自的区域优势发展演艺娱乐、工艺美术、文化设备制造等产业。通过城市间优势互补、形成了错位发展的广东省文化产业新格局。

（二）福建省

2016 年，福建文化产业增加值 1190.28 亿元，占地区生产总值比率的 4.13%，总额和占比均居全国第 10 位，与全省地区生产总值的位次一致；2012 到 2016 年全省文化产业增加值年均增长 13.5%，远高于同期地区 GDP 的增幅，对经济拉动作用显著。2017 年，全省规模以上文化企业实现营业收入 3946.15 亿元，比上年同期增长 15.4%，增幅比全国高 4.6%，比东部地区高 4.7%。[①]

1. 强化顶层设计以深化文化体制改革

近年来，为了强化顶层设计、破除发展瓶颈，加快文化产业发展，福建省出台了一系列政策文件，在深入体制改革，加快文化和科技、旅游等产业的融合，为文化产业发展提供专项资金支持等方面提供了更普惠的扶持政策和更宽松的发展空间。从 2012 年起，省级财政按照文件规定每年拨付专项资金 1 亿元用于文化产业发展。通过专项资金的拨付，从宏观调控上调整了产业结构、优化了发展布局，促进了福建省文化体制改革和产业发展。近几年，福建省通过出台一系列文件，对文化产业进行宏观引导，对以下几个方面起到了积极的推动作用：第一，将文化创意产业作为推动产业转型升级的四大新兴主导产业之一并给予财政资金的支持；第二，明确了通过财政支持，加大对社会效益突出的文化内容产业、文化融合发展、文化遗产保护利用和促进企业并购重组、培育文化市场等改革创新项目的扶持力度；第三，引导带动金融资本和社会资本投资文化产业，促进文化产业项目建设，文化产业园区规模逐步壮大，文化产业运营模式趋于多元化。

---

① 李珂.福建文化产业：创新风劲，一路高歌 [EB/OL].(2018-05-09)[2019-04-30].http://fj.people.com.cn/n2/2018/0509/c181466-31553338.html.

2.培育"文化+"为核心的产业融合新业态

近年来，福建省把培育"文化+"为核心的产业融合新业态，作为文化产业转型升级和延伸文化产业产业链的重要举措，通过政策引导，大型项目扶持，加快了文化与其他产业的融合发展。《闽南传奇》秀就是福建省一个"文化+旅游"模式的成功案例：《闽南传奇》秀是于2015年9月开始在厦门老院子景区上演的，以闽南文化为主线的实景演艺秀；剧场采用先进的360度环绕设计以增强观众观赏的体验感。仅2017年，就演出800场，票房收入1亿元。在福建，像《闽南传奇》这样的"文化+旅游"模式，正创造着新的经济增长点。福建省深入推动文化与旅游融合发展，打造清新文化旅游品牌，已形成了三坊七巷、武夷山朱子文化园、鼓浪屿等重点文化旅游景点品牌，以及与特色景点紧密结合的各具特色的"闽南传奇""印象大红袍"等实景文化演艺品牌，增强了福建省的区域吸引力与旅游竞争力。"文化+旅游"模式取得成功的基础上，福建省进一步深化文化和科技融合，培育发展"文化+互联网""文化+科技"等文化产业新业态。"文化+互联网"制定出台相关行动方案，并提出了未来发展目标和"互联网+新闻出版"、"互联网+广播影视"等10项具体的行动任务，推动了重点企业培育和发展新兴业态。"文化+科技"形成创意集聚，加快了文化创意科技服务、设计服务等行业的快速融合，福建文化企业创意研发设计能力突出，目前全省文化企业有国家级工业设计中心5家，数量居全国首位。

（三）陕西省

首先，陕西省历史文化悠久，西安市是多个王朝的历代古都，积淀了丰富的历史文化资源。其次，陕西省发生的许多历史事件也体现了近代中国的兴衰，作为中国共产党领导伟大革命胜利的摇篮，红色文化是陕西辉煌的特色文化；最后，地处黄土高坡，淳朴的民俗文化与充满现代化元素的现代文化交织在一起，也形成了陕西特色鲜明的地域文化。陕西省先后出台各类政策，对文化体制进行创新与改革，理顺国有文化资产监管体制，进行文化领域行业组织专项治理，整合文化资源。通过一系列改革，截至2017年，陕西省文投集团、西影集团、广电集团、新闻出版传媒集团、演艺集团5家省属文化企业资产总额达302.1亿元，共实现营业收入95.62亿元，利润总额5.60亿元。①

---

① 　温超.陕西文化产业蓬勃发展 成为国民经济新增长点 [EB/OL].(2018-03-27)[2019-04-30].http://news.cnr.cn/native/city/20180327/t20180327_524178645.shtml.

1.打造文化品牌，叫响文化产业的"陕西制造"

陕西被誉为中国天然的历史博物馆，这里拥有悠久深厚的历史文化、光辉灿烂的革命文化、特色鲜明的民俗文化、壮美雄奇的山水自然文化。丰富而独具特色的文化资源为陕西文艺创作提供了丰富的素材和广阔的舞台，也为陕西省文化产业的品牌建设工作奠定了基础。多年来，在这片文化沃土的滋养中，形成了众多享誉全国的文化品牌，如文学陕军、陕北民歌、长安画派、易俗社等；与这些品牌相关的知名人物，同样是陕西省文化产业的名片，如路遥、贾平凹、张艺谋等各个领域的杰出代表。

2.创意创新为古老文化加入新的表现元素

作为文化资源大省，陕西一直在挖掘优秀文化，高度关注文化品牌的创意与创新；在文学、美术、影视、演艺等各个领域相继打造了一批颇有影响、极具人气的陕西特色文化品牌。例如，《白鹿原》这一著名长篇小说，从文学陕军代表作到连环画，再到陕籍导演王全安执导的电影，曲江影视等拍摄出品的电视剧，直到陕西人民艺术剧院有限公司倾力打造的话剧、西安市蓝田县境内的影视城，"白鹿原"已逐步成为陕西又一响亮的文化品牌。除了文学与影视的融合创新，陕西省充分利用省内的旅游资源，实施文化与旅游深度融合，推广《长恨歌》《延安保育院》《法门往事》等文化与旅游融合发展的演艺模式，提升陕西省精品文旅大型场景剧品牌知名度。

3.集聚高端人才以储备陕西文化品牌发展力量

陕西省文化品牌创造的主要经验是人才效能的最大化。陕西无论哪个时代、哪个艺术门类，每一个文化品牌的背后，都屹立着一个个文化大家和行业精英。这些数量众多的文化产业精英人物，是打响陕西文化品牌的核心竞争力。近年来，陕西设立了陕西文艺大奖、陕西省重大文化精品项目等形式多样的奖励政策，实施了文化产业人才培养方面的各类人才扶持计划，如"百优计划""百青计划""百人计划"等。这一系列措施不仅为陕西培养、筛选了一大批优秀文化人才，还激发了陕西文化的创造力，为陕西省文化繁荣发展与品牌提升积蓄了后备力量。

二、文化娱乐业发展启示

充分利用我区丰富的历史文化、民族民俗等资源，重点发展特色地域文化，如草原文化、蒙古族、鄂伦春族等少数民族文化，利用内蒙古丰富的自然风景文化与各具特色的民族文化，充分考虑东西部地区的差异，实现内蒙古文化产业的差异化发展，重点支持中心城市，如呼和浩特、鄂尔多斯、包头、海拉尔、赤峰等地区建设文化创意中心。

（一）转变政府职能，推动文化产业市场化改革进程

学习广东省经验，逐渐推进文化产业的市场化改革，实现由文化事业向文化产业的转变，政府逐渐退出"办文化"，而成为"管文化"的文化产业管理主体，促进现代文化市场体系逐步完善。文化产业市场化改革可以分为两个方面：第一，"抓大"。设立文化产业发展基金，抓好重点项目和集聚区建设。同时，推动国有文化企业进行公司制改造，完善内部机制，建立现代企业制度；鼓励骨干企业进行跨地区、跨所有制的兼并与重组，多种措施提高国有企业的文化创新能力。第二，"扶小"。为了推动中小微文化企业加快发展，在符合国家政策的前提下，鼓励各类民营资本、外资进入文化领域，推进文化投资主体多元化。学习吉林省的文化产业资本多样化运作的经验，通过出台优惠政策、给予资金扶持，促进中小型民营文化企业迅速成长。

（二）加强民族文化保护传承和创新发展并重

学习陕西省挖掘人文历史资源，继续推进内蒙古"民族文化""草原文化"等重大文化产业建设工程。创新文化遗产保护传承和利用机制，加大元上都、红山文化、固阳秦长城、阴山岩刻、麻池古城等重点古遗址的监测、保护、展示、考古、研究与保护工作，以及各遗址群的考古公园建设。建立非物质文化遗产档案，做好文物保护和文化典籍整理，建设智慧博物馆。鼓励社会力量参与非物质文化遗产保护开发，鼓励筹建民办专题、特色博物馆。推动优秀的传统文化与民族文化遗产转化创新和完善提升，形成新的文化推动力。

（三）打造内蒙古草原精品文化品牌

广东省文化产业发展以数字出版、动漫业、游戏业为核心与主导，福建省充分挖掘闽南文化与茶文化的内涵，陕西省以悠久的历史文化为主线，不断推陈出新，打造文化产业品牌。而我区所拥有的独特的草原风情与少数民族文化，是我区打造内蒙古草原精品文化品牌的出发点。第一，积极动员各旗县区开展特色文化活动，举办特色艺术节和展演活动，加大对优秀文艺作品的扶持力度，打造一批富有民族区域特色与历史文化的文化品牌。第二，依托逐渐成熟的草原精品文化品牌，实施文化产业重大项目带动战略，建设产业园区、文化创意基地，促进文化产业集聚发展。在此基础上，学习陕西省文艺人才所产生的品牌效应，培养我区高素质的文化产业人才。

（四）加快文化产业与其他产业的融合发展

文化产业作为意识形态领域的服务部门，只有与其他相关产业互动融合发展才能产生强大的发展动力。广东、福建省都通过实施"文化+"战略，实现了文化产业的迅猛发展。内蒙古依托自然禀赋与民族地区的优势，应该积极促进文化产业与旅游业、健康服务业、工业、农业的融合；同时，在文化产业内部，加快发展内蒙古特色草原文化、民族文化与新媒体、微电影、动漫游戏等文化新业态的融合与发展，抓住商机、开发新服务、扩大文化产业服务的消费群体。通过文化产业内外融合发展，进而促进文化产业跨越式发展。

第二节　商贸服务业

商贸服务业指由商务部门主要管理的企业商贸活动。按照服务对象不同，我国商务部将商贸服务业划分为餐饮业、住宿业、家政业、美容美发业、淋浴业等为个体消费者提供的商贸服务业；以及会展业等为企事业单位提供的商贸服业。因本次调查按照分类进行，已经将会展业归入第五章基础性与生产性现代服务业的调查范畴，所以本章的商贸服务业是针对消费性服务的除会展业以外的以上所有行业。

一、调查省份发展经验

一方面，商贸服务业包含的消费性服务行业林林总总、内容繁多，且各省份发展受地区经济发展状况、开放程度、人口状况等影响较多，所以发展程度差异较大；另一方面，商贸服务业发展又都具有必须从供给侧出发，满足消费者日益提升的消费需求的共同本质。上海市作为中国最早的商业城市，其商业文明高度发达，商贸业发展一直走在全国前列。近几年上海经济已经从工业经济向服务业经济转型，第三产业在经济中的比重逐渐提升，在经济转型和消费拉动方面处于领先地位。上海的商贸服务业，2017年上半年实现增加值2301.82亿元，税收收入1275.0亿元，无论从商贸服务业的规模，还是税收贡献均创造了历史新高。[①] 目前，全国商贸服务业改革综合试点进入推广复制阶段，全国内贸流通体制改革试点形成的37项经验中，上海有8项在全国复制推广，占推广的1/5还多。因此，本次调查仅选择上海市作为调查省份，做到调查先进、结合实际、为我所用。

为了释放消费者新需求、创造消费者新供给以便引领消费结构，上海市

---

① 匿名.上海商业发展这五年 [EB/OL].(2017-11-05)[2019-05-10].https：//www.sohu.com/a/202472459_184436.

在 2016 年到 2018 年间，通过一系列的政策制定，依赖中国经济重镇得天独厚的基础条件，全力打造"上海购物"与"上海服务"品牌，推进了商贸服务业发展，建设了国际消费城市，其具体经验总结如下：

（一）加快推动消费提质升级，进一步释放消费需求

随着人民生活水平的提高，消费者的消费理念逐渐向品质消费、时尚消费、精神消费、健康消费等现代消费观念转变，上海市对门类庞杂的生活性服务业进行新业态探索、新模式引进、新技术应用等全产业链的改造与升级，带动促进新兴消费领域发展。

1. 品质消费

上海市鼓励倡导品质消费，提升供给商品的品味格调与美观度、供给服务的舒适与安全，集聚全球优质品牌，加速培育本土品牌。深入实施生活性服务业重点领域服务质量提升三年行动计划，推动商贸服务业的高品质发展。"互联网＋生活性服务业"创新发展，亮点突出，一批行业细分领域骨干企业加快崛起。

2. 时尚消费

把握相关消费群体对新兴产品、时尚产品、概念产品的消费需求。上海市通过购物节事活动，拉动时尚消费，仅 2017 年一年，在"上海购物节"的活动总领下，德国文化节、中瑞旅游节，以及上海酒节、河马生活节等各类国别周和商品节都成为消费者关注的"时尚消费亮点"，同期举办的"购物达人赛""最 in 购物地评选"等活动更是掀起了时尚消费的新高潮。一系列的节事活动增强了上海作为国际大都市的对外影响力，对消费的促进作用明显。

3. 信息消费

以"互联网＋"专项行动和智慧城市建设为导向，培育消费热点、变革消费模式、重塑消费流程。例如，2015 年上海推出"魔都消费卡"，消费者通过扫描二维码的方式，就可以了解上海市主要的商场优惠、商业街分布、节日活动、热门展会、旅游景点、各类大型文体赛事活动于赛事等资讯，在指定场所消费出示"魔都消费卡"，还能享受商家提供的专属礼遇。截至 2017 年年底，"魔都消费卡"注册用户已超 10 万人。

4. 服务消费

顺应居民对生活性服务业"更个性、更优质、更便利"的新需求，实施美丽时尚、贴心家政、绿色餐饮、幸福婚庆等生活性服务业提质计划。2016 年以后，上海市的服务性消费占比不断提高，增速明显快于商品消费；在人均消费中所占比重一直保持在 50% 以上，并连年增长。在服务性消费中，文体消费比例逐年递增。上海市鼓励商家联手展览、演出、体育赛事、节庆等文化项目，逐渐培养居民文体消费习惯，促进艺术、体育类教育培训机构发展。

（二）推动传统商业模式提档升级，重塑传统商业实体经济

上海市通过制定与实施《关于加快上海商业转型升级提高商业综合竞争力的若干意见》，确定了定性与定量结合的发展目标，通过聚焦商圈、业态、企业3大核心要素，明确了12项主要任务和7项保障措施以加快商业转型升级。通过提升知名商圈的品质等级，促进商圈的信息化与智慧化建设，扩大商圈对街区的辐射效应，打造适合不同消费人群的时尚消费地标等一系列举措，形成了"市级商业中心、地区级商业中心、社区级商业中心、特色商业街"的"3+1"实体商业布局，数字网络新时代以消费者需求为中心的新型商业空间布局体系基本形成。

1.打造个性独特的特色街区

以特色商业街区为基础，推动建立上海特色商业街区发展联盟，发展商旅文融合、个性突出的街区文化。结合上海市夜市规模与特点，打造各具特色的夜市商业街。

2.打造舒适、便利、智能的社区商业

整合社区服务网点资源，围绕解决"最后一公里"的难题，布局了一批集微菜场、购物、休闲、养老、文化、健身、家政等为一体的社区商业服务示范区。2016年，上海市商业便民利民程度进一步提升，共有连锁便利店9319个；标准化菜市场960余个，社区智慧微菜场超过1500家；多层次生鲜电商网络加快形成，覆盖范围从1千米范围的淘菜猫、强丰，到1～3千米范围的饿了么、京东到家，再到3千米范围以外的盒马、RISO等。

3.形成跨界融合的会商旅文体联动格局

摆脱简单的商品消费模式，将商贸服务业与旅游业、文化产业、健康服务业、养老服务业等不同领域融合；通过丰富多彩的消费模式，倡导层次丰富的体验式消费发展；逐步实现现代服务业新兴业态的跨界融合发展。

（三）完善新消费发展的制度供给，以体制创新培植持久动力

针对新消费所引发的从商品与服务的供给结构、供给方式到供给质量的变化，上海市加强政策引导、完善市场体制、规范市场行为，努力构建供给的良好环境。

1.加大财政金融支持新消费力度

加强中央财政服务业发展专项资金等专项资金对新消费领域的支持。加大财政资金对现代商贸服务业发展的支持力度。

2.建立反映市场消费总规模的指标体系

充分挖掘和应用商业大数据，探索建立全面反映市场消费总规模的指标体系，科学反映居民综合消费的规模和结构，加强新消费研判。建立指标体系的数据发布机制，客观及时反映消费运行的特点和趋势。

3.强化基础设施支撑

大力发展面向长三角城市群的共同配送，建设以"物流园区、配送中心、末端网点"为架构的城市配送物流三级服务网络，整合存量配送资源，建设城市末端配送节点网络。

4.优化商业网点布局体系

以把握商业用地出让总量和总体节奏为主要调控方向，建立完善商业地产市场运行监测体系，提高分析预测水平，引导市场主体的投资行为。

二、商贸服务业发展启示

（一）积极培育以新消费为主体的商贸服务业新动能

政府及相关部门应根据消费市场不断变化的需求，结合内蒙古实际情况制定出台相关政策，引导企业发展电商、物流等现代商贸流通模式。特别是要注重激发中小商贸流通企业的发展活力，加快传统商贸企业的现代化转型。促进旅游、信息通信、家政服务、健康消费、休闲娱乐等消费，尽快实现居民更大范围的新一轮消费转型升级，释放城乡居民巨大的消费潜能，形成支撑经济增长的持久动力，促进内蒙古消费品市场走上健康可持续发展之路。

（二）以供给侧结构性改革推动消费升级

无论一个国家，还是一个地区，发展从根本上要靠供给侧推动。商贸服务业供给侧结构性改革不是简单地增加消费服务的供给数量，而是通过改革，实现消费服务的低水平供给逐渐转变为高水平消费服务供给前提下的供需平衡。因此，当前内蒙古进行商贸服务业供给侧结构性改革的着力点不是简单地通过扩张性政策刺激消费，而是通过供给侧结构性改革，在重点领域推进制度创新、全面改善优化消费环境、创新并扩大高水平消费服务有效供给，推动消费升级。内蒙古应学习上海经验，进行现代商贸服务业的体制创新，进一步完善新消费发展的供给制度，通过政策引导形成跨界融合的会商旅文体联动格局的商品消费模式。首先，应该在政策层面为企业"减负"，鼓励商业业新业态、经营新模式的发展。其次，化解消费品市场产能过剩的问题，积极淘汰僵尸企业，重点支持企业生产更能满足消费者需求的适销产品，打破区域格局，建立全国性大市场。再次，鼓励商贸流通企业开展线上线下融合的经营方式，推广特色产品，扩大营销范围，以网络销售带动实体经营，推动传统商圈提档升级。最后，结合智慧城市建设，扩大商圈对街区的辐射效应，打造适合不同消费人群的品质消费、时尚消费地标。

（三）发力需求侧，引领消费结构升级

从消费者需求的角度看，随着消费者收入的增加与生活水平的逐步提高，消费需求层次不断提高、内容更加丰富，对产品和服务的消费提出更高要求，更加注重消费产品与服务的品质。应该采取切实可行措施，分析现实消费需求并深入挖掘潜在的需求，满足消费者对物质与精神层面上的更高要求，更有品质的消费需求。首先，改变城市居民消费模式，释放潜在消费需求。加快城市传统商圈、商业街的现代化改造，提升消费档次、增强消费体验以满足消费者高品位的消费需求。同时，鼓励广播影视、网络视听、数字出版等新兴服务业与传统商贸业融合发展，扩大精神产品与服务的消费受众。其次，提升农牧区居民的消费层次，推动消费升级。通过加强农牧区产品质量安全和消费知识宣传，并结合开展农牧区市场清理"三无"产品活动，提高农牧区居民质量安全意识，树立科学消费观念，自觉抵制假冒伪劣产品。同时，积极鼓励电商积极开拓农牧区市场，推动农牧区居民消费水平提高。

第三节　旅游业

旅游业，国际上称为旅游产业，包括与旅游相关的各行各业。与其他产业不同，旅游产业不是一个单一产业，而是一个产业群，包含了多种产业形态。旅游业的具体表现形态多种多样，既包括旅游景点的经营与营销活动，又包括旅游所带动的餐饮、交通、住宿等相关行业的发展。旅游业既包括自然风景、餐饮住宿、旅游设施、交通工具等有形物质，也包括消费体验、导游服务、购物体验等无形服务。但是，旅游业所提供的核心产品是无形的服务，且具有明显的服务业行业特征，因而世界各国一致认为旅游业是现代服务业的经济部门。随着消费者生活质量的提高，旅游消费需求持续增加，旅游业发展的潜力巨大、前景广阔。

一、调查省份发展经验

在第四章对调查省份进行初步筛选的基础上，选定河南省、江苏省及几个少数民族地区作为调研对象。具体原因如下：随着社会的发展，旅游市场竞

争越来越激烈，河南省作为中华文明的发源地之一，2017年全省旅游总收入全国排名第八；从2011年开始建设的"老家河南"旅游文化品牌走在全国旅游品牌建设前列，其建设过程的成功经验值得学习借鉴。与此类似，江苏省在2017年凝练出"水韵江苏"旅游文化品牌并积极推进品牌建设，但江苏省的旅游业发展与河南省又有所不同，各有千秋。因此，选择了这两个国内旅游业发展较好的省份作为行业优质省份进行调研。把青海、新疆、宁夏作为发展相近的调查省份，是因为内蒙古与这几个少数民族地区具有共同之处，如地处北方、自然资源禀赋独特、生态链脆弱等。

（一）河南省

河南旅游业从挖掘河南省优秀的历史文化与壮美的自然风景出发，从2011年开始，确定了河南旅游总领品牌"老家河南"，通过各类宣传渠道与营销平台的广泛宣传，以及全域旅游营销推广积极推进品牌建设工作，进一步提升了河南旅游整体形象的传播效果。截至2016年年底，全省A级旅游景区达385家，其中5A级景区12家，数量位居全国第三，4A级景区134家。[①]2017年，河南省接待海内外游客量和旅游总收入分别达到6.65亿人次和6751亿元，同比分别增长14.07%、17.12%，接待海内外游客量全国排名第五，游客增长率是全球平均水平的两倍。[②]

1.不断加入新元素，提升"老家河南"的品牌价值

（1）"老家河南"品牌的情感认同——心灵故乡。2011年，河南省旅游局对河南各种资源、元素进行总结提炼，建立了专属于河南旅游的品牌——"老家河南"。自"老家河南"整体品牌形象确立以来，河南省旅游局展开了情感化营销。2011年拍摄制作了以"心灵故乡、老家河南"为主题的河南旅游形象的宣传片，诠释了河南作为"黄河文明的摇篮、炎黄子孙的记忆、华夏儿女的梦乡"所拥有的独特魅力，并持续在权威媒体平台投放该片。同时，在首都机场、郑州机场等重要窗口及新媒体平台开展"老家河南"整体形象宣传，传递"老家的情感"。"老家河南"品牌的情感化营销获得了海内外消费者的认同，目前已经成为我国屈指可数的成熟旅游品牌。

（2）"老家河南"品牌的内涵提升——豫见中国。2015年河南省旅游局开

---

① 郑州日报.今年河南省将进一步提升"老家河南"品牌内涵[EB/OL].(2017-02-15).www.ha.xinhuanet.com/news/20170215/3655082_C.html.

② 大河网.2017年河南旅游总收入6751亿，游客增长率是全球平均水平的两倍[EB/OL].(2018-05-27).https://baijiahao.baidu.com/S?id=1601630282270365695.

始策划拍摄新版宣传片，新版宣传片的主题确定为"豫见中国、老家河南"，内容从遇到中国河、遇到中国字、遇到中国艺术、遇到中国功夫四个部分，深刻研究与挖掘源远流长的中华文化中与河南省休戚相关的部分，讲好河南省旅游文化的故事。"心灵故乡、老家河南"品牌内涵提升为"豫见中国、老家河南"，通过河南展现一个中国大观的概念，让中国的归属聚焦于河南，升华"老家河南"品牌价值。

2. 实施多产业融合发展，形成旅游新业态

河南省从旅游业包含多种产业形态的特征出发，在发展全域旅游的基础上，以旅游供给侧为切入点，实施"旅游+"，通过旅游业与其他产业的高度融合，丰富了不同表现形式的旅游供给，形成了多产业融合的旅游新业态，吸引了国内外游客的眼球，培育了新的消费增长点。

（1）旅游业与文化产业融合发展。河南省坚持文化是旅游之魂，挖掘全省文化与历史资源，通过文化创意的不同表现形式彰显了河南省全域旅游的整体品牌形象。中华民族的灿烂文化与重要发明多源于河南，因而河南省旅游局以"品牌主导、部门协同、媒体融合、全域联动"为总体营销思路，通过"十大文化符号"探寻活动，走访 50 余个景区与城市，梳理河南全域旅游文化资源；努力把丰富的文化资源转变成旅游市场营销的关键点和吸引力，最终形成共识，倾力打造"老家河南"这一河南省政府唯一的文化产业品牌。现在，"老家河南"品牌背书效应凸显，加速了河南旅游业的发展。

（2）旅游业与科技业融合发展。以品牌文化为主导，坚持新兴技术融入是河南旅游业发展的又一举措。在新媒体渠道整合方面，河南早在 2012 年就成立了河南旅游营销的线上组织"豫聚团"，成为独特的河南旅游线上风景。河南省旅游局也是最早运营官方微博微信的省级旅游局之一，其内容和形式不断创新。随着大众旅游时代的到来，结合游客出游形式的变化，河南省旅游局逐步培养了一批对"老家河南"具有高度品牌认知与认可的自媒体资源，最终形成全方位、多角度的联动平台。

新技术的融入为大众创造出令人耳目一新且更加直观的感受，进而带来更佳的旅游体验，极大地提高了营销活动的互动性和娱乐性，从而有力地提高了营销活动的传播效果，显著地提升了"老家河南"的品牌知名度和影响力。

3. 政府主导多举措协同创新，形成营销推广合力

（1）新媒体营销。"互联网+"时代，新媒体成为现代传播的主要途径，新媒体营销逐渐成为旅游目的地品牌营销新宠。在此背景下，河南省旅游局依托河南"老家"文化，与时俱进，创新融合，不断探索，借助新媒体营销推广

河南旅游，为国内目的地新媒体营销创新实践提供了一些可借鉴之处。

河南是国内最早拉开旅游新媒体营销序幕的省份之一。2012 年，河南省旅游局推出了"老家河南"旅游主题品牌，从根亲、人文、情浓等方面传递着文化圣地、心灵港湾的融融之情。同年推出《让心回家》十二星座微电影，在各大视频网站上播出，以轻松、时尚的风格吸引了众多年轻族群的追捧，取得了良好的社会反响。随着"老家河南"品牌的内涵提升，在 2016 年再次重磅推出"2016 豫见"系列主题新媒体旅游营销活动，借助新媒体巧妙地进行接力传播，通过文化与体验的完美融合，把游客实地的旅游体验不断发酵和传播出去，达到了理想的营销效果。

（2）"旅游 + 高铁"营销。在全域旅游战略的指导下，2016 年河南省各市县纷纷利用"旅游 + 高铁"营销模式，先后冠名"新乡南太行号""驻马店·嵖岈山号""奇境栾川号""红旗渠号""信阳旅游号"等 20 余个车次，形成了"流动在铁轨上的河南旅游会客厅"。

（3）事件营销。结合当前时事热点开展旅游营销活动也是河南全域旅游营销的特色要点。2016 年，郑徐高铁开通、G20 峰会举办之前，河南省旅游局与去哪儿网共同开展了"老家河南惠动江南"主题营销活动，力求定向精准、深度实效。在去哪儿网推出的 5 折惠民季大促活动中，河南省旅游局协调省内 17 家 4A 级以上景区给予沪浙游客门票半价的优惠，去哪儿网则让出佣金返还给购买产品的游客，并配合开展了一系列的抽奖互动等推广活动。1 个月内，江浙沪赴河南旅游订单量比 2015 年增加 287%，景区门票预订同比增长 327%。同时，在奥运期间，河南省借势结合朱婷、宁泽涛等河南籍知名运动员身份开展了相关旅游营销活动。

（二）江苏省

近年来，江苏省旅游业按照"建设国内领先的旅游强省和国际著名的旅游目的地"的目标定位，持续推进"全域旅游""水韵江苏"旅游品牌建设，旅游业总收入迈上万亿元台阶，对国民经济的贡献率逐年提高，游客满意度实现"全域满意"，旅游业发展水平继续保持全国领先。2017 年，江苏省接待境内外游客 7.47 亿人次，五年来年均增长 9.6%；旅游业总收入超过 1.16 万亿元，年均增长 12.2%；旅游业增加值 5195 亿元，年均增长 12.2%。[①]

---

① 钱国超 . 新时代新征程，加快实现江苏旅游新发展 [EB/OL]. (2018-02-03).https://new.qq.com/omn/20180203/20180203A0PW7D.html.

1. 突出"水韵江苏"主题，高质量开展旅游品牌营销

2017 年 5 月，在江苏发展大会开幕式上，由江苏广电总台摄制的专题片《水韵江苏》首播。① 与河南省相似之处是，江苏省充分发挥其水资源丰富的优势，将水的特性与江苏省的古韵今朝、物阜民丰、悠久文化等紧密融合，并通过《水韵江苏》宣传片的一系列宣传推广活动，展开了以"水韵江苏"为主题的江苏省旅游品牌的高质量营销活动。

（1）与其他省份联手推进旅游业品牌营销。2015 年，由陕西、湖北、云南、上海和江苏等省级旅游局共同成立了"中国长江旅游推广联盟"，联盟的成立推动了长江流域沿线各省份共享旅游资源、优势互补，依托长江流域积极探索开展多层次、全方位的旅游合作，实现旅游文化品牌的联合推广。江苏省沿长江流域的城市有 8 座，占据了近 2/3 的江苏省城市，因而江苏省充分利用联盟的各类活动，推出"扬子江名城之旅"多条组合精品旅游线路。

除此之外，江苏省在山东济南，广东省的广州、深圳等城市举办了以"水韵江苏"为主题的旅游专题推介会，并借助中国国际旅游交易会（CITM）等具有国际影响力的展会进行宣传与推介。通过一系列活动，江苏在与各省市旅游业的共同发展与品牌营销的过程中，创新营销模式，通过合作共赢实现了旅游业综合效应的充分释放与发挥。

（2）推动入境旅游市场快速发展。江苏省在《关于大力发展入境旅游的意见》中确定了"2020 年全省接待入境过夜游客 410 万人次"的目标，并通过一系列举措，拓展江苏省旅游的国际市场，精心打造符合国外游客消费体验需求的旅游路线与品牌。同时，制定入境旅游奖励办法，激发旅行社自主外联积极性。在美国、加拿大和中国台湾等地增设旅游推广中心，并通过省市联合、政企合作，发挥各级政府、旅游业相关企业开拓国际市场、组织国际客源的主动性与积极性。

2017 年江苏省接待入境过夜游客人数 370.1 万人，与 2016 年同期相比增长了 12.2%。从接待外国游客客源来看，日本游客最多，共计 461 922 人次，同比增长 11.3%；其次是韩国游客，共计 403 309 人，同比微降 1.1%；美国游客数量排名第三，共计 249 059 人，同比增长 10.5%。值得注意的是，在 12 个外国国家中，仅韩国游客数量有所下降，其余 11 国游客人数有不同程度增长。其中，与上年同期相比人数增长最快的是印度尼西亚游客，2017 全年共

---

① 江苏新闻.江苏发展大会专题片《水韵江苏》首播，美翻！ [EB/OL]. (2017-05-21). https://www.sohu.com/a/142258602_661998.

有 44 821 人入境旅游，同比增长 35.2%。另外，澳大利亚游客数量增长也非常迅速，2017 年共计游客数量 77192 人次，同比增长 28.4%。①

为了进一步稳定日本入境游市场，2017 年，在日本福冈举办了"美丽中国·丝绸之路旅游年忘年会暨江苏旅游之夜"的推广会。同年 12 月，由中国江苏省旅游局举办的"水韵江苏"旅游推介会在柬埔寨举办，向柬埔寨旅游业者推广江苏旅游形象和旅游产品。② 这一举措推进了与东南亚国家入境游的进一步合作。

2. 完善基础工作，高质量推动旅游业转型升级

（1）推进高科技含量的"智慧旅游"。江苏省全面启动了旅游产业综合管理与服务大数据平台建设，通过该平台实现省市县以及旅游企业单位间的数据共建共享和旅游部门的三级联动。省局负责制定标准、确定框架和内容，市、县（区）旅游部门加快推进本地旅游综合管理与服务大数据平台建设。同时，推广大数据与网络新技术在旅游业中的应用，开展智慧旅游示范项目创建评比和推广活动，优化"两微一端"自媒体系统和手机服务功能。以乡村游和自驾游为重点，以民宿、农庄为基本，打造集形象展示、线路推荐、咨询服务、预定消费等为一体的移动终端平台，实现"一机在手，说走就走，畅游无忧"。通过整合通信运营商、相关部门和各地的数据，强化大数据采集运用和互联互通，加强对旅游统计数据的分析应用。

（2）通过旅游基础设施建设实现"乡村振兴"。首先，塑造乡村旅游品牌。设计江苏特色的乡村旅游品牌形象，公布精品乡村旅游线路和自驾游产品，把乡村旅游作为"水韵江苏"的重要内容对外推介。总结推广"马庄经验""大丰模式"等乡村旅游发展典型，举办"江苏乡村旅游节"，开展"乡村旅游后备箱"行动。其次，放大乡村旅游综合效应，充分发挥乡村旅游经济文化功能，鼓励有条件的农村盘活资源，发展乡村旅游项目。持续开展乡村旅游公共服务专项整治行动，改善乡村生态条件和文明环境。

（3）突出"厕所革命"，完善旅游公共服务。"厕所革命"按照三年新建和改扩建旅游厕所 3650 座的总目标，2018 年完成 1500 座的目标已被列入 2018 年江苏省委督查项目和省政府十大民生工程，以此为契机，全面提升旅

---

① 　中商产业研究院 .2017 年江苏省入境旅游数据分析：全年入境人数增长 12.2%[EB/OL].
(2018-03-09).http://finance.jrj.com.cn/2018/03/09140224217865.shtml.

② 　中国江苏网 .青山衬秀水，名园依古城"水韵江苏"旅游推介会走进柬埔寨 [EB/OL].
(2017-12-29).https://m.sohu.com/a/213458301_402008/.

游公共服务水平；实施《道路旅游标识设置规范》，继续优化提升旅游交通标识标牌。同时，着力解决"最后一公里"的问题，推动建设一批景区道路连接线；在高速公路服务区设置一批游客服务点，开辟一批旅游产品展销中心。通过旅游风景道建设串联各旅游景区（点），继续增开旅游公交和专线，完善落实租车网络，加快建设房车露营地，确保游客行得顺畅、游得欢畅。

（三）少数民族省份

1.青海省

2006 年青藏铁路全线通车后，促进了青海旅游资源开发，降低了进入门槛，拓展了客源市场。2006 年青海旅游人数是 815 万人，到 2016 年增长到 2876.92 万人。青海省统计局发布的 2017 年全省旅游业主要数据显示：2017 年全年共接待国内外游客 3484.1 万人次，累计增速 21.1%，其中入境旅游人数 70247 人，累计增速微增 0.2%；国内游客数量 3477.08 万人次，累计增长了 21.2%。[①]青海省旅游业发展的优势是自然环境资源独特、不可复制，具有原生态特性与多元化的文化底蕴；不足之处是由于地处高原、气候条件恶劣，旅游业发展相对落后、缺乏精品旅游项目、产业链条短且行业内人才匮乏。青海省提出了将旅游业打造成现代服务业的龙头产业、支柱产业，带动一二产业发展的战略；从顶层设计入手，强化省级统管，创新工作机制，理顺管理体制，为旅游产业高质量发展提供了强大动力。具体做法包括以下几点：

（1）坚持生态保护第一原则，推进生态旅游发展。青海有着"世界屋脊"的美称，也是长江、黄河、澜沧江的发源地，被誉为"三江源""江河源头""中华水塔"。青海省坚持生态保护第一原则，做到发展旅游业不以牺牲生态环境为代价；通过国家级、省级生态旅游示范区的建设工作的推进，大力提倡绿色旅游，加快培育生态旅游产业。

（2）持续打造"大美青海"品牌，提升品牌影响力。青海省旅发委以重大活动为载体，将传统媒体和新媒体相结合，通过专业化的市场运作方式，开展"大美青海"旅游品牌的宣传推广。首先，近几年在全国各地连续开展"大美青海"走遍中国的推介活动，通过连续不断的品牌推广，提升了"大美青海"在全国的品牌影响力，吸引了全国各地游客的注意力，实现了客源市场不断扩大。其次，通过与百度公司、腾讯公司合作，依托人民网平台，创建人民网青海旅游频道等，借助新媒体扩大"大美青海"品牌影响力。最后，利用北

---

① 中商产业研究院 .2017 年青海省接待游客 3484.1 万人，旅游收入同比增长 23%[EB/OL].(2018-01-22).https://www.askci.com/news/chanye/20180122/175707116601.shtml.

京地铁二号线出入口灯箱广告、成都双流机场灯箱广告、海南航空机载电视等手段继续发挥传统媒体的重要作用，展示大美青海旅游新形象。通过各种活动与推介，吸引更多游客来青海旅游，最终达到拉动消费的目的。

（3）推进"旅游+"，实现多产业融合发展。首先，推进旅游与第一产业融合。2018年，青海省增加农（牧）业旅游的规模，着力打造了3个田园综合体、20个观光农业、农（牧）家乐，提升了乡村游的服务质量，优化了农（牧）业旅游的内部结构。其次，推进旅游与第二产业融合。依托旅游业发展，进一步融合旅游业与医药、食品、奶制品、民族工艺等特色工业融合发展。最后，推进"旅游+现代服务业"发展。在"旅游+文化"方面，重点体现青海省与众不同的自然风光与历史人文，打造国内外知名的文化旅游目的地；在"旅游+体育"方面，大力实施健身休闲产业行动计划，创建两家省级体育旅游示范基地，为创建国家体育旅游示范基地做储备；在"旅游+互联网"方面，推进全域智慧旅游服务升级工程，建立青海省智慧旅游整合平台，实施青海省重点景区智慧解说系统建设，促进游客深度旅游体验。

2.宁夏回族自治区

作为全国第二个获批的全域旅游示范省（区），自2015年以来宁夏先后出台了与全域旅游发展相关的发展规划、行动方案和指导意见；自治区内全域旅游发展共识基本形成，并对全域旅游各发展阶段时间表进行了详细的规划与安排。截止到2017年，全区开工建设旅游项目301个，财政性旅游投资7.15亿元，带动社会投资近200亿元，随着全域旅游工作的推进，宁夏整体形象得到进一步推广与提升，旅游业快速发展对投资和消费所产生的拉动作用逐渐显现。①

宁夏在创建"全域旅游示范区"的过程中，打造自治区统一的旅游目的地品牌并开展"冬天去海南，夏天来宁夏"的整体形象宣传。首先，按照"全景、全业、全时、全民"模式，进行全自治区旅游资源的整合。同时，加快旅游业与农业、工业、商贸、文化等的融合，丰富产业链环节，提升旅游对经济发展的拉动作用。其次，加强国际合作，引进境内外战略投资者开发文化旅游资源，重点打造具有"丝绸之路"文化特色的国际旅游项目与旅游路线，如通过中阿、中美旅游高层对话等重大活动，宣传宁夏的国际旅游形象。最后，鼓励发展旅游产品与文化艺术品互联网交易平台，实现旅游文化产品的网络宣传与交易。通过一系列举措，宁夏旅游新形象逐渐树立；宁夏旅游投资集团、六

---

① 中国网.宁夏：大力发展全域旅游 打造国家级示范区[EB/OL].(2017-11-27).http：//www.china.com.cn/travel/txt/2017-11/27/content_41949191.htm.

盘山旅游集团、沙坡头旅游产业集团等成功组建运营，旅游创客行动广泛开展，全区旅游直接从业人数7.2万人，带动间接就业30余万人，全域旅游发展对城乡就业的杠杆效应凸显，对营商环境的提升作用凸显。

3.新疆维吾尔自治区

近年来，新疆明确了旅游业作为支柱产业在自治区经济发展中的战略性地位，进行旅游业顶层设计，并通过制定出台加快旅游业发展的一系列政策措施，精准定位旅游业的文化特色，形成了科学发展旅游业的新理念、新方法。尤其是"旅游+"做得独具特色，有效培育了新疆新的经济增长点。具体内容包括以下几点：

（1）"旅游+农业""旅游+扶贫"。通过特色小镇、旅游精准扶贫等工作加快乡村旅游发展。

（2）"旅游+体育"。借助环塔拉力赛、环赛里木湖公路自行车赛等一批体育赛事，提升新疆的整体形象。

（3）"旅游+互联网"。通过与中国电信、移动等公司合作，共同推进旅游信息化建设进程，完善旅游业信息平台建设，实现旅游大数据共享。

（4）"旅游+铁路"。自2017年以来，"环游北疆""奇幻火洲"等五趟国内旅游列车相继开行。新疆通过与援疆省市旅游专列的开通，2017年"环游北疆"一趟专列就开行了260列，组织游客近30万人次；2018年新疆开行的旅游专列总数达到1000列。通过三年的建设，目前新疆已经形成"旅游+铁路"的旅游业发展新模式。

二、旅游业发展启示

（一）做好顶层设计，发展全域旅游

在做好旅游业顶层设计方面，新疆、宁夏值得借鉴。只有做好顶层设计，才能做大做强旅游业，把内蒙古建成国内知名旅游目的地，才有可能将旅游业培育成自治区重要的战略性支柱产业。

在做好旅游业顶层设计的基础上，接下来的工作重点就在于如何谋划好未来五年旅游业的产业布局、发展方向和重点，将顶层设计通过旅游业的具体产品和服务体现出来。河南、江苏等省份积极推进全域旅游的一系列具体措施值得学习借鉴。内蒙古推动12盟市打破地区限制，对接旅游资源，将各地区星罗棋布、特色不同的草原、冰雪、湿地、沙漠、森林等不同旅游资源汇织成面，探索打造差异化、立体化的旅游产品创新发展模式，努力构建全域旅游发展格局，实施全域旅游发展战略。

（二）多种措施并举，实施品牌创建战略

河南省自 2011 年以来，历经 8 年时间，不断加入新元素提升"老家河南"的品牌价值，现已形成国内知名旅游品牌。江苏省也于 2017 年提炼出"水韵江苏"主题，并通过一系列高质量的旅游品牌营销策略，大力宣传这一旅游品牌。内蒙古自治区目前在国内外旅游品牌的推介中集中打造"祖国正北方、亮丽内蒙古"形象品牌，但同时推出"内蒙古旅游，马到成功"旅游品牌、"草原＋风景道"线路品牌、"豪迈、自然、温馨"服务品牌、"内蒙古博乐歌"旅游商品品牌、"自由自在内蒙古"自驾游品牌等。与河南、江苏两省相比较，内蒙古自治区品牌形象不集中、品牌内涵不深刻，品牌名称与内涵需要进一步提炼。未来一段时间内，内蒙古旅游业品牌建设工作应该围绕以下工作展开：如何打造朗朗上口、内涵丰富的旅游品牌；通过政府主导，创新企业营销方式、改进营销理念、拓展营销渠道；构建全媒体时代的立体营销系统和多元化的旅游消费市场宣传途径，强化旅游品牌形象，提高旅游品牌知名度，提升旅游品牌价值内涵。

（三）创新旅游宣传推广模式，推进旅游项目建设

河南省、江苏省通过整合营销，运用多种渠道、突出重点市场，不断提升旅游品牌内涵。内蒙古各盟市应该充分利用草原、沙漠、温泉等独特的自然资源，以及多民族聚居形成的独特的文化资源，引入专业的市场推广机构，因地制宜地精准推介营销，大力拓展国内外客源市场，推进旅游精品项目建设。

在旅游精品项目建设中，通过内蒙古知名度高的旅游景区，设计标志性的文化旅游项目，通过精品项目品牌知名度的提高，带动相关的衍生产业发展，拉长旅游业产业链条。例如，通过提高内蒙古冰雪那达慕的影响力和知名度，以自然冰雪和民俗风情为核心，进一步完善冬季旅游产品。还可以推出像"印象刘三姐""印象武隆""印象西湖"等大型文旅演出，展示内蒙古历史文化、民族服饰。通过旅游精品项目建设，改变目前仅仅停留在景区硬件设施建设上的现状，提升旅游品牌影响力，带动就业，发展经济。

（四）建立旅游综合协调和综合管理机制，实施"旅游＋"战略

新疆、青海都积极推进实施"旅游＋"，实现了多产业融合发展。内蒙古可借鉴相关省份经验，构建"旅游＋"文化、体育、农牧业、工业、健康、扶贫、生态等融合发展机制，并进一步催生服务新业态。为了能够丰富与合理利用旅游供给，以产品为纽带，统筹盟市间旅游合作，整合优势旅游资源，推进盟市间旅游一体化发展，推进内蒙古旅游业从粗放低效向精细高效转变。

（五）保护生态，加强基础设施建设，推进旅游业跨越发展

与青海、新疆类似，内蒙古生态环境较脆弱。青海省提倡与培育绿色旅游、生态旅游的措施，内蒙古旅游业可以学习运用。另外，内蒙古旅游景点众多，但交通极为不便；内蒙古旅游业发展较晚，公共交通体系、有规模的游客中心、景区娱乐场所配套设施均不完善；目前解决交通可达性、服务便利化等问题都是内蒙古旅游业发展的瓶颈问题。江苏省在完善旅游公共服务、高质量推动旅游业转型升级方面做了大量的基础工作，这些做法可为我们所借鉴。

第四节　养老服务业

目前，中国已经成为世界上老年人口最多的国家，2017 年 60 周岁及以上人口 24 090 万人，占比 17.3%。65 周岁及以上人口 15 831 万人，占比 11.4%。[①]2006 年养老服务业首次作为专门用语在国务院颁布的文件中被提出。作为一个新兴行业，养老服务业的概念在提出后内涵不断丰富，目前国内学术界将其分为两类，分别是广义的养老服务业与狭义的养老服务业。广义的概念是指服务于老年人生活、精神各方面的服务行业，包括老年人的家政与护理服务、旅游服务、医疗服务、金融业务与保险服务、老年大学等精神服务等内容。狭义的定义则仅仅指为老年人提供照料及护理的生理服务。本节中所使用的是广义的养老服务业概念。

我国养老服务业具有以下主要特征：

第一，战略性。2013 年国务院发布《关于加快发展养老服务业的若干意见》，指出当前我国已经进入人口老龄化快速发展阶段。随着我国老龄人口的逐渐增多，一方面，人口老龄化造成的社会问题日益凸显；另一方面，养老服务需求逐渐增加，市场不断扩大。因此，我国发展养老服务业既符合社会进步的需要，也符合市场经济的发展规律，在推动产业结构升级、促进就业等方面都将发挥重要作用。

第二，综合性。养老服务业涵盖多种服务行业，其子市场形成了满足老年人的各种物质、文化需求的产业链。从国家宏观层面而言，养老服务业的产业链环节众多，吸纳了大量社会就业人口，起到了支撑国家与地区经济建设、

---

① 中商情报网 .2030 年上海人口老龄化率将超 19% 健康养老机构发展迫在眉睫 [EB/OL].(2019-01-09).https://baijiahao.baidu.com/s?id=1622118542722194500.

社会发展及稳定就业的作用。从微观消费者需求而言，通过丰富养老服务业的服务内涵，提升服务质量，满足不同层次消费者的消费需求，既改变了传统的养老服务消费观念，又拉动了消费，促进了生产。

第三，弱质性。作为 21 世纪才逐渐兴起的"朝阳产业"，因为养老服务业发展基础较薄弱、环境条件较落后、产业不成熟等问题，必将导致盈利能力有待提升、对社会资本投资吸引力不足等新兴产业所具有的"弱质性"。现有的老年教育、医疗、康复服务等投入多为公益、福利性的，而养老机构的兴办统一由民政部门负责管理，作为供养老人主力军的大规模、优设施的养老机构的投资仍主要来源于政府支持。但最近几年，随着国家的日益重视，非公有制养老机构迅速发展，市场占比提升显著。作为市场经济的产物，非公有制养老机构提供的服务优质，设施新颖，定价也变得相对合理，市场竞争力逐渐增强。

一、调查省份发展经验

2018 年，在政府和社会力量的共同努力下，中国养老服务业在养老机构质量监管体系建设、养老服务市场开放、高龄津贴等老年人三项补贴覆盖范围、医养结合、长期护理保险试点拓展、社区居家服务模式探索、老年人照顾服务体系建设、税延险试点、老年人优待服务水平提升、农村敬老院转型十个方面取得了显著进展。①

总结以往几年我国各省市的养老服务业发展，北京、上海作为我国政治经济文化的中心，在社会资本筹办养老机构、积极推进医养结合、上调养老服务补贴和护理补贴标准等工作中均处于全国领先地位；作为 2018 年国内生产总值居全国第三、人口总量居全国第二的山东省，2017 年老年人口逾 2137 万人，居全国第一，已经进入中度老龄化社会。山东省近年来也积极应对人口老龄化问题，成果显著。因此，结合第四章对调查省份进行初步筛选的结果，选定养老服务业发展较快的北京、上海、山东作为调研对象。

（一）上海市

作为"国际老年友好城市"，上海既是一座年轻的充满活力的城市，又是一座优雅的逐渐步入老龄化的城市。2017 年上海 60 岁及以上常住人口达到539.12 万人，65 岁及以上常住人口达到 345.78 万人，分别比上年增加 37.6 万

---

① 中国公益研究院.社会引领 | 2018 年中国养老服务业十大进展及五大发展趋势 [EB/OL].(2019-02-14). http://www.chinadevelopmentbrief.org.cn/news-22545.html.

人和 26.99 万人。65 岁及以上老年人口增量自 2010 年第六次人口普查以来首次高于新出生人口。《上海市城市总体规划（2017—2035 年）》提出建设老年友好型城市和老年宜居社区。如今，建设国际老年友好城市又被列入"上海服务"品牌建设三年行动计划 13 个专项行动之一。① 上海市作为全国最早进入人口老龄化的城市，自 2003 年起实施《上海市无障碍设施建设和使用管理办法》，经过多年的努力被评为我国老年宜居无障碍示范城市；于 2005 年率先提出了构建"9073"养老服务格局；自 2009 年起黄浦等五个区开展了"老年友好城市"试点，静安区还成为世界卫生组织老年友好城市指标体系报告中五个案例之一。2013 年形成"上海市老年宜居社区建设细则"，主要围绕社区养老服务，在全市 40 个街道试点，"十三五"规划期间将会推广到所有街镇。2014 年上海市对全市的养老服务工作再次进行了顶层设计与谋划，确定了到2020 年实现"五位一体"的上海养老服务新体系。自 2015 年 6 月 1 日起，上海市实施了《老年友好城市建设导则》。导则从住房安全与便利性、户外老年设施、公共交通出行，以及老年人的文化、体育、健康服务和援助等内容，对养老服务业的社会参与、准入和风险进行了规范性规定。无论从政府规划还是社会力量参与，上海市的养老服务业都走在了全国前列，尤其是上海市成功推进了"五位一体"社会养老服务体系的建设工作，为全国其他省市完善养老服务体系、发展养老服务业提供了借鉴。

1. 构建多层次、多样化的养老服务供给体系

一是以规划布局为引领，保障养老服务设施供给。2015 年，上海市及其所辖的各区县分别编制了养老设施布局专项规划，也是我国首例政府角度有关养老设施布局的专项规划。目前，通过统筹规划、资源合理利用，上海市已经形成多种养老服务模式并举的养老服务供给体系，既包括传统的养老院服务模式，也包括社区组织的老年人标准活动室、日间照料、助餐服务点等形式多样的居家养老服务模式。同时，宣传推广"老伙伴计划"，通过社区内行动、自理能力强的低龄老年人为行动不便或高龄老年人提供志愿服务，一方面增加老年人的归属感，另一方面提升社区文化凝聚力。

二是创新养老服务供给模式，探索适合上海的养老服务供给新路径。上海市分别针对城市与乡村的差异，探索不同的养老服务供给模式。对于城市：一方面，在原有养老机构内进行医疗机构的增设；另一方面，结合社区

---

① 胡苏云. 从老年人视角看"国际老年友好城市"［EB/OL].(2018-05-23).https：//guancha. gmw.cn/2018-05/23/content_28928926.htm.

养老服务，市政府推进实施"长者照护之家"项目。通过以上供给模式的探索，形成了上海市城区养老服务供给的三大优势：第一是融合服务功能，打通"90""7""3"三个板块。上海市提出"9073"养老服务供给模式，即90%的老年人通过社区帮助可以由家庭自行照顾、7%的老年人通过社区居家养老服务给予照顾、3%的老年人通过养老服务机构提供照顾与看护。第二是促进"原居安养"，"9073"模式为97%的老年人提供了不离开熟悉的社区生活环境就能得到照料与看护，既有利于老年人身心健康，也方便儿女看望。第三是有利于持续发展，通过尽量改进已有养老机构的设施，避免盲目新建养老机构，通过养老机构的规范化运作，实现连锁化、规模化发展。对于乡村：上海市制定出台《关于加强本市农村养老服务工作的实施意见》，着力从完善设施网络、提升服务水平、加强体制机制保障等方面，改进乡村养老服务供给模式。浦东、奉贤等区结合农村实际情况开展"农村睦邻点"养老服务供给模式的试点。结合农民的闲置住宅较多、场地较宽敞的特点，组织有闲置自有房屋的农民，在自愿的前提下，或者志愿、或者收取一定费用，为村内老年人提供互助式养老的场地，推动乡村养老服务供给质量的改进。

2. 推进形成完善的养老服务保障体系

一是全面推进医养结合。2015年，为了能够全面开展养老服务的医养结合工作，市民政局出台相关文件，确定了上海市未来养老服务工作中医养结合的工作目标和路径。当年在全市范围内就完成了所有养老机构与就近的社区卫生服务中心的签约，并先后在50家养老机构内通过场地与设施改造新增了医疗机构。经过两年的持续推进，到2017年，上海市所有在150张床位以上规模的养老机构内部都完成了改造，增设了医疗机构。

二是加强养老护理人员队伍建设。上海市通过统一制定《养老护理人员队伍建设（专项）规划》并推进实施，从养老服务机构到社区养老服务人员的人员招聘、培训开发、职业生涯发展与规划、薪酬激励措施各方面提出举措。同时，考虑借鉴建设领域立功竞赛模式，在养老领域开展劳动竞赛，提升岗位吸引力和荣誉感以吸引人才。

3. 推进养老服务政策支撑体系建设

上海市对享受服务方和提供服务方都制定和实施一系列支撑政策，确保需方需求有效满足，供方服务能够持续。对于享受服务方：在社区居家与机构之间形成合理梯度，引导老年人优先选择社区居家养老。2015年，市民政局印发《关于调整本市养老服务补贴政策有关事项的通知》，通过对低保家庭，低收入家庭，80周岁以上、90周岁以上等不同经济情况、不同年龄的老年人实施从 20%、50% 到全额享受补贴的分层次养老金补贴政策，让老年人减轻养老负担，选择适合自己收入状况的养老模式。对于提供服务方：在建设用地、融资、运营、税费等各方面给予适当的补贴或优惠。"十二五"规划期间，市级建设财力投入养老机构床位建设的补助累计超过 10 亿元。养老设施在水、电、燃气、有线电视等价格方面享受优惠。提供服务方的投资主体也逐渐从以政府投资兴建逐步向引导社会资本积极参与养老服务供给过渡。一方面，由政府投资的养老服务机构积极推进"委托经营管理"，实现养老机构经营管理权的市场化运作；另一方面，通过创新各种合作方式、出台金融支持与税收优惠政策，积极吸引社会资本参与到养老机构的兴建与运营中。

4. 探索养老服务供需平衡匹配

为了更加有效对接养老服务需求与有效养老服务供给，从 2014 年开始，上海市先后在徐汇、普陀、杨浦、浦东等区进行了试点。以徐汇区的试点成果为模板，在全市各区县全面推开了此项改革，内容包括以下几点：通过重新整合原有民政、医保等部门的评估职能，统一建立针对老年人的照护等级评估标准；建立第三方老年照护需求评估机构，开发相应的评估系统。建立统一的老年照护服务申请和受理渠道，开辟实体窗口和虚拟窗口，便于老年人申请。对于老年人新增的养老服务需求，都需要老年人提出服务需求申请，经过老年照护需求评估机构统一对其需求进行评估后根据老年人具体情况提供相应的养老服务供给机构。通过养老服务需求的统一评估与供给匹配，实现了整合老年照护服务资源，统筹养老机构床位、老年护理院床位和居家养老服务各类设施的建设和使用，在各类服务之间形成转介和轮候机制，使符合条件的老年人得到与其身体状况相适应的老年照护服务。

5. 建立健全养老服务行业监管体系

一是加强日常运行的监管与管理。探索组建对养老服务机构进行监督与检查的督导员队伍，发挥"眼睛、桥梁"功能，确保养老服务机构提供服务的质量，提高管理水平。第一批督导员共有 18 名专家。截至 2015 年年底，督导员队伍对 5 个区 50 家养老机构进行以服务中的安全为主题的重点督导。除了保证服务质量之外，重视养老服务机构运行中的消防、护理和食品等方面安全的检查，开展消防安全专项治理，规范养老机构的护理与用餐安全，保证老年人的人身安全。

二是实施评估、审计管理。对养老服务机构进行等级评定，等级评定指标包括社会信誉、管理水平、设施条件、员工素质等各方面。通过养老机构的等级评定，对其提供的服务质量进行评估。同时，对养老机构的建设、资金、安全等问题进行审计，保证养老服务机构的良性发展。

（二）北京市

据北京市统计局数据，2017年年底，北京市60岁及以上常住老年人口为358.2万人，占常住人口总数的16.5%；60岁及以上户籍老年人口为333.3万人，占户籍人口总数的24.5%；预计到2050年将超过800万人，占总人口比例也将上升到35%以上。北京成为我国继上海之后第二个进入人口老龄化的城市。

北京市围绕"老有所养"，通过加强养老服务业发展的顶层设计，完善养老服务的政策体系，进一步满足多元化的养老服务需求。从2015年开始实施《北京市居家养老服务条例》以来，全市以居家养老为主，积极推进医养结合，构建"三边四级"养老服务体系。近几年，社会化养老服务体系加速完善，养老公共服务设施不断升级，养老市场全面放开。如今，以养老服务补贴、高龄津贴、免费乘公交等福利优待为主要内容的老年人福利体系也已逐步建立。在积极推进"三边四级"养老服务体系建设的过程中，北京市积累了丰富的经验。

1. 循序渐进，逐年推进"三边四级"养老服务体系基础设施建设

"三边四级"养老服务体系中，"三边"是指实现老年人在其"周边、身边和床边"就近享受居家养老服务；"四级"是指在政府主导下，从上而下形成"市级指导、区级统筹、街乡落实、社区参与"的四级居家养老服务网络。"三边四级"养老服务体系能够统筹北京市内与养老服务相关的企事业单位，以及相关的志愿服务，创造良好的敬老、爱老的社会环境，实现老年人就近享受高质量的养老服务。2016年北京市提出构建"三边四级"服务体系的框架，2017年在朝阳、房山、顺义、怀柔、密云、延庆六区建成本区养老服务指导中心并试运营。截止到2018年，全市共建设街乡镇养老照料中心252个，每年辐射开展居家养老服务项目1000多个；建成运营社区养老服务驿站380家，其中农村幸福晚年驿站140家；全市投入运营养老机构506家，投入运营养老床位10.3万张；发展了九大类、1.5万家养老服务单位。民政、卫生、人力社保等部门也在不断推进医养结合，实现了老年人能够就近享受种类繁多的居家养老服务[①]，丰富了养老服务提供方式，提升了养老服务提供质量。在北京市2019年的《政府工作报告》中着重提到了北京市养老工作，指出2019年要进

---

① 中国经济网.北京：居家养老服务"送上门 [EB/OL].(2018-12-04).https：//baijiahao.baidu.com/s?id=16188798776824 64282.

一步推进"医养结合",健全"三边四级"养老服务体系,实施差异化养老机构运营补贴政策,新建150家养老服务驿站。

2.挖掘"老联体"的服务内涵,实现居家养老服务"送上门"

"老联体"是"区域养老服务联合体"的简称,是指以养老服务驿站为核心的形式多样的区域性养老服务平台。朝阳三里屯社区养老服务驿站"闹中取静"隐藏在繁华的三里屯中心地带。推开院门,红黄底色的大牌子让人心里一暖。这个由一家火锅店改建而成的养老驿站成立于2014年,是全市社区养老服务驿站的"发源地",也是全市首个正式命名挂牌的养老驿站。这里可以提供日间照料(包括助洁、助餐、助浴)、健康与心理慰藉指导服务、呼叫服务、文化娱乐、夜间陪护等多项服务。如今,这个驿站的服务已辐射三里屯街道七个社区的近1.4万名老人。目前,本市380家社区养老服务驿站都可提供类似服务。

按照北京市的统一要求,除了在驿站内提供专业服务,养老驿站也向外辐射,实现居家养老服务"送上门"。养老驿站逐渐完善其功能,为家居养老的老人提供多种入户照料服务,包括修脚、理发、按摩、助浴等基础服务,同时整合优质服务商,为老人提供上门保洁、清洗吸烟机、水电维修等多样化便民服务,成为老人身边的生活管家。医养结合是养老服务驿站在发展过程中不断完善的功能之一,每个驿站都会配备相应的医疗服务。诚和敬养老驿站南里东区站打造了全市首个以驿站为中心辐射周边的"十五分钟救助圈"。如果居家老人突发紧急情况,驿站通过智能设备监测或老人免费拨打急救电话获知后,应急救护志愿者将在15分钟内赶到老人家中进行救助。诚和敬养老驿站也对员工进行紧急救援培训,使每一位员工熟练掌握紧急救助知识,同时对社区低龄老人开展公益培训,普及急救知识。在诚和敬养老驿站南里东区站内,一个医疗救护区非常显眼,这是诚和敬养老驿站联合东城区红十字会在驿站建立的急救培训基地,在全北京市的诚和敬养老驿站内,"十五分钟救助圈"已经实际救助老人30多人次。同时,养老服务驿站需要承担独居在家养老老人的档案建立与定期巡视探访服务。另外,通过入户调研,还要为辖区内社会救助家庭提供需求评估、政策宣传、能力提升等有针对性的专业服务。

3.各级政府合理试点、资金支持保证了养老服务业的健康发展

为进一步完善"三边四级"养老服务体系,北京市各级政府精心谋划,关注"聚焦居家社区养老、农村养老、设施供给、医养结合和人才队伍建设"等关键性工作,统一意识落实"三边四级"。按照"统分结合、突出重点、经验可复制、成果可持续"的精神,推动各区结合实际,继续分类开展养老服务改

革试点。自 2015 年以来，每年都推出新的试点方案。对于试点项目，北京市财政局每年都会在专项转移支付预算中安排试点专项补助资金，并以文件形式逐级下达，以保证专款专用。以 2018 年为例，为支持 2018 年试点工作，市财政局在 2018 年专项转移支付预算中安排了专项补助资金。通过《北京市财政局关于提前下达 2018 年第一批市对区社会保障专项转移支付资金预算的通知》（京财社指〔2017〕1192 号）、《北京市财政局关于提前下达 2018 年第二批养老服务专项转移支付预算的通知》（京财社指〔2017〕1624 号）文件分两次下达至除"医养结合"试点外的 13 个试点区。各项优惠政策的落实与执行为北京市养老服务业的健康发展提供了保障。

（三）山东省

山东省作为较早进入老龄化社会的省份之一，2017 年 60 岁及以上老年人口 2137.3 万人，占总人口的 21.4%，同比增加 0.6%，高出全国平均水平 4.0%[①]，标志着山东省已经进入了中度老龄化社会。早在 2012 年，山东省就提出了加快社会养老服务体系建设的重点任务，并且于 2014 年、2016 年先后通过颁布政府文件的形式，进一步引导养老服务业的发展方向，建立完善的养老服务制度，理顺政府引领与市场化经营的关系，并开展了山东省养老服务业的品牌建设工作。这之后，山东省把健康养老作为新旧动能转换和经济转型升级的十大产业之一，探索出一条品牌建设之路。山东省加快养老服务业发展的经验可以概括为以下几方面。

1. 以"孝润齐鲁·安养山东"服务品牌为总领，打造山东养老服务的核心名片

"孝润齐鲁·安养山东"不是传统意义上的商业品牌。品牌创建不是养老服务管理的简单延伸，而是山东省在养老服务新形势下，提升养老服务质量的重大举措，是政府作用与市场决定的有机融合。山东省在探索与试行医养结合以保证老年人及时就医、机构和居家养老结合以提升老年人幸福感、利用信息化手段与技术建立养老服务信息体系等方面工作的基础上，将品牌的核心价值定义为"健康养老、幸福养老与智慧养老"，具有重要的现实意义。

各级省市政府在品牌推广中，充分利用报刊、电视等传统媒体与新兴的新媒体、自媒体相结合进行广泛宣传。首先，在山东电视台和各市电视台投放"孝润齐鲁·安养山东"的品牌形象广告，进行品牌形象导入。其次，推行以

---

① 　山东省人民政府新闻办公室 .2017 年山东省 60 岁及以上老年人口 2137.3 万人 65 岁及以上老年人口达 1399.8 万人 [EB/OL]. (2018-05-24).https://www.sohu.com/a/232764701 _99964892.

"孝"为主题的公益广告展播，传达孝道理念，同时传播品牌形象。最后，在民政官方网站、山东养老服务信息网等养老网站及其他新闻媒体，策划设计齐鲁孝文化专题、养老服务品牌专题。通过对"孝润齐鲁·安养山东"这一公益品牌的一系列宣传与推广工作，品牌价值得以提升，逐渐将其打造成为山东养老服务的核心名片。

"孝润齐鲁·安养山东"这一公益品牌可以产生强大的品牌背书效应，既可以使山东省各类养老服务组织提升市场竞争中的企业品牌意识，又为企业在市场竞争中的市场品牌提供了强大的区域品牌认证。

2.通过平台搭建与活动引领，引领养老机构与服务组织积极参与品牌建设

"孝润齐鲁·安养山东"作为山东省养老服务的总品牌，是包括敬老院、老年公寓、养老院、日间照料中心、养老服务中心、农村幸福院及其他养老服务主体自创品牌在内的，具有广泛影响力的养老服务品牌集群，可以提高山东省养老服务形象，带动养老服务质量提升。各地区可以因地制宜进行子品牌建设，如"孝养齐鲁""齐鲁孝养之家"等。各养老组织也可同时创建自己的品牌。

为了能够使"孝润齐鲁·安养山东"的品牌价值内涵提升、品牌背书效应增强，一方面，通过各类活动积极引领全省的养老服务从业机构积极参与品牌建设。例如，在每年一届的"中国国际养老服务业博览会"上，由山东省民政部门统一组织，以"孝润齐鲁·安养山东"为主题组团参展。在每年一度的"山东养老服务业高峰论坛"期间，宣传"孝润齐鲁·安养山东"养老服务品牌。另一方面，实行养老专业服务组织的品牌评选与激励奖励办法，提升品牌价值内涵。分别在养老服务机构与社区居家养老服务中优选企业与社区龙头组织；将优秀的养老服务机构与社区居家养老服务品牌纳入山东省品牌建设规划，按照相关规定和相关实施办法，对符合条件的组织给予奖励扶持。

二、养老服务业发展启示

（一）以规划布局为引领，创新养老服务供给模式，建设养老服务体系

从整体规划布局来看，上海市成功推进了"五位一体"社会养老服务体系的建设工作；北京市围绕"老有所养"加强顶层设计，构建了养老服务体系；山东省致力于打造养老服务业品牌。各省份养老服务体系建设的共同之处

在于：顶层设计合理，战略规划与实施策略有机结合，发挥政府与市场的各自优势保障养老服务从硬件设施到服务供给，多层次、多种养老服务模式并存以满足不同层次消费群体需求。例如，上海市构建的"五位一体"的社会养老服务发展框架，推行的"9073"养老模式，以及北京市构建的"三边四级"养老服务体系都为内蒙古创新养老服务供给模式、建设养老服务体系提供了成功的经验。

（二）促进养老消费观念转变，创新养老服务思路

勤俭节约固然好，不可否认养老服务业发展必然受到这一传统观念的限制。政府应该通过大量的宣传工作改变老年人这一观念，让老年人在晚年生活中不但对基本生存保障，而且对健康、环境等都要有新的要求，尤其精神层面要求，做到老有所乐。只有转变了老年服务消费群体的消费观念，才能拉动内需，为养老产业发展提供动力。

内蒙古政府在创新养老服务业供给模式时，可借鉴北京的养老服务驿站模式。一方面，养老驿站为社区内老年人提供各种类型的日间照料与夜间陪护等多项服务；另一方面，养老驿站向外辐射，实现居家养老服务"送上门"，为老人提供多种入户照料服务。上海、山东也结合地域、气候优势和现有人文基础，以信息化、智能化为手段，用多元文化与健康养老大融合吸引老人、联络老人、滋润老人、慰藉老人，推出多层次的养老服务，在满足老年消费者需求的同时，推动养老产业发展。比如，可以借助文化、风景，综合规划和设计，打造"文化＋健康养老"产业；利用中医药针灸、推拿、泥疗等特色方法，支持和鼓励现有医疗机构大力发展专业护理服务，借助医疗资源，打造医养融合发展；借助文化娱乐，鼓励和支持养老机构内设护理中心、老年大讲坛、老年大舞台等，积极发展书法、乐舞、扇子舞等文化娱乐项目，以独具特色的文化养老方式打造趣味乐居区域。

（三）丰富养老服务内涵，打造养老服务品牌

2018年度国内十大最具影响力养老品牌[①]的养老服务连锁企业汇集了北京的恭和苑、乐成养老、北京万科养老、保利养老、光大汇晨等众多品牌。上海市把养老服务业纳入打造"上海服务"区域品牌的一部分。山东省建设了养老服务业公益品牌"孝润齐鲁·安养山东"。这三个省市在养老服务业品牌建设中积累了丰富的经验。

---

① 昱言.昱言盘点：2018年度十大最具影响力养老品牌 [EB/OL].（2019-02-01）.https：//www.sohu.com/a/292760656_825955.

总结经验，打造养老服务业品牌，内蒙古自治区可以分三步走：第一步，认真分析内蒙古养老服务业的发展现状与特点，梳理品牌培育的整体思路与方法，确定品牌建设目标与分阶段任务。第二步，检验与完善养老服务行业标准体系，制（修）定养老服务业质量标准（包括机构、社区和居家养老服务等），把质量评估认证和品牌授权结合起来，推进养老服务产业工作社会化、标准化进程。例如，山东省四年内制定、修订了30多项养老服务业质量标准，并且在养老服务机构使用公益品牌"孝润齐鲁·安养山东"的过程中，只有服务达到规定质量标准、经营规模达到要求、群众满意度高的养老服务组织，才可授权使用"孝润齐鲁·安养山东"品牌标志。第三步，建立老年人能力、养老机构等级评定机制。通过建立征信平台和网络信息平台、加强企业信用共享和应用，将养老机构的信誉、服务质量、职业道德纳入征信平台。通过加强一系列的服务过程监管，保证服务质量，宣传先进服务人员、优秀养老品牌。通过一系列手段与方法，推进养老服务业由政府兴办为主逐渐转变为社会资本参与、市场化运作的产业发展模式，为老年人营造安享晚年的养老环境。

（四）借助现代信息技术，加强舆论宣传，打造敬老养老助老城市

以"文化＋"为内涵、"互联网＋"为载体，结合"互联网＋益民服务行动"，开展智慧养老服务发展项目，完善老年人口基本信息数据库和养老服务信息数据库，积极推进养老、医疗信息管理系统的互通互联，使"文化＋"与"互联网＋"良性互动、融合发展，打造养老服务便捷机构。利用主流新闻媒体的主导优势，进行养老服务文化与品牌宣传，政策法规宣传，开展"知孝、行孝、扬孝"活动，营造敬老养老助老氛围；与新闻主流媒体对接，设置养老专栏专题，与社会大众互助交流，树立敬老爱老典型，打造尊老孝老城市。

（五）推进养老服务政策支撑体系建设，保障政策的落实

没有强大的政策支撑体系建设，许多政策只能是空话大话，无法真正落实，导致许多好的思路与想法都无法实现。上海市在养老服务业"五位一体"的建设过程中，推进养老服务政策支撑体系建设是其五个核心内容之一。上海市对享受服务方和提供服务方都制定和实施一系列支撑政策，确保需方需求有效满足，供方服务能够持续。与此类似，北京、山东都制定并启动实施了一系列政策落实的措施，从落实养老服务组织的贷款贴息，用地、用电、用水优惠，税费优惠，到完善投融资政策，加快人才培养，加大保险补贴等方面都做出了非常具体的安排。这些措施制定条款详尽，可执行、有标准、有期限，责任到人，是推进养老服务业健康快速发展的有力保障。比如，山东省引导高等院校、中等职业院校设置养老服务相关专业、培养专业人才。对于养老服务专业的在读学生，通过加大奖学金奖励力度与减免学费的方式进行鼓励；对于毕业后到养老机构从业的本、专科和技校毕业生，通过政策规定给予相应的住房与经济补贴。这既是山东在吸引专业人才加入养老服务队伍方面做出的一项创新性政策，又使人才培养落到了实处。

第七章　内蒙古现代服务业主导行业选择的调查研究

第一节　研究的意义

自党的十八大以来，内蒙古自治区政府把加快服务业发展作为一项战略重点任务，不断强化政策推进力度，制定出台了一系列政策性文件，实施了一系列政策措施，促使自治区服务业发展规模迅速壮大。

通过前两章与现代服务业的各行业发展比较可以看出，内蒙古服务业与全国发达省区市相比较，发展水平较低，差距较为明显。另外，自治区经济条件和资源条件有限，无法对前两章调研的所有现代服务业行业进行全方位投资与全面发展。在近年来内蒙古有关服务业发展的各级各类文件中，并未明确提出内蒙古如何规划优先发展的服务业行业。如何根据区情选择内蒙古现代服务业主导行业，制定因地制宜的产业政策，在众多的服务业行业中选择发展的优先顺序成为内蒙古现代服务业发展最迫切需要解决的问题。因此，有必要确立内蒙古现代服务业的主导行业，集中有限资源来促其发展，进而带动整个区域经济发展。本章将在对内蒙古现代服务业各行业充分调研的基础上，运用科学的分析方法，客观地对内蒙古现代服务业优先发展的行业进行分析与研究。

本章的研究具有以下研究意义。

一、理论意义

以内蒙古现代服务业主导行业选择为研究核心，建立科学合理的现代服务业主导行业选择理论框架，为集中资源促进现代服务业主导行业发展、培育区域新的经济增长点等问题提供了新的理论视角。同时，对现代服务业主导行业选择指标的探索也对丰富现代服务业主导行业选择理论体系有一定的积极意义。

二、现实意义

正确选择现代服务业主导行业不仅有利于更好地为第一、二产业服务，对内蒙古实现产业结构的转换和优化，集中有限资源拓展新的发展空间，减轻经济条件和有限资源的限制，切实提升内蒙古经济增长质量，赢得未来一段时期内经济发展新优势有一定的现实指导意义，还有利于明确内蒙古现代服务业发展的战略重点，因地制宜构造局部优势，为新时代内蒙古现代服务业的发展战略布局提供一定的参考依据。

第二节 理论基础及文献综述

一、主导产业的概念

不同时期的研究者对什么是主导产业从不同的角度提出了各自的认识。1963 年，罗斯托从主导产业作用的角度来理解其概念，并对其理论系统化，认为主导产业具有前向、后向、旁侧效应，这种效应的辐射作用是信息技术、资金、人才等生产要素的充分利用和集聚的结果，通过这种辐射作用，可以将主导产业的优势传递到产业链的各个环节中，从而带动整条产业链及区域经济的发展，而不是一个部门的发展。[①] 有的学者从主导产业发展速度的角度，如杨云龙，他认为作为主导产业，就应该有很快的发展速度，增长能力要强于其他行业，不但自身保持较高的增长速度，而且凭借在技术和制度上的创新优势，能够带动整个区域经济的发展。[②] 有的学者从主导产业地位的角度，如于刃刚，他根据主导产业具有对其他产业促进和引导作用的特征，认为在整个产业结构发展顺序中应处于领先地位，是具有战略性的产业。[③] 有的学者也从主导产业特征的角度，如江世银，他认为先进的生产技术和现代管理经验使主导产业具有其他一般行业所没有的生产规模和生产潜力，与其他产业关联性较

---

① 罗斯托.经济成长阶段[M].北京：商务出版社，1963：125.
② 杨云龙，刘伟，李凤圣.关于国外主导产业作用机理的比较研究[J].管理世界，1991(6)：80-93.
③ 于刃刚.主导产业论[M].北京：人民出版社，2003：96-101.

强，并且通过辐射作用对其他产业产生一定的推动作用。[①] 还有的学者也从主导产业作用的角度，如陈韶华，他认为高增长率和较强的关联性是主导产业两大显著特征，同时能够利用自身快速吸收高新技术的能力来提高自身的生产效率，从而成为整个区域经济快速发展的驱动轮。[②]

综上所述，本章认为主导产业具有较高的技术创新水平和生产增长率、强大的辐射关联效应和市场发展潜力的特征，具有动态性、替代性，能够推动区域产业结构向更高层次转变。

二、现代服务业主导行业的概念

查奇芬认为现代服务业的主导行业与其他行业相比具有两快：一是先进技术吸收快，二是增长速度快；除此之外，还对其他行业具有较强带动作用。[③] 与查奇芬具有同样认识的有方丹，不同的是他认为现代服务业的主导行业具有不稳定性，不会一成不变，随着社会经济的发展，若跟不上时代的步伐，其可能会被其他行业所替代，而且现代服务业内部结构也会随之不断优化，由低级向高级演进。[④] 夏青认为，主导行业的地位与现代服务业多个行业部门相比与众不同，其重要性在一定的经济发展阶段凸显，其他行业不管是从产业竞争力还是从结构地位上，都不能与之相提并论。[⑤]

本章根据学者们对现代服务业主导行业内涵的研究，认为主导行业是在现代服务业结构体系中处于领先地位的几个行业组成的主导行业群。与其他现代服务行业相比，它们不但自身保持较高的增长速度，拥有光明的市场前景和强劲的带动作用，而且对先进技术吸收能力强，这些特点使其能够对社会发展做出更大贡献。

[①] 江世银.区域产业结构调整与主导产业选择研究[M].上海：上海人民出版社，2004：46-49.

[②] 陈韶华.论主导产业的选择：日本的经验及启示[J].当代经济，2009(23)：60-61.

[③] 查奇芬，陈晓燕，朱婷.我国现代服务业主导行业选择研究[J].统计科学与实践，2010(3)：15-17.

[④] 方丹，李江蛟.区域现代服务业主导产业选择研究：基于江苏常州的实证分析[J].常州大学学报(社会科学版)，2012，13(3)：45-48.

[⑤] 夏青，周敏.江苏省现代服务业主导产业选择研究：基于偏离份额分析法[J].华东经济管理，2013(10)：25-29.

三、关于主导产业选择理论的研究

（一）比较优势理论

关于主导产业选择理论，从分类上来说，有亚当斯密的绝对优势理论和李嘉图的比较优势理论两种。其中，后者是在前者的理论基础之上发展起来的，最早该理论应用于国际贸易方面。比较优势理论认为地区之间贸易的生产技术虽然具有绝对差别，但这种差别也具有相对性，不完全是绝对差别，这种相对差别导致生产成本和价格的相对差别。因此，比较优势在不同地区的产品上凸显出来，从而为区域分工和贸易往来提供基础，也为该地区赢得比较利益的机会。该理论的建立成为主导产业选择理论的依据，没有它，主导产业选择就成为无源之水、无本之木。正因为各地区产业发展具有比较优势，所以才会有主导产业的存在。该理论可以从静止和运动发展的角度来理解。从静止角度，认为劳动生产率具有相对优势的产业应选一个地区优先发展的主导产业，并且会一直存在下去，保持不变；从运动发展角度，则强调产业的比较优势具有动态性，不会一成不变，会随着社会经济的发展而变化，而那些现在没有竞争优势但具有重要发展意义的产业，虽然弱小，但也应扶持。[①]

（二）增长极理论

法国经济学家佩鲁首次提出该理论。后来，在此基础上，美国经济学家弗里德曼对该理论进行了丰富和发展。该理论认为，建立具有带动作用的产业是有效促进一个地区经济增长的关键。除此之外，政府要加强引导，把本地区的产业集聚在一起，依靠从上而下的国家规划或地区政策，选出其中的龙头产业来推动区域经济的增长，它的建立主要依靠国家或地区自上而下的政策。[②]因此，按照该理论，落后地区要想突破发展瓶颈，迅速地发展起来，应该积极选择培育该地区的经济增长极来带动整个产业的发展。

（三）平衡和非平衡增长理论

平衡理论在20世纪40年代形成，该理论指出，通过在所有国民经济部门或其他产业部门实施全方位、大力度的投资，能够帮助一个国家或地区走出贫困区。这是因为通过合理分配资源，使全国各经济部门实现共同均衡发展，尤其是工业部门的发展，有利于促进其他产业的发展。赫希曼（1958）认为该理论没有考虑经济部门的效率问题，盲目地进行全方位投资会造成部分资源浪

---

① 李斯特.政治经济学的国民体系[M].北京：商务印书馆，1983：27-35.
② 弗朗索瓦·佩鲁.增长极概念[M].北京：经济科学出版社，1991：23-40.

费；针对该理论缺陷，他提出了不平衡增长理论，认为一个国家或地区应集中有限资源，集中各个要素优势来构造局部优势，通过发展主导产业来发挥其带动作用。①

四、关于主导产业选择基准的研究

美国经济学家罗斯托认为，主导产业在经济发展中具有三个重要效应：一是后向效应，影响途径主要是在自身高速发展的基础上，对向其提供生产要素的前一个产业起到促进作用，从而激发前一个产业的生产活力；二是旁侧效应，也就是说主导产业在自身高速发展的同时会对一条产业链上的其他产业起到辐射带动作用，促进其周围有关产业的发展；三是前向效应，是指主导产业会积累生产经验，创造出更多的经济活动，会引导下一个主导产业的诞生。②赫希曼把产业间的关联程度作为选择依据的理由是，关联效应一方面体现在能够实现资本积累，另一方面可以带动关联产业的发展，进而产生市场规模效益。筱原三代平认为生产率的高与低、技术进步的快与慢是影响产业成为主导产业的关键基准，对此他提出"收入弹性基准"和"生产率基准"。③

国内关于主导产业的研究开始于 20 世纪 80 年代末或 90 年代初，主要是在国外学者研究的基础上，结合我国国情，丰富了主导产业选择理论。学者们根据不同的研究区域相继提出了不同的基准，如三④、五⑤、⑥、六⑦、⑧、⑨、七基准⑩。除此之外，针对发达地区主导产业的研究有李俊林等，他们从产业的规模、技术、关联、可持续发展这四个优势角度出发，采用 DEA 模型对京津冀

---

① 赫希曼.经济发展战略[M].北京：经济科学出版社，1991：145-155.

② 罗斯托.经济成长的阶段[M].北京：中国社会科学出版社，2002：130-135.

③ 筱原三代平.产业结构与投资分配[J].经济研究，1957(10)：28-32.

④ 张宝兵.论西部地区主导产业的合理选择[J].重庆邮电学院学报(社会科学版)，2005(2)：154-156.

⑤ 曾淑婉，郭亮.基于区域关联视角的主导产业选择研究[J].学习与探索，2014(11)：118-122.

⑥ 唐鑫.城区老工业区发展转型的主导产业选择：以北京市石景山区为例[J].中国社会科学院研究生院学报，2017(3)：22-30.

⑦ 张圣祖.区域主导产业选择的基准分析[J].经济问题，2001(1)：22-24.

⑧ 关爱萍，王瑜.区域主导产业的选择基准研究[J].统计研究，2002(12)：37-40.

⑨ 王莉.关于区域主导产业选择基准之探讨[J].煤炭技术，2004(8)：110-111.

⑩ 张魁伟.区域主导产业评价指标体系的构建[J].科技进步与对策，2004(8)：7-9.

地区的主导产业进行了选择。① 针对个别省份，傅为忠等运用主成分与灰色聚类相结合法，对安徽省主导产业进行选择，两种方法的结合运用为本书提供了研究工具和研究思路。② 对个别省份进行主导产业选择研究的还有魏勇强等，他们利用可获得的山西省投入产出表，对表中的数据通过计算整理，从产出、使用、出口这三个角度分析了计算结果。③

五、关于现代服务业主导行业选择的研究

现代服务业主导行业的选择受到多种因素的影响，需要从多个方面进行综合评价，因而众多学者在进行现代服务业主导行业选择研究时，都构建了能够反映多方面信息的指标体系，选择方法也种类繁多，如里昂惕夫投入产出、层次分析④、⑤、因子分析⑥、⑦等。在这些选择方法中，建立的指标体系也大同小异，主要是因为研究的区域不同，指标的选择要因地制宜，这样选择出来的主导行业才能更加符合实际发展情况。此外，对小城市现代服务业主导行业进行研究，如邢震，他采用层次分析，构建了八个指标对台州进行主导行业选择。⑧ 对大城市现代服务业主导行业的研究，如贾璇，她的研究方法与以上其他学者的研究方法不同，主要运用定性分析，结合定量分析，从五个角度来选择判断北京市顺义区现代服务业主导行业。⑨

---

① 李俊林，蒋立杰，付朝霞.基于 DEA 模型的区域主导产业选择方法研究 [J].河北工业大学学报，2011，40(3)：52-55.
② 傅为忠，代露露，潘群群.基于主成分与灰色聚类相结合的安徽省主导产业选择研究 [J].华东经济管理，2013(3)：18-24.
③ 魏勇强，乔彦芸.资源型地区主导产业选择研究：以山西省为例 [J].改革与战略，2018，34(5)：80-86.
④ 闫星宇，张月友.我国现代服务业主导产业选择研究 [J].中国工业经济，2010(6)：75-84.
⑤ 陈丽珍，赵美玲，肖明珍.基于层次分析法的江苏现代服务业主导产业选择 [J].商业研究，2011(6)：44-49.
⑥ 李敦瑞.中国现代服务业主导产业选择研究：基于产业关联视角 [J].经济问题，2011(12)：36-39.
⑦ 魏修建，崔敏.西部现代服务业主导产业选择：基于技术进步的视角 [J].华东经济管理，2014，28(4)：75-83.
⑧ 邢震.现代服务业主导产业选择的研究：基于浙江台州的实证分析 [J].吉林工商学院学报，2016，32(4)：28-32.
⑨ 贾璇.现代服务业主导产业选择研究——以北京市顺义区为例 [J].当代经济，2017(19)：21-23.

六、文献评述

通过以上对国内外文献的整理和总结可以发现，现代服务业在国民经济中的地位越来越重要，学者对它的研究兴趣也越来越浓厚。

（1）从研究内容来看，国内外现有文献对现代服务业的研究侧重点有所不同，包括国家层面、省域层面、区域层面的研究，针对不同的研究区域，所建立的评价指标体系也有所不同，而且选择出的各个地区的主导产业也有所不同，这主要与当地经济发展水平有关。研究较多的是对个别城市的现代服务业，而对经济欠发达地区的研究较少，对指导欠发达地区发展现代服务业的研究则更少。

（2）从研究方法来看，国外关于主导产业选择的研究主要集中于对选择理论和基准的研究。国内关于现代服务业主导行业选择除了选择基准、指标测算方法上的研究以外，还采用多种研究方法对不同区域的主导行业进行选择。

综上所述，现有文献对现代服务业主导行业选择研究主要是将服务业的各细分行业数据作为研究对象，很少有对现代服务业进行分类后再研究的。纵观已有研究成果，发现多集中在对第二产业的研究，关于如何选择具有现代科学技术特点的区域现代服务业主导行业的研究较少，而且在选择基准和选择方法上还存在随意性较大、指标选择冗杂、针对性不强等问题。基于此，本书在研究过程中，借鉴其他学者的研究方法，先将现代服务业分类，再从技术进步的角度建立相关评价指标体系，然后运用主成分分析法与灰色聚类相结合法对现代服务业主导行业选择指标体系进行测算评价，找出内蒙古现代服务业中具有相对竞争优势的行业部门，进而确定区域现代服务业发展的合理方向和产业结构调整的方向。这对内蒙古合理优化产业发展战略布局具有借鉴和指导意义。

第三节　内蒙古现代服务业主导行业选择模型构建

一、模型选择依据及原理

（一）模型的选择依据

由第二章中对主导产业选择方法的综述可知，对含有多项指标的主导行业选择方法有很多种，五花八门。通过对其比较发现，对于聚类对象来说，主成分分析能够客观评价和排序，但不能对其进行分类；灰色聚类能够对聚类对象定义白化权函数，从而进行归类，但多个指标之间可能存在重叠性信息，并且聚类计算工作量较大，灰色聚类也不能对其赋权。但通过将两者对比发现，主成分分析与灰色聚类相结合运用能够起到优势互补的作用，如前者能够对各个指标进行客观赋权和降维，后者则具有对数据精确度要求不高、能够处理指标层次以及明确划分评价等级等优点。因此，本书先对内蒙古现代服务业11个细分行业所建立的指标体系提取主成分，计算出各主成分的权重和得分，然后将其权重和得分分别作为灰色聚类分析聚类对象的权重和研究数据。通过将主成分分析与灰色聚类相结合来选择内蒙古现代服务业主导行业，以此确保选择结果的准确性和客观性。

（二）主成分与灰色聚类模型的基本原理

1.主成分分析原理

在运用统计方法研究某一问题时往往会收集到多个变量，涉及大量的数据分析，而这些变量之间通常可能存在一定的相关关系。如果直接对这些变量进行分析，不但加大了工作难度，而且多个变量对研究问题的反映信息可能会重叠，这可能造成研究结果产生较大的误差，影响其可信度。因此，在研究某一问题时，希望尽可能用较少的变量的同时不失分析的全面性。也就是说，用少数几个新的变量代替原来的多个变量，同时使新变量尽可能多地包含原来变量的信息。

主成分分析的主要原理是通过考察变量间的相关性，找到少数几个主成分变量，并使它们尽可能多地涵盖原来变量的信息，用其来代表原来的多个变量。这些主成分变量具有代表性，彼此之间不相关，因而在数量上要少于原始变量的个数，并且可以通过某种线性组合方式将原始变量表示成这些主成分变量。

它的具体表达式为

$$\begin{cases} F_1 = a_{11}x_1 + a_{12}x_2 + \cdots + a_{1p}x_p \\ F_2 = a_{21}x_1 + a_{22}x_2 + \cdots + a_{2p}x_p \\ \cdots\cdots \\ F_p = a_{p1}x_1 + a_{p2}x_2 + \cdots + a_{pp}x_p \end{cases} \qquad （式7.1）$$

其中：F_p 为新变量，即第 p 个主成分；x_i 为原始变量；a_{ij} 为第 i 个主成分 F_i 和原来的第 j 个变量 X_j 之间的线性相关系数。

2. 灰色聚类分析原理

灰色聚类分析属于一种灰色系统理论，该理论是由我国学者邓聚龙教授在 1982 年创立，其特点是研究少数据、贫信息不确定性问题。具体过程是将已知的少量信息进行重新演算，提取有用信息，生成有利于解决问题的价值信息，从而反映出未知信息的演化规律，达到正确解决研究问题的目的。[①] 在该理论中，灰色聚类分析是根据灰数的白化权函数，对研究对象进行划分，定义成若干个类别。具体来说，就是通过将定性与定量相结合，对多目标聚类对象进行综合评价。它的显著特点是能够对未知且不确定信息进行处理，处理依据是利用已知的贫信息。这样就能够在贫信息下做出相对更加准确和客观的判断。

该方法的基本原理：首先，对研究对象指标建立其白化权函数；其次，计算函数值；再次，根据权重与函数值的乘积，确定综合聚类系数；最后，根据聚类系数的大小，判断划分研究对象指标所属灰类。通过这样的聚类流程，可将具有类似特征的研究对象指标划分在同一灰类中。

设 j 指标第 k 灰类的典型白化权函数为 $f_j^k(x) = f\left[x_j^k(1), x_j^k(2), x_j^k(3), x_j^k(4)\right]$ （图 7-1），其中 $x_j^k(1), x_j^k(2), x_j^k(3), x_j^k(4)$ 为 $f_j^k(x)$ 函数的转折点。通常情况下，该函数分为三种基本类型，分别为上限测度 $f_j^k[x_j^k(1), x_j^k(2), -, -]$（图 7-2）、适中测度 $f_j^k[x_j^k(1), x_j^k(2), -, x_j^k(4)]$（图 7-3）、下限测度 $f_j^k[-, -, x_j^k(3), x_j^k(4)]$（图 7-4）。

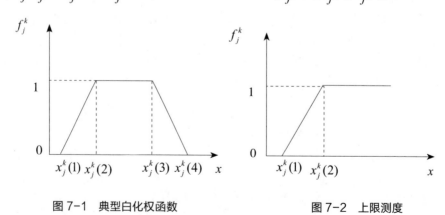

图 7-1　典型白化权函数　　　　　　图 7-2　上限测度

---

① 刘思锋，党耀国，方志耕，等.灰色系统理论及其应用 [M].北京：科学出版社，2004：99-104.

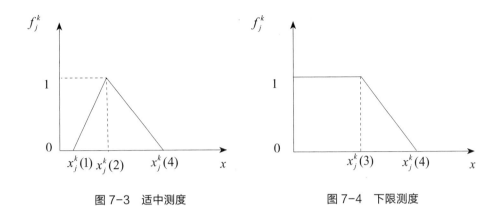

图 7-3　适中测度　　　　　　　　　图 7-4　下限测度

其相应的函数表达式分别为

$$
f_j^k = \begin{cases} 0, x \notin [x_j^k(1), x_j^k(4)] \\ \dfrac{x - x_j^k(1)}{x_j^k(2) - x_j^k(1)}, x \in [x_j^k(1), x_j^k(2)] \\ 1, x \in [x_j^k(2), x_j^k(3)] \\ \dfrac{x_j^k(4) - x}{x_j^k(4) - x_j^k(3)}, x \in [x_j^k(3), x_j^k(4)] \end{cases} \qquad （式 7.2）
$$

$$
f_j^k = \begin{cases} 0, x < x_j^k(1) \\ \dfrac{x - x_j^k(1)}{x_j^k(2) - x_j^k(1)}, x \in [x_j^k(1), x_j^k(2)] \\ 1, x \geq x_j^k(2) \end{cases} \qquad （式 7.3）
$$

$$
f_j^k = \begin{cases} 0, x \notin [x_j^k(1), x_j^k(4)] \\ \dfrac{x - x_j^k(1)}{x_j^k(2) - x_j^k(1)}, x \in [x_j^k(1), x_j^k(2)] \\ \dfrac{x_j^k(4) - x}{x_j^k(4) - x_j^k(2)}, x \in [x_j^k(2), x_j^k(4)] \end{cases} \qquad （式 7.4）
$$

$$f_j^k = \begin{cases} 0, x \notin \left[0, x_j^k(4)\right] \\ 1, x \in \left[0, x_j^k(3)\right] \\ \dfrac{x_j^k(4) - x}{x_j^k(4) - x_j^k(3)}, x \in \left[x_j^k(3), x_j^k(4)\right] \end{cases} \qquad （式7.5）$$

关于各聚类指标白化权函数转折点的确定，比较常用的方法有经验调查法和平均值法。由于经验调查法需要人为去设计标准，有很大的主观因素，可能影响聚类结果的准确性，因而本书采用无须设计标准、相对客观的平均值法来确定白化权函数的转折点，即高、中、低类的转折点用 $\bar{x} + \sigma$、$\bar{x}$、$\bar{x} - \sigma$ 来确定。

二、构建主导行业选择模型

通过以上对模型原理的基本介绍可知，构建模型主要包括两大步骤：一是提取主成分并计算其得分权重，使用的模型为主成分分析；二是灰色聚类分析，使用的是白化权函数模型，即将第一步得到的主成分的得分作为聚类指标，确定其对应的白化权函数，计算出其函数值后再利用其权重计算综合聚类系数，从而选择出区域主导行业。

（一）提取主成分和计算权重

主成分分析法通常预先处理原始数据，以消除变量类型和量纲不同的影响，使处理后的数据更具可用性，进而使评价结果更加准确；而后计算其相关系数矩阵、特征根（方差）及特征根占特征根总和的比例，按一定标准提取出最后的主成分；接下来是对其的解释，即通过对其因子载荷矩阵的判断来为其命名；最后根据以上结果计算各主成分的得分。在该方法运算过程中，可由计算出的特征根来进行权重的计算，对各变量实现客观赋权，使对多变量问题的解决结果更加客观，增加其可信度。该方法的具体步骤如下：

第一，构建区域主导行业选择指标样本数据库。建立选择指标样本数据库 X_{ij}（$i = 1, 2, 3, \cdots, m$；$j = 1, 2, 3, \cdots, n$），其中 i 为第 i 个产业，共有 m 个产业，在本书中的 $m=11$，j 为第 j 个指标，共有 n 个指标，在本书中的 $n=10$。

第二，原始数据标准化。利用 SPSS 22.0 进行数据标准化处理。

第三，计算相关系数矩阵。根据第二步得出的标准化数据利用 SPSS 22.0 计算得出，以此判断变量之间是否存在相关关系。

第四，提取主成分。利用 SPSS 22.0 计算第二步得出的标准化数据的特征根（方差）及特征根占特征根总和的比例，按一定标准提取主成分。

第五，计算提取的主成分权重。根据第四步得出的各主成分的特征根来除以它们的特征根总和即为权重。

第六，解释主成分，为其命名。利用 SPSS 22.0 计算因子载荷矩阵，根据矩阵中载荷系数的大小来解释其意义，如本书共提取了 p 个主成分，设为 $F_1, F_2, \cdots, F_p$。

第七，计算主成分得分。计算第六步得到的载荷矩阵，得到载荷系数，将其与第二步标准化后的数据相乘，结果即为各主成分得分。

（二）选择主导行业

本书采用基于白化权函数的灰色聚类模型来对内蒙古现代服务业的主导行业进行选择。通过主成分分析，得到主成分得分，以此作为灰聚类的聚类对象，划分灰类，建立其白化权函数，计算出函数值，再根据上述步骤主成分分析得出的权重和该步骤得出的函数值计算聚类系数，据此判定所属灰类。具体步骤如下：

第一，确定 j 指标 k 子类白化权函数 $f_j^k(x)(j=1,2,\cdots,m;k=1,2,\cdots,s)$。

第二，确定 k 灰类 j 指标的权重 $\eta_j^k(j=1,2,\cdots,m)$，j 指标在不同灰类上的权重相同，即 $\eta_j = \eta_j^1 = \eta_j^k = \eta_j^s$，以主成分的权重为 η_j^k。

第三，由以上两步得出的白化权函数 $f_j^k(x)(j=1,2,\cdots,m;k=1,2,\cdots,s)$，权重 η_j 以及对象 i 关于 j 指标的观测值 $x_{ij}(i=1,2,\cdots,n;j=1,2,\cdots,m)$，计算聚类系数 $\sigma_i^k = \sum\limits_{j=1}^{m} f_j^k(x_{ij}) \cdot \eta_j, i=1,2,\cdots,n;k=1,2,\cdots,s$。

第四，若 $\max\limits_{1 \leqslant k \leqslant s} \{\sigma_i^k\} = \sigma_i^{k^*}$，则判定对象 i 属于灰类 k^*。

第四节　内蒙古现代服务业主导行业选择实证研究

一、现代服务业主导行业选择原则

（一）市场供求原则

一个行业是否能够在竞争激烈的市场中生存，继而发展和壮大，取决于其是否拥有稳定而巨大的市场需求。根据需求拉动消费原理，正因为人们在日常生活中有需求，服务业等产业才会应运而生，巨大而稳定的市场供求容量是其不断前进的动力。正因为有充足的市场需求拉动，主导行业才能不被其他行业所替换掉，获得长足发展的基本动力而不会很快衰落。因此，拥有高需求收入弹性的行业不但发展机遇多，而且其收入受产品的影响较大，产品需求量的增加会带来行业收入的增加，发展效益好，企业就能拥有充足的资金来创造更大的需求，扩大规模，发展速度也就更快。因此，社会市场需求赋予这类行业更大的发展动力，使其成为该区域的主导行业。

（二）技术进步原则

日新月异的科学技术提高了主导行业更新换代的速度，成为其不可缺少的更替动力。先进的科技是第一生产力，它的创新和应用不但能够降低生产成本，提高生产效率和服务产品质量，而且能够开发新能源和材料，开拓新服务领域，节约不可再生资源，获得绿色发展所带来的规模经济效益。主导行业作为发展的主力军，要想在激烈的市场竞争中取得优势地位，就必须具备吸收先进技术和快速转化为生产力的能力；就必须提高行业的劳动生产率，并且要与其他行业相比保持较快的技术进步速度，进而提高产品的技术附加值。如此，主导行业才能跟上时代的步伐，提高将科技成果转化为生产力的能力，为区域经济服务。

（三）产业关联原则

任何一个产业都不能孤立地发展，需要其他产业部门的配合才能获得长足发展，作为具有带领作用的主导行业更是如此，必须对其他行业经济有所拉动，不仅是对区域经济的拉动，对与其相关的产业也必须具有前向或后向的关联拉动作用。这是由主导行业的本质决定的。正因为主导行业与其他行业具有广泛密切的关联关系，所以当主导行业得到发展时会拉动与之相关联的行业发展，从而促进整体行业经济的发展。因此，具有较强的产业关联关系的行业才能当选为主导行业。

二、现代服务业主导行业选择基准

由第二章中对现代服务业的综述了解其概况：新兴的和传统的服务业构成其主体，且包含的行业种类繁杂，具有新技术、新知识、新业态的特征。因此，本书在综合相关文献的基础上，充分考虑现代服务业及主导行业特征，兼顾内蒙古地区现代服务业发展现状及资源条件，认为内蒙古现代服务业主导行业选择应遵循如下四个基准：

（一）发展潜力基准

一个产业是否具有潜力不仅要看它是否拥有巨大的市场需求或潜在需求，还要看它是否有较高的劳动生产率。随着科技的进步，社会生产力有了极大提高，进入新时代的人们对美好生活的需求越来越强烈，对那些具有高需求收入弹性的产品的需求也会与日俱增。不仅如此，一些具有潜力的产品市场也会被唤醒，从而引发产业进一步的生产扩张，来不断满足社会需求。生产扩张的同时会对劳动生产率提出更高要求，唯有如此才能在激烈的区域市场竞争中赢得一席之地，获得相对潜在竞争优势。

（二）成长能力基准

一个产业在所处的环境中会不可避免地受到各种综合因素的影响，其成长能力在各种因素的刺激下会有多种体现，如产业会充分利用自然资源、社会资源来推动自身的发展，会与技术、知识、制度环境紧密结合来创造自身的市场价值。成长能力强的产业不但带来巨大的社会效益，促进当地经济的发展，为经济增长做贡献，而且与时俱进，不断增强自身实力，因而不会轻易被其他行业所替代。

（三）技术进步基准

现代服务业具有技术密集和知识密集的特点决定了技术进步是衡量其发展水平的关键指标之一。技术进步快的产业能够迅速发展起来，利用先进技术，提高其生产率，这样不仅有利于保持较高的生产率，提高经营效率，降低经营成本，进而提高其盈利水平，还能够创造出巨大的产品附加值，提高整个产业链质量，从而提升整个行业的发展水平，推动区域经济不断发展。

（四）产业关联基准

一个产业的发展总会受到其他产业的影响，总会与其他产业产生某种前向或后向的联系。这种联系可能是经济方面、生产技术方面，也可能是产品方面。这种广泛而密切的联系使产业具有关联效应，使部分对整体的影响扩大，牵一发而动全身。一个产业与其他产业的关联性越强，其影响的产业链也越长，产生的前向、后向作用力也就越大，对带动其他产业发展的威力也就越大，从而对区域经济的发展产生巨大的促进作用。

三、现代服务业主导行业选择指标体系建立

（一）选择评价指标体系

为了能够保证数据的质量，本书在遵循科学客观、层次鲜明、来源可靠等

几个指标体系选择原则的基础上，综合相关文献中的高频指标并充分考虑内蒙古现代服务业特征、主导行业特征、数据的可得性，构建指标体系，如表 7-1 所示。

表7-1　主导行业选择评价指标体系

基　准	指　标	计算方法	计算说明
发展潜力基准	需求收入弹性（X_1）	$E_i = \dfrac{\Delta Q_i / Q_i}{\Delta U / U}$	$\Delta Q_i / Q_i$ 为 i 行业的需求变化率；$\Delta U / U$ 为区域全体居民人均可支配收入变化率
	比较劳动生产率（X_2）	$C_i = \dfrac{Y_i / Y}{L_i / L}$	$\dfrac{Y_i}{Y}$ 表示 i 行业增加值占区域总产值的比重；$\dfrac{L_i}{L}$ 表示某地区 i 行业就业人数占区域社会总就业人数的比重
成长能力基准	行业投资增长速度（X_3）	$\dfrac{G_{i(t)} - G_{i(t-1)}}{G_{i(t-1)}}$	$G_{i(t)} - G_{i(t-1)}$ 为 i 行业在 t 年的投资额与该行业在 $t-1$ 年的投资额的差额
	行业增加值增长速度（X_4）	$\dfrac{Y_{i(t)} - Y_{i(t-1)}}{Y_{i(t-1)}}$	$Y_{i(t)} - Y_{i(t-1)}$ 为 i 行业在 t 年的增加值与该行业在 $t-1$ 年的增加值的差额
	行业就业人数增长速度（X_5）	$\dfrac{L_{i(t)} - L_{i(t-1)}}{L_{i(t-1)}}$	$L_{i(t)} - L_{i(t-1)}$ 为 i 行业在 t 年的就业人数与该行业在 $t-1$ 年的就业人数的差额
技术进步基准	全要素生产率（X_6）	$TFP_i = EC_i \times TC_i$	EC_i 为 i 行业部门的技术效率的变化值；TC_i 为 i 行业部门的技术进步的变化值
	技术效率（X_7）	EC_i	指标解释同上
	技术进步（X_8）	TC_i	指标解释同上
产业关联基准	影响力系数（X_9）	$K_j = \dfrac{\sum\limits_{i=1}^{n} a_{ij}}{\dfrac{1}{n} \sum\limits_{j=1}^{n} \sum\limits_{i=1}^{n} a_{ij}}$	K_j 反映某一产业增加一个最终产品的生产时，对国民经济各产业部门所产生的生产需求波及程度

基　准	指　标	计算方法	计算说明
关联度基准	感应度系数（X_{10}）	$E_i = \dfrac{\sum\limits_{j=1}^{n} a_{ij}}{\dfrac{1}{n}\sum\limits_{i=1}^{n}\sum\limits_{j=1}^{n} a_{ij}}$	E_i反映国民经济各产业部门均增加一个单位最终使用时，某一产业受到的需求感应程度

（二）研究对象及数据来源

为了方便后期实证分析中数据的获取，本章按照我国现行统计年鉴中行业分类的方法，从服务业的 14 个行业类别（第三章具体介绍）中选取现代服务业的门类。考虑到内蒙古现代服务业发展的实际，探索性拟定服务业中的 11 个行业应归属于现代服务业，如表 7-2 所示。确定这 11 个行业为内蒙古现代服务业主导行业选择的研究对象，数据来源于《内蒙古统计年鉴》、国家数据网、中经网等。

表7-2　本书现代服务业的分类

现代服务业（行业代码）	包括的现代服务细分行业
交通运输、仓储和邮政业（A）	现代物流、邮电等
信息传输、计算机服务、软件业（B）	电子商务、大数据、软件研发设计等
金融业（C）	银行业、证券业等
房地产业（D）	中介、物业管理等
租赁和商务服务业（E）	租赁、法律、会计等专业专门技术服务
科学研究、技术服务和地质勘查业（F）	科技服务、研究与实验等
水利、环境与公共设施管理业（G）	政府相关的管理服务等
教育业（H）	基础教育、技能培训等
卫生、社会保障和社会福利事业（I）	保健、医疗等
文化、体育和娱乐业（J）	新闻出版、旅游、会展等
公共管理和社会组织（K）	公共卫生、家政、养老、健康等

（三）根据指标体系计算各指标值

1. 全要素生产率的计算

由表 7-1 可知，X_1、X_2、X_3、X_4、X_5 指标都可以通过简单的比值计算得到，X_9、X_{10} 可通过 2012 年内蒙古《投入产出表》（目前最新版）计算整理得到，而 X_6、X_7、X_8 无法直接获得，需要进一步测算。关于 X_6 的测算，目前国内学者常用的方法有非参数的 DEA 和参数的 SFA。由于使用 SFA 模型的前提条件是需要主观设定具体生产函数形式与行为约束，这可能影响结果的准确性。因此，本书采用无须设定生产函数、受数据质量影响较小的序列 DEA-Malmquist 法来测算 X_6、X_7、X_8，从而避免实际值与测算值间误差较大的情况。[①]

序列 DEA-Malmquist 法测算 X_6 的表达形式：

$$M_0(x^{t+1},y^{t+1},x^t,y^t) =$$

$$\frac{D_0^{t+1}(x^{t+1},y^{t+1})}{D_0^t(x^t,y^t)} \times \left[\frac{D_0^t(x^{t+1},y^{t+1})}{D_0^{t+1}\left(x^{t+1},y^{t+1}\right)} \cdot \frac{D_0^t(x^t,y^t)}{D_0^{t+1}\left(x^t,y^t\right)} \right]^{\frac{1}{2}} = EC \times TC \quad （式 7.6）$$

其中：x^t 表示第 t 期的投入，y^t 表示第 t 期的产出，x^{t+1} 表示第 $t+1$ 期的投入，y^{t+1} 表示第 $t+1$ 期的产出；D_0^t 表示以 t 期的技术为参照的距离函数，D_0^{t+1} 表示以 $t+1$ 期的技术为参照的距离函数；EC 表示技术效率；TC 表示技术进步。若 $M_0 > 1$，说明从 t 到 $t+1$ 期的 X_6 有所提高和改善；若 $M_0 < 1$，表示 X_6 有所退步。

在测算 X_6 时需要有投入数据和产出数据。本书以 11 个行业历年（2008—2017 年）增加值为产出指标，为避免价格因素的影响，以 2008 年为基期进行了价格指数缩减；以 11 个行业历年（2008—2017 年）年末就业人数表示劳动投入。同时，由于统计资料中缺乏内蒙古各服务行业的资本存量数据，所以需要进行估算。因此，本书采用固定资产投资对其进行估计，并用学者们常用的永续盘存法来计算。公式为

$$K_t = I_t + (1-\delta)K_{t-1} \quad （式 7.7）$$

其中，K_t 是 t 期的资本存量，K_{t-1} 是 $t-1$ 期的资本存量，δ 为年度折旧率，

[①] 王恕立，胡宗彪. 中国服务业分行业生产率变迁及异质性考察 [J]. 经济研究，2012，47(4)：15-27.

I_t 是 t 期的固定资产实际投资额。关于基期资本存量的算法采用学者们常用的做法：

$$K_{i,2008} = {I_{i,2008}} \big/ {(g_{i,2008} + \delta)} \qquad\text{（式 7.8）}$$

式中，g 是各细分行业实际增加值在 2008—2017 年的年均增长率，年度折旧率 δ 取值 4%（我国学者普遍使用该比例取值）。[1] 用每年的固定资产投资指数将各行业的投资额折算为 2008 年不变价的实际投资额，计算结果，如表 7-3 所示。

表7-3　内蒙古11个行业2008—2017年的资本存量

单位：亿元

行业	2008	2009	2010	2011	2012	2013	2014	2015	2016	2017
A	841.381	828.761	873.099	927.668	942.511	938.552	936.863	918.313	913.813	944.883
B	73.852	72.744	76.636	81.426	82.728	82.381	82.233	80.604	80.209	82.937
C	16.107	15.865	16.714	17.759	18.043	17.967	17.935	17.580	17.494	18.088
D	670.899	660.836	696.191	739.702	751.538	748.381	747.034	732.243	728.655	753.429
E	11.721	11.545	12.163	12.923	13.130	13.074	13.051	12.792	12.730	13.163
F	41.375	40.755	42.935	45.618	46.348	46.154	46.071	45.158	44.937	46.465
G	644.022	634.361	668.300	710.068	721.429	718.399	717.106	702.908	699.463	723.245
H	111.371	109.701	115.570	122.793	124.757	124.233	124.010	121.554	120.959	125.071
I	52.973	52.179	54.970	58.406	59.340	59.091	58.985	57.817	57.534	59.490
J	89.031	87.695	92.387	98.161	99.732	99.313	99.134	97.171	96.695	99.983
K	325.003	320.128	337.255	358.333	364.067	362.538	361.885	354.720	352.982	364.983

数据来源：根据相关数据计算所得。

---

[1]　徐现祥，周吉梅，舒元 . 中国省区三次产业资本存量估计 [J]. 统计研究，2007(5)：6-13.

2. 全要素生产率的计算结果

运用 DEAP2.1 软件对劳动投入指标、产出指标及表 7-3 数据进行测算，得出 11 个行业 $X_6 \sim X_8$ 的值，计算结果及分解情况如表 7-4 所示。

表7-4　各行业测算结果

行业代码	X_7	X_8	X_6
A	1.01	1.051	1.061
B	1.028	1.075	1.105
C	1	1.13	1.13
D	0.999	0.938	0.938
E	0.969	1.097	1.063
F	0.953	1.084	1.033
G	1.041	1.02	1.062
H	0.974	1.093	1.065
I	0.954	1.089	1.039
J	1.085	1.066	1.156
K	0.932	1.084	1.011

数据来源：根据相关数据测算得出。

四、内蒙古现代服务业主导行业选择

（一）主成分分析

1. 数据标准化处理

为了避免所使用数据在数量级与量纲上的差异对分析结果客观性的影响，用 SPSS 对原始数据做 Z-score（标准分数）处理（表 7-5），以此来提高原始数据的可用性。

表7-5　指标标准化数据

行　业	X_1	X_2	X_3	X_4	X_5	X_6	X_7	X_8	X_9	X_{10}
A	-0.7417	0.202 04	-1.004 34	-0.7417	-1.294 34	0.012 36	0.334 56	-0.297 28	1.173 46	1.134 5
B	1.849 23	0.938 47	1.874 75	1.849 23	-0.476 46	0.760 01	0.736 03	0.175 5	1.459 08	-0.287 6
C	0.287 68	1.669 14	0.984 29	0.287 68	-0.422 15	1.184 81	0.111 52	1.258 97	-0.888 55	2.418 41
D	-0.242 12	1.259 51	-0.883 92	-0.242 1	-0.070 23	-2.077 67	0.089 22	-2.523 31	-0.988 65	-0.321 8
E	0.205 2	0.664 6	-0.978	0.205 2	2.753 85	0.046 34	-0.579 9	0.608 89	1.547 89	0.685 51
F	-1.599 69	-0.598 35	0.556 8	-1.599 6	-0.175 88	-0.463 42	-0.936 76	0.352 8	-0.468 75	-0.537 1
G	0.182 78	-1.026 47	0.005 48	0.182 78	-0.284 48	0.029 35	1.025 98	-0.907 96	-1.020 71	-0.660 1
H	0.475 36	-1.002 36	0.124 86	0.475 36	-0.356 72	0.080 33	-0.468 38	0.530 09	-0.578 92	-0.548 6
I	0.168 76	-0.821 37	0.607 99	0.168 76	0.091 89	-0.361 47	-0.914 46	0.451 29	-0.029 86	-0.649 7
J	0.896 47	-0.225 81	0.145 12	0.896 47	0.284 28	1.626 61	2.007 35	-0.001 79	0.494 38	-0.615 9
K	-1.481 96	-1.059 4	-1.433 05	-1.481 9	-0.049 77	-0.837 25	-1.405 14	0.352 8	-0.699 38	-0.617 4

数据来源：由原始数据及 SPSS22.0 处理得出。

2.相关系数矩阵

原始数据标准化后，为了进一步量化指标之间的相关性，可以计算出各指标的相关系数，结果见表7-6。

表7-6　各指标相关系数

指标	X_1	X_2	X_3	X_4	X_5	X_6	X_7	X_8	X_9	X_{10}
X_1	1	0.342	0.603	0.994	0.094	0.567	0.62	0.072	0.389	0.027
X_2	0.342	1	0.196	0.342	0.1	0.109	0.243	−0.112	0.247	0.992
X_3	0.603	0.196	1	0.603	−0.262	0.534	0.282	0.353	0.076	0.035
X_4	0.994	0.342	0.603	1	0.094	0.567	0.62	0.072	0.389	0.027
X_5	0.094	0.1	−0.262	0.094	1	−0.009	−0.184	0.165	0.325	−0.017
X_6	0.567	0.109	0.534	0.567	−0.009	1	0.868	0.928	0.374	0.33
X_7	0.62	0.243	0.282	0.62	−0.184	0.868	1	−0.283	0.205	0.032
X_8	0.072	-0.112	0.353	0.072	0.165	0.928	−0.283	1	0.242	0.35
X_9	0.389	0.247	0.076	0.389	0.325	0.374	0.205	0.242	1	0.153
X_{10}	0.027	0.992	0.035	0.027	−0.017	0.33	0.032	0.35	0.153	1

数据来源：SPSS22.0软件计算得出。

由表7-6可知，X_1与X_4的相关系数为0.994，X_2与X_{10}的相关系数是0.992，X_6与X_8的相关系数是0.928。由此可见，10个变量中有的变量之间有着较大的相关性。因此，有必要利用主成分分析法对原始变量进行降维处理，简化分析变量，提取重要变量，消除它们彼此间信息的重叠性。

3.提取主成分

由表7-7可见，前4个变量的特征根分别为3.849、1.758、1.480、1.341，均大于1，且累积方差贡献率为84.276%，按照大于80%的提取原则，适合用主成分分析。因此，依据表7-7的计算结果提取4个主成分作为本研究的评价变量，记为F_1、F_2、F_3和F_4。

表7-7　总方差分解表

变量	原始值			提取主成分后的值		
	特征根	方差贡献率	累积 (%)	特征根	方差贡献率	累积 (%)
1	3.849	38.490	38.490	3.849	38.490	38.490
2	1.758	17.575	56.065	1.758	17.575	56.065
3	1.480	14.797	70.862	1.480	14.797	70.862
4	1.341	13.413	84.276	1.341	13.413	84.276
5	0.755	7.551	91.827			
6	0.533	5.333	97.160			
7	0.234	2.343	99.502			
8	0.050	0.498	100.000			
9	3.205E-6	3.205E-5	100.000			
10	−1.614E−16	−1.614E−15	100.00			

数据来源：SPSS22.0 软件计算得出。

（1）主成分的权重。

由表 7-7 中特征根可求得各主成分的权重 w_i（ $w_i = \lambda_i / \sum\limits_{i=1}^{4} \lambda_i$ ），其中 λ_i 为第 i 个主成分对应的特征根，i=1,2,3,4（见表 7-8）。

表7-8　各主成分权重值

主成分	W_1	W_2	W_3	W_4
权重	0.457	0.209	0.176	0.159

数据来源：由表 7-7 及主成分权重公式 w_i 算出。

（2）主成分的得分。

由表 7-7 可知，提取前 4 个变量为主成分即可满足对所有原始变量的分析和解释。接下来计算主成分的得分，首先要对 4 个主成分的含义进行解释。运用 SPSS22.0 输出 4 个主成分的初始载荷矩阵，见表 7-9。

表7-9 主成分初始载荷矩阵

指标	F_1	F_2	F_3	F_4
X_1	0.904	−0.268	0.033	0.182
X_2	0.458	0.27	0.756	−0.24
X_3	0.683	−0.13	−0.377	−0.316
X_4	0.903	−0.267	0.032	0.181
X_5	0.041	0.405	0.157	0.786
X_6	0.807	0.218	−0.359	−0.108
X_7	0.667	−0.489	0.205	−0.064
X_8	0.306	0.715	−0.617	−0.061
X_9	0.506	0.314	0.119	0.507
X_{10}	0.302	0.68	0.417	−0.472

数据来源：SPSS22.0软件计算得出。

从表7-9中可看出，按照各主成分所包含相关系数的大小，可解释以下主成分。

F_1：包含需求收入弹性（X_1）、行业投资增长速度（X_3）、行业增加值增长速度（X_4）、全要素生产率（X_6）、技术效率（X_7），反映出各行业的投资速度和技术效率的提高能够带来行业增加值的增长，并带来较高的需求收入弹性和全要素生产率。因此，可以将F_1命名为行业技术潜力优势因子。

F_2：包含技术进步（X_8）、感应度系数（X_{10}），反映的是各行业的技术进步对关联产业的贡献，可以将F_2命名为行业技术关联优势因子。

F_3：包含比较劳动生产率（X_2），反映的是各细分行业之间的劳动生产率，可以将F_3命名为行业效益优势因子。

F_4：包含行业就业人数增长速度（X_5）、影响力系数（X_9），反映的是各细分行业的规模优势和社会贡献，可以将F_4命名为行业规模优势因子。

其次，计算主成分的载荷矩阵，计算结果见表7-10。

表7-10　主成分载荷矩阵

指标	F_1	F_2	F_3	F_4
X_1	0.460 780 907	−0.202 127 479	0.027 125 833	0.157 165 421
X_2	0.233 448 734	0.203 635 893	0.621 428 172	−0.207 251 104
X_3	0.348 134 247	−0.098 046 911	−0.309 892 091	−0.272 880 62
X_4	0.460 271 193	−0.201 373 272	0.026 303 838	0.156 301 874
X_5	0.020 898 249	0.305 453 839	0.129 053 205	0.678 747 366
X_6	0.411 338 708	0.164 417 128	−0.295 096 182	−0.093 262 997
X_7	0.339 978 833	−0.368 807 228	0.168 508 962	−0.055 266 961
X_8	0.155 972 298	0.539 258 012	−0.507 170 876	−0.052 676 322
X_9	0.257 914 976	0.236 821 001	0.097 817 397	0.437 817 957
X_{10}	0.153 933 444	0.512 860 767	0.342 771 889	−0.407 593 838

数据来源：由表7-9计算得出。

再次，根据表7-10可得包含10个指标的4个主成分得分函数，分别记为 F_{1j}、F_{2j}、F_{3j} 和 F_{4j}。

$F_{1j}=0.461X_{1j}^*+0.233X_{2j}^*+0.348X_{3j}^*+0.460X_{4j}^*+0.021X_{5j}^*+0.411X_{6j}^*+0.340X_{7j}^*+0.156X_{8j}^*+0.258X_{9j}^*+0.154X_{10j}^*$

$F_{2j}=-0.202X_{1j}^*+0.204X_{2j}^*-0.098X_{3j}^*-0.201X_{4j}^*+0.305X_{5j}^*+0.164X_{6j}^*-0.369X_{7j}^*+0.539X_{8j}^*+0.237X_{9j}^*+0.513X_{10j}^*$

$F_{3j}=0.027X_{1j}^*+0.621X_{2j}^*-0.310X_{3j}^*+0.026X_{4j}^*+0.129X_{5j}^*-0.295X_{6j}^*+0.169X_{7j}^*-0.507X_{8j}^*+0.098X_{9j}^*+0.343X_{10j}^*$

$F_{4j}=0.157X_{1j}^*-0.207X_{2j}^*-0.273X_{3j}^*+0.156X_{4j}^*+0.679X_{5j}^*-0.093X_{6j}^*-0.055X_{7j}^*-0.053X_{8j}^*+0.438X_{9j}^*-0.408X_{10j}^*$ 　　　　（式7.9）

其中，X_{ij}^* 是指标 X_{ij} 的标准化指标，$i=1,2,\cdots,10$，$j=1,2,\cdots,11$。

最后，可计算出11个行业 $F_1 \sim F_4$ 的得分（见表7-11）。

表7-11　各行业的4个主成分得分

行业	F_1	F_2	F_3	F_4
A	−0.462 922 529	0.621 604 355	0.937 283 097	−0.831 473 226
B	3.487 305 922	−0.738 222 211	−0.105 578 115	0.185 427 036
C	1.853 210 676	1.860 827 427	0.465 811 379	−2.368 612 075
D	−1.760 538 486	−1.715 009 708	2.735 500 575	−0.123 319 726
E	0.482 849 881	2.257 585 25	1.048 612 315	2.456 567 889
F	−2.080 524 321	0.488 369 252	−1.082 529 437	−0.558 646 655
G	−0.220 915 773	−1.813 663 665	−0.367 913 064	−0.113 997 39
H	−0.037 432 245	−0.463 779 215	−1.298 376 019	0.041 170 734
I	−0.319 635 361	−0.085 986 357	−1.179 885 416	0.431 811 363
J	2.213 408 086	−1.007 742 785	−0.404 307 235	0.686 104 383
K	−3.154 687 478	0.596 081 379	−0.748 530 364	0.194 900 89

数据来源：由表 7-5 数据按函数公式计算得出。

（二）灰色聚类分析

灰色聚类是利用已知信息代替未知且不确定信息的评价方法，能够在信息不完全的条件下使决策结果更加准确、客观。灰色聚类分析的核心有两点：一是白化权函数的确定；二是聚类指标权重的确定。由表 7-7 及以上计算可知，4 个主成分消除了彼此之间信息的重叠性，而且包含原始指标 80% 以上的信息，将其得分作为灰色聚类分析的原始数据，避免了主观性和片面性，使分析结果更具合理性。因此，本书采用基于白化权函数的灰色聚类法，以主成分得分来确定白化权函数，以主成分权重作为聚类指标的权重。

1. 构造白化权函数

（1）灰类的确定。

将主成分得分数据所在区间划分为第一灰类、第二灰类和第三灰类，设其相应的聚类灰数集合为 $\sigma = \{\sigma_1, \sigma_2, \sigma_3\}$，对应于评语集主导行业，辅助行业，一般行业。

（2）白化权函数的确定。

① 数据的处理。由表 7-11 可知，$F_1 \sim F_4$ 数值中有负数，为计算方便，将其全部换算成正数，需要进行非负化处理。根据白化权函数的定义可知，将同

一指标的所有值全部增加相同的数不影响白化权函数值的大小及标准差的大小。因此，分别求出所有评价对象的 $F_1 \sim F_4$ 的最小值，将其分别加上最小值的相反数，可使各指标的值全为正数且不影响灰色聚类的结果。处理结果见表 7-12。

表7-12　主成分得分非负化处理

行业	F_1	F_2	F_3	F_4
A	2.691 764 95	2.435 268 02	2.235 659 116	1.537 138 849
B	6.641 993 401	1.075 441 454	1.192 797 905	2.554 039 111
C	5.007 898 155	3.674 491 092	1.764 187 398	0
D	1.394 148 992	0.098 653 957	4.033 876 594	2.245 292 348
E	3.637 537 359	4.071 248 915	2.346 988 334	4.825 179 963
F	1.074 163 157	2.302 032 917	0.215 846 582	1.809 965 42
G	2.933 771 705	0	0.930 462 955	2.254 614 684
H	3.117 255 233	1.349 884 45	0	2.409 782 809
I	2.835 052 118	1.727 677 308	0.118 490 603	2.800 423 437
J	5.368 095 564	0.805 920 88	0.894 068 784	3.054 716 457
K	0	2.409 745 044	0.549 845 655	2.563 512 965

数据来源：由表 7-11 数据计算得出。

由表 7-12 可得，11 个行业在主成分 F_1 上的平均值 $\overline{X}=3.154\,698\,239$，标准差 $\omega=1.961\,499\,708$，由此可得上限测度、适中测度、下限测度的转折点为 5.1162、3.1547 和 1.1932。同理可得 F_2、F_3、F_4 的转折点。计算结果见表 7-13。

表7-13　4个综合指标的转折点

转折点	F_1	F_2	F_3	F_4
上限测度	5.116 197 947	3.138 554 96	2.514 857 573	3.526 533 064
适中测度	3.154 698 239	1.813 669 458	1.298 383 993	2.368 606 004
下限测度	1.193 198 531	0.488 783 956	0.081 910 414	1.210 678 944

数据来源：由表 7-12 数据计算得出。

② 白化权函数的确定。根据灰色聚类模型的分析步骤以及表 7-13，可得出聚类指标 $F_1 \sim F_4$ 分别关于主导行业、辅助行业和一般行业各自对应的白化权函数（见表 7-14）。

表7-14　$F_1 \sim F_4$ 对应的三大类行业白化权函数

聚类指标	主导行业	辅助行业	一般行业
F_1	$f_1^1(x)=(3.154\,7,5.116\,2,-,-)$	$f_1^2(x)=(1.193\,2,3.154\,7,-,5.116\,2)$	$f_1^3(x)=(-,-,1.193\,2,3.154\,7)$
F_2	$f_2^1(x)=(1.813\,7,3.138\,6,-,-)$	$f_2^2(x)=(0.488\,8,1.813\,7,-,3.138\,6)$	$f_2^3(x)=(-,-,0.488\,8,1.813\,7)$
F_3	$f_3^1(x)=(1.298\,4,2.514\,9,-,-)$	$f_3^2(x)=(0.081\,9,1.298\,4,-,2.514\,9)$	$f_3^3(x)=(-,-,0.081\,9,1.298\,4)$
F_4	$f_4^1(x)=(2.368\,6,3.526\,5,-,-)$	$f_4^2(x)=(1.210\,7,2.368\,6,-,3.526\,5)$	$f_4^3(x)=(-,-,1.210\,7,2.368\,6)$

2. 白化权函数值的计算

对于 F_1（$j=1$）可列出白化权函数：

$$
f_1^1(x_{ij})=\begin{cases}
0, & x_{ij}<3.154\,7 \\
\dfrac{x_{ij}-3.154\,7}{5.116\,2-3.154\,7}, & x_{ij}\in[3.154\,7,5.116\,2] \\
1, & x_{ij}\geqslant 5.116\,2
\end{cases}
$$

$$
f_1^2(x_{ij})=\begin{cases}
0, & x_{ij}\notin[1.193\,2,5.116\,2] \\
\dfrac{x_{ij}-1.193\,2}{3.154\,7-1.193\,2}, & x_{ij}\in[1.193\,2,3.154\,7] \\
\dfrac{5.116\,2-x_{ij}}{5.116\,2-3.154\,7}, & x_{ij}\in[3.154\,7,5.116\,2]
\end{cases}
$$

$$f_1^3\left(x_{ij}\right)=\begin{cases}0,x_{ij}\notin[0,3.154\,7]\\1,x_{ij}\in[0,1.193\,2]\\\dfrac{3.154\,7-x_{ij}}{3.154\,7-1.193\,2},x_{ij}\in[1.193\,2,3.154\,7]\end{cases}$$

同理可以据表 7-14 写出 F_2、F_3、F_4 的白化权函数。利用主成分分析得出的各聚类指标的权重（见表 7-8）可计算出内蒙古现代服务业 11 个细分行业 $F_1 \sim F_4$ 的聚类系数。各行业白化权函数值及聚类系数值计算结果见表 7-15。

表7-15 各行业白化权函数值

行业	灰类	F_1	F_2	F_3	F_4	灰聚类系数
A	σ_1	0	0.469 171 533	0.770 485 392	0	0.233 662 279
	σ_2	0.763 990 131	0.530 828 467	0.229 514 608	0.281 934 775	0.545 308 84
	σ_3	0.236 009 869	0	0	0.718 065 225	0.222 028 881
B	σ_1	1	0	0	0.160 142 304	0.482 462 626
	σ_2	0	0.442 798 64	0.913 203 139	0.839 857 696	0.386 806 042
	σ_3	0	0.557 201 36	0.086 796 861	0	0.131 731 332
C	σ_1	0.944 787 25	1	0.382 912 882	0	0.708 160 441
	σ_2	0.055 212 75	0	0.617 087 118	0	0.133 839 559
	σ_3	0	0	0	1	0.159
D	σ_1	0	0	1	0	0.176
	σ_2	0.102 447 357	0	0	0.893 504 816	0.188 885 708
	σ_3	0.897 552 643	1	0	0.106 495 184	0.636 114 292
E	σ_1	0.246 158 14	1	0.862 003 383	1	0.632 206 865
	σ_2	0.753 841 86	0	0.137 996 617	0	0.368 793 135
	σ_3	0	0	0	0	0

行业	灰类	F_1	F_2	F_3	F_4	灰聚类系数
F	σ_1	0	0.368 608 048	0	0	0.077 039 082
	σ_2	0	0.631 391 952	0.110 101 995	0.517 551 145	0.233 629 501
	σ_3	1	0	0.889 898 005	0.482 448 855	0.690 331 417
G	σ_1	0	0	0	0	0
	σ_2	0.887 368 561	0	0.697 551 148	0.901 555 699	0.671 643 791
	σ_3	0.112 631 439	1	0.302 448 852	0.098 444 301	0.329 356 209
H	σ_1	0	0	0	0.035 560 793	0.005 654 166
	σ_2	0.980 911 031	0.649 943 33	0	0.964 439 207	0.737 460 331
	σ_3	0.019 088 969	0.350 056 67	1	0	0.257 885 503
I	σ_1	0	0	0	0.372 922 827	0.059 294 73
	σ_2	0.837 039 934	0.935 094 656	0.030 070 681	0.627 077 173	0.682 959 743
	σ_3	0.162 960 066	0.064 905 344	0.969 929 319	0	0.258 745 527
J	σ_1	1	0	0	0.592 533 396	0.551 212 81
	σ_2	0	0.239 369 307	0.667 633 382	0.407 466 604	0.232 318 85
	σ_3	0	0.760 630 693	0.332 366 618	0	0.217 468 34
K	σ_1	0	0.449 907 245	0	0.168 324 04	0.120 794 136
	σ_2	0	0.550 092 755	0.384 665 355	0.831 675 96	0.314 906 966
	σ_3	1	0	0.615 334 645	0	0.565 298 897

数据来源：由灰色聚类公式计算得出。

（三）灰色聚类结果及分析

由表 7-15 整理可得内蒙古现代服务业 11 个细分行业的聚类结果（见表 7-16）。

表7-16　灰聚类结果

行业	主导	辅助	一般	Max	所属行业
A	0.233 662 279	0.545 308 84	0.222 028 881	0.545 308 84	辅助行业
B	0.482 462 626	0.386 806 042	0.131 731 332	0.482 462 626	主导行业
C	0.708 160 441	0.133 839 559	0.159	0.708 160 441	主导行业
D	0.176	0.188 885 708	0.636 114 292	0.636 114 292	一般行业
E	0.632 206 865	0.368 793 135	0	0.632 206 865	主导行业
F	0.077 039 082	0.233 629 501	0.690 331 417	0.690 331 417	一般行业
G	0	0.671 643 791	0.329 356 209	0.671 643 791	辅助行业
H	0.005 654 166	0.737 460 331	0.257 885 503	0.737 460 331	辅助行业
I	0.059 294 73	0.682 959 743	0.258 745 527	0.682 959 743	辅助行业
J	0.551 212 81	0.232 318 85	0.217 468 34	0.551 212 81	主导行业
K	0.120 794 136	0.314 906 966	0.565 298 897	0.565 298 897	一般行业

数据来源：作者整理得出。

由表 7-16 可知，按照灰色综合聚类系数（以下简称"系数"）大小可得内蒙古可以优先发展的现代服务业主导行业共有 4 个，依次是 C、E、J、B。其中，C 和 E 行业在第一灰类的聚类数值均大于 4 个主导行业的平均值 0.59，说明这两个行业的主导特征显著；J 行业主导特征略显著，B 行业在第一灰类的系数小于 0.5，主导特征不显著。为了进一步了解 4 个主导行业的具体状况，从优势和劣势这两个角度分别对它们进行具体分析。

1. 金融业（C）

由表 7-15 可知，该行业在技术关联优势因子（F_2）上第一灰类白化权函数值为 1，且 F_2 得分排名第二，具有显著的行业优势。同时，该行业在技术潜力优势因子（F_1）和效益优势因子（F_3）上也具有一定的优势。

行业优势：该行业的投资增速（X_3）为 30%，排名第二，发展潜力较大；其需求收入弹性（X_1）、行业增加值增速（X_4）排名第四，居中等以上水平；全要素生产率（X_6）年均增速 13%，排名第二；技术进步（X_8）年均提高 13%，排名第一，这也是全要素生产率（X_6）提高的主要原因；比较劳动生产率（X_2）为 3.3，感应度系数（X_{10}）为 1.8，均居第一。这说明该行业通过技术升级提高了全要素生产率（X_6）、比较劳动生产率（X_2），并且对其他关联行业的发展较为敏感。

行业劣势：该行业的规模优势因子（F_4）得分排名倒数第一。行业就业人数增速（X_5）为负增长，吸纳的专业化人才规模较小，对拉动就业的贡献较小；影响力系数（X_9）小于 1，排名第九，说明该行业对其他行业的影响力较弱，缺乏相关配套行业，规模优势不明显；技术效率（X_7）年均增长 0%，无任何改进，排名第五，说明该行业对要素的使用效率不高，在管理体制及管理经验方面存在不足。

2. 租赁和商务服务业（E）

由表 7-15 可知，该行业在技术关联优势因子（F_2）和规模优势因子（F_4）上的第一灰类白化权函数值均为 1，且 F_2、F_4 得分排名也均居首位，行业主导优势显著。同时，该行业在技术潜力优势因子（F_1）和效益优势因子（F_3）上也均具有一定的行业优势。

行业优势：该行业的技术进步（X_8）年均提高 9.7%，排名第二；感应度系数（X_{10}）为 1，排名第三；行业就业人数增速（X_5）为 26%，影响力系数（X_9）为 1.1，均排名第一；比较劳动生产率（X_2）为 2.2，排名第四。这说明随着科学技术的发展，该行业积极采用新技术进行行业升级，提高了劳动生产率，推动了一系列关联产业的发展，增强了就业吸纳能力。

行业劣势：该行业的投资增速（X_3）为负，排名第九，投资不足；技术效率（X_7）相比往年有所降低，排名第八。这说明该行业由于投资力度不足，行业规模受限，缺乏高素质、专业化人才等。

3. 文化及体育和娱乐业（J）

由表 7-15 可知，该行业在技术潜力优势因子（F_1）上的第一灰类白化权函数值为 1，行业主导优势显著，在规模优势因子（F_4）上也具有明显的优势。

行业优势：F_1 和 F_4 得分排名均第二。其中，需求收入弹性（X_1）为 2.6，行业增加值增速（X_4）为 22.7%，均排名第二；全要素生产率（X_6）年均增速 15.6%，排名第一，主要是受到技术效率（X_7）提升的积极影响，技术效率（X_7）年均提高了 8.5%，排名第一；行业增加值增速（X_4）为 22.7%，就业人数增速（X_5）为 5.7%，均排名第二。这表明随着居民收入水平的提高，人们对精神层面、健康层面和生活享受层面的需求更高，导致该行业在需求的刺激下向更高质量方向发展。

行业劣势：该行业的比较劳动生产率（X_2）为 1.3，排名第六；投资增速（X_3）为 9.8%，位居第五，均处于中等水平；虽然技术进步（X_8）提高了 6.6%，但在 11 个行业中排名第八，技术进步水平有待进一步提高；影响力系数（X_9）为 0.88，感应度系数（X_{10}）为 0.43，均小于 1，可见该行业带动其他行业发展的能力较弱。

4. 信息传输及计算机服务和软件业（B）

表 7–15 中，该行业在技术潜力优势（F_1）因子上的第一灰类白化权函数值为 1，具有较为显著的行业优势，在规模优势因子（F_4）上也具有一定的行业优势。

行业优势：F_1 得分排名第一。其中，需求收入弹性（X_1）为 4.7，行业投资增长速度（X_3）为 50.7%，行业增加值增长速度（X_4）为 40.7%，这三项指标均高于其他 10 个细分行业，排名第一；全要素生产率（X_6）年均增长了 10.5%，技术效率（X_7）年均提高了 2.8%，均排名第三；比较劳动生产率（X_2）为 2.5，排名第三；影响力系数（X_9）为 1.09，排名第二。这说明随着信息时代的到来，人们对该行业的需求越来越大，该行业市场前景广阔，具有较大的发展潜力和成长能力，同时，该行业管理运用现有技术的效率较高，推动了其他关联产业的发展，促进了发展质量的提高。

行业劣势：该行业在技术关联优势（F_2）上排名处于第八位，处于较低水平。其中，技术进步（X_8）年均增长了 7.5%，排名第七；感应度系数（X_{10}）为 0.57，小于 1。就业人数增速（X_5）为负，处于倒数第二位。这说明该行业发展质量的提高主要得益于高投入，而在先进技术的引用和专业化人才的引进方面明显滞后，并且对其他行业的发展不太敏感。

从总体来看，4 个主导行业在技术潜力优势（F_1）和技术关联优势（F_2）上具有明显的主导特征，应保持和发扬；而 4 个主导行业的规模优势（F_4）有待进一步提高，效益优势（F_3）亟待提升。

五、内蒙古现代服务业发展影响因素分析

为了更好地促进内蒙古现代服务业主导行业的发展，需要找出其发展的影响因素。因此，本书在以上研究的基础上，对影响现代服务业发展的主要影响因素进行分析，对科学提出发展建议具有重要的现实意义。

（一）确定指标

在指标选取过程中，本书根据第二章对现代服务业发展影响因素的综述，结合第三章内蒙古现代服务业发展现状及其他学者的研究，以内蒙古 11 个现代服务业的生产总值（Y）来衡量其发展水平，从人均生产总值（PGDP）、城市化率（UL）、工业增加值（I）、现代服务业就业人数（M）、固定资产投

资（F）、城镇居民可支配收入（PU）六个方面，分析它们对现代服务业发展的影响程度。数据来源于 2009—2018 年《内蒙古统计年鉴》和国家数据网。考虑到时间序列数据可能存在的异方差对实证结果的影响，所以对六个变量分别取对数后进行分析。数据的处理及分析过程采用计量软件 EViews7.2。

（二）研究方法

目前，国内大多数学者采用计量经济方法对现代服务业发展影响因素进行研究，因而本书运用协整检验和格兰杰检验来研究内蒙古现代服务业主导行业发展的影响因素，并构建了如下模型：

$$\ln Y = C + \beta_1 \ln PGDP + \beta_2 \ln UL + \beta_3 \ln I + \beta_4 \ln M + \beta_5 \ln F + \beta_6 \ln PU + \varepsilon \quad （式 7.10）$$

式中：Y 为内蒙古现代服务业生产总值；$PGDP$ 为内蒙古人均生产总值；UL 为内蒙古城市化率；I 为内蒙古工业增加值；M 为内蒙古现代服务业就业人数；F 为内蒙古现代服务业的固定资产投资；PU 为内蒙古城镇居民可支配收入；c 为常数，ε 为随机误差。

（三）结果及分析

1. 单位根检验

为了防止在协整检验时出现伪回归现象，需要提前检验序列数据是否平稳，因而本书采用 ADF 方法分别对每个序列数据检验其平稳性，检验类型为无截距项、无趋势项，滞后期为系统默认值 1，以 $D(X,n)$ 表示序列 X 的 n 次差分。结果见表 7–17。

表7-17　检验结果

变量	ADF 值	1% 临界值	5% 临界值	10% 临界值	结论
$\ln Y$	5.197 603	−2.847 25	−1.988 198	−1.600 14	非平稳
$\ln PGDP$	−1.072 209	−2.886 101	−1.995 865	−1.599 088	非平稳
$\ln UL$	−1.213 042	−2.886 101	−1.995 865	−1.599 088	非平稳
$\ln I$	1.361 043	−5.521 86	−4.107 833	−3.515 047	非平稳
$\ln M$	3.208 415	−2.847 25	−1.988 198	−1.600 14	非平稳
$\ln F$	2.465 742	−2.847 25	−1.988 198	−1.600 14	非平稳
$\ln PU$	0.571 855	−2.886 101	−1.995 865	−1.599 088	非平稳
$D(\ln Y,2)$	−5.830 659	−2.937 216	−2.006 292	−1.598 068	平稳

变量	ADF 值	1% 临界值	5% 临界值	10% 临界值	结论
$D(\ln I,2)$	−2.882 131	−2.041 725	−1.995 23	−1.599 012	平稳
$D(\ln M,2)$	−3.654 317	−2.937 216	−2.006 292	−1.598 068	平稳
$D(\ln F,2)$	−6.527 265	−2.937 216	−2.006 292	−1.598 068	平稳
$D(\ln PU,2)$	−7.237 423	−2.896 321	−1.980 452	−1.532 988	平稳

数据来源：EViews7.2 计算得出。

通过表 7-17 可知，所有变量的 ADF 值都大于显著性水平 10% 的临界值，这表明 $\ln Y$、$\ln PGDP$、$\ln UL$、$\ln I$、$\ln M$、$\ln F$ 和 $\ln PU$ 有单位根，所以接受所有序列都是非平稳的原假设。但经过进一步检验之后发现，七个因素的 ADF 值都小于三个显著性水平的临界值，序列表现出平稳性，表明它们之间可能存在某种长期稳定关系。这种关系如何体现，可做协整检验，进一步探究这种关系。

2. 协整检验

通过以上步骤可知七个因素之间可能存在某种长期均衡关系，本书借鉴学者经常采用的最小二乘法来对其关系进行估计，得到回归方程：

$$\ln Y = -3.144\,84 - 0.892\,53\ln PGDP + 1.256\,02\ln UL + 0.554\,963\ln I - 0.767\,75\ln M + 0.362\,684\ln F + 1.556\,482\ln PU$$

$$T = (-1.423\,166)\quad (-1.924\,92)\quad (2.021\,344)\quad (1.046\,734)$$
$$(-2.269\,743)\quad (2.931\,516)\quad (3.051\,178)$$

$$R^2 = 0.999\,47\quad \overline{R^2} = 0.998\,411\quad F = 943.698\,7\quad DW = 2.793\,2$$

可以看出，回归方程统计性质良好，模型的拟合度（ $R^2 = 0.999\,47$ ）和修正的拟合度（ $\overline{R^2} = 0.998\,411$ ）接近 1，F 统计量也通过了显著性检验，DW 值与 2 很接近，并且各项检验参数不为零。因此，可对残差进行单位根检验，结果见表 7-18。

表7-18　残差的检验结果

变量	ADF 值	1% 临界值	5% 临界值	10% 临界值	结论
残差 e_t	−5.902 787	−2.847 25	−1.988 198	−1.600 14	平稳

数据来源：EViews7.2 计算得出

从表 7-18 可知，残差 e_t 的 ADF 值为 $-5.902\ 787$，远远小于三个临界值，说明 e_t 在 1% 的显著水平下不存在单位根，表现出平稳性。可见，$\ln Y$、$\ln PGDP$、$\ln UL$、$\ln I$、$\ln M$、$\ln F$、$\ln PU$ 存在某种长期稳定的关系。

3. 格兰杰因果检验

由以上分析可知，$\ln Y$、$\ln PGDP$、$\ln UL$、$\ln I$、$\ln M$、$\ln F$、$\ln PU$ 存在某种长期稳定的关系，但它们之间的关系是否构成因果关系，还需要通过格兰杰因果检验来判定。因此，本书根据 AIC 原则，选择滞后期为 1，据此检验一个变量是否受到其他变量的滞后影响。其中，* 代表在 5% 的水平下显著，** 表示在 10% 的水平下显著。检验结果见表 7-19。

表7-19　格兰杰因果检验结果

原假设	F 统计量	P 概率值	结论
$\ln Y$ 不是 $\ln PGDP$ 的格兰杰原因	12.877 7	0.011 5*	拒绝
$\ln PGDP$ 不是 $\ln Y$ 的格兰杰原因	1.336 02	0.291 7	接受
$\ln Y$ 不是 $\ln UL$ 的格兰杰原因	0.647 49	0.451 7	接受
$\ln UL$ 不是 $\ln Y$ 的格兰杰原因	13.604 7	0.010 2*	拒绝
$\ln Y$ 不是 $\ln I$ 的格兰杰原因	22.424	0.003 2*	拒绝
$\ln I$ 不是 $\ln Y$ 的格兰杰原因	1.288 14	0.299 7	接受
$\ln Y$ 不是 $\ln M$ 的格兰杰原因	4.099 15	0.089 3**	拒绝
$\ln M$ 不是 $\ln Y$ 的格兰杰原因	0.026 74	0.875 5	接受
$\ln Y$ 不是 $\ln F$ 的格兰杰原因	1.373 35	0.285 7	接受
$\ln F$ 不是 $\ln Y$ 的格兰杰原因	0.098 13	0.764 7	接受
$\ln Y$ 不是 $\ln PU$ 的格兰杰原因	6.473 12	0.043 8*	拒绝
$\ln PU$ 不是 $\ln Y$ 的格兰杰原因	0.255 49	0.631 3	接受

数据来源：EViews7.2 计算得出。

由表 7-19 可知，在不同的显著性水平下，变量之间的因果关系不同。当显著性水平为 5% 时，$\ln Y$ 是 $\ln PGDP$、$\ln I$ 和 $\ln PU$ 的格兰杰原因，$\ln UL$ 是 $\ln Y$ 的格兰杰原因，但它们之间不是互为因果关系。当显著性水平为 10% 时，$\ln Y$ 是 $\ln M$ 的格兰杰原因，它们之间是单向因果关系。

4.结果分析

从回归方程来看，内蒙古城市化率（UL）、工业增加值（I）、固定资产投资（F）和城镇居民可支配收入（PU）这四个因素的提高都能够对现代服务业发展起积极的促进作用。其中，城镇居民可支配收入（PU）每提高 1%，内蒙古现代服务业增加 1.556 个百分点，其促进作用最为显著。但是，内蒙古人均生产总值（$PGDP$）和现代服务业就业人数（M）的系数为负值，说明这两个因素对现代服务业的发展不但没有起到促进作用，反而制约其发展。

从表 7-19 来看，城市化率（UL）是内蒙古现代服务业发展的格兰杰原因，而内蒙古现代服务业发展是人均生产总值（$PGDP$）、工业增加值（I）、现代服务业就业人数（M）和城镇居民可支配收入（PU）的格兰杰原因。因此，提高城市化率在一定程度上有利于促进内蒙古现代服务业的发展。另外，内蒙古现代服务业中与工业有密切关系的金融、信息科学技术等行业快速发展，在一定程度上促进了工业的发展，吸纳了更多的就业人员，从而提高了人均生产总值（$PGDP$）和城镇居民可支配收入（PU）。

第五节　主导行业选择及其发展对策

一、从优先发展主导行业角度促进现代服务业发展

（一）增强顶层设计的针对性和操作性

通过定量分析在 11 个行业中区分出了 4 个主导行业、4 个辅助行业、3 个一般行业。由以上分析比较可见，4 个主导行业在效益和规模两方面亟待改善。具体措施：一是针对选择出的主导行业，做好行业规划，制定符合行业发展实际的专项引导扶持政策，做到扩大主导行业的市场规模；二是政府需要制定合理的市场准入条件，明确其服务质量标准，建立符合市场发展规律的准入机制，实现服务投入机制的多元化，优化生产要素配置，积极引进先进技术和设备，落实创新驱动发展战略，促进新旧动能转换，推动产业向更高端水平演进，进而提升行业效益；三是创新自治区财政基本建设资金投资方式，尽快推出多支现代服务业股权投资基金，不断扩大基金额度。通过规划引导，做到降低消耗，增加附加值，提高主导行业的全要素生产率和生产效益；统筹规划，逐渐推进辅助行业成长，创造更多的就业机会，提高行业内企业的社会贡献能力。

（二）完善金融组织体系，实现金融创新

金融业是发展现代服务业的基础行业，而就业吸纳力不足、影响力较弱、相关配套行业欠缺、要素使用率低等问题在很大程度上限制了其发展规模。因此，金融改革的具体措施如下：一是支持区内商业银行借鉴其他地区经验，设立信贷专营机构，开展创新业务，大力发展配套行业，如期货、保险行业，增强其就业吸纳力和影响力；二是学习"区域集优"融资渠道，尝试推行高新技术服务企业集合票据、集合债券等融资形式，通过提高其技术效率来充分发挥配置资源的作用，缓解新兴服务业的融资压力；三是加强风险战略管理，可以通过设立债权基金、联网担保贷款等创投金融形式，打造多渠道供给的投融资市场。

（三）引导租赁和商务服务业集聚发展

由灰聚类分析结果可知，该行业存在投资不足和技术效率低等问题。因此，为了促进该行业的发展，首先，按照市场化方向加大投资力度，扩大其发展规模，促进其形成集聚效应，借助集聚优势充分利用资金、信息、人才和技术，降低管理费用，提高发展质量。其次，按照社会需要制定科学合理的行业细分标准，如对法律、会计、广告设计、统计咨询等专业技术服务的划分，做好发展规划，提高竞争力。同时，该行业要创新管理机制，制定有吸引力的待遇标准，为高素质专业化人才提供良好的、有吸引力的工作环境。

（四）提升旅游产业的综合效能

充分利用草原风光的地域特点和少数民族的特色，坚持以"壮美内蒙古、亮丽风景线"为导向，因地制宜，打造当地文化品牌，提高发展质量，这是未来内蒙古发展文化及体育和娱乐业的新动力。具体措施：一是发展全域旅游，带动其他行业的发展。要打破地区限制，创新旅游产品，逐渐形成差异化、品牌化旅游，充分挖掘地区优势资源，积极寻找互补资源，树立错位发展思想，实现全区旅游业联动发展。二是以"效率优先"提升有效供给水平。结合国内旅游市场传统观光型、共性化产品供给过剩，度假型、个性化产品严重缺乏的实际，集中力量打造具有核心竞争能力、符合市场需求的"精品景区"和"经典产品"，提高有效供给水平。三是促进智慧旅游，提升其技术进步水平。依托内蒙古现有大数据产业基础，以优化旅游资源空间组合和提升用户体验度为重点，研究出台系统性、针对性和操作性强，能够覆盖全产业链的全区统一的"智慧旅游"平台解决方案。

（五）发挥大数据产业的引领作用

根据目前的内蒙古产业规划可知，大数据产业已作为重点培育的新兴产

业。大数据产业作为信息传输及计算机和软件行业的新业态，必将带动一批配套产业发展，催生多元化产业链，增加就业渠道。具体措施：一是积极引进先进技术，推动政府数据共享开放。内蒙古自治区应利用先进技术尽快筹建自治区大数据统一平台，推动各部门数据向平台迁移聚集，逐步实现政府数据整合共享开放。二是加强专业化人才培养。要聘请国内相关专家、学者组建自治区大数据智囊团，建立大数据研发机构，并制定专项人才引进政策，积极引进一批在云计算、大数据方面有技术、有本领、有志向的高端人才。三是要鼓励区内大专院校开设相关专业，鼓励企业与科研机构、大专院校合作，建立实训基地。

二、从影响发展因素角度促进现代服务业发展

（一）加快城市化进程，促进现代服务业发展

由以上分析结果可知，提高城市化率有利于促进内蒙古现代服务业的发展，而且这种促进作用仅次于城镇居民可支配收入，效果显著。因此，积极推进城市化进程对发展内蒙古现代服务业意义非凡。首先，要美化城市环境，做好环卫工作，减少大气污染，提高空气质量，加强对环境污染的整治，为居民提供舒适优美的环境；其次，完善公园、路灯等公共基础设施建设，对学校、医院等机构规范管理，同时要优化城市交通网络，减少交通拥堵情况的发生。除此之外，对城乡接合部、重要商业区等特殊区域要切实做好规划引导，促进形成全方位、多层次的城市，以此来提高城市对商业和居民的吸引力。

（二）完善耦合机制，促进现代服务业与工业融合发展

从分析结果来看，工业与现代服务业之间关系密切，相辅相成，相互促进。一方面，随着工业的发展，社会物质财富不断增加，人们的可支配收入也不断提高，从而对现代服务业的发展需求也越来越强烈；另一方面，现代服务业的发展进一步提高了工业产品的附加值，为工业产品的销售提供了便利。因此，在国家实施制造强国的战略下，内蒙古现代服务业要为新型工业化发展提供服务，两者要完善耦合机制，走共同发展之路。首先，内蒙古要优化工业内部结构，积极引用先进技术来发展高端制造业，增强科技实力，为现代服务业的发展提供坚实的基础。其次，现代服务业要围绕工业发展需要，顺应时代潮流，加快培育一些为工业服务的新业态，如现代物流、电子商务、工业技术研发中心、信息服务、商务会展等，为新型工业化的发展提供动力，同时能实现两者的共同发展。

（三）扩大固定资产规模，增强现代服务业就业吸引力

由分析结果来看，固定资产投资也是影响现代服务业发展的因素之一。虽然其对现代服务业具有促发展作用，但与其他五个变量相比，其拉动作用微小。因此，在国家西部大开发政策导向下，政府要积极主动地把握发展机遇，拓展多方位渠道来加大对现代服务业的投资力度，抓住项目，增加就业机会。首先，根据现代服务业发展实际情况制定一些优惠政策，招商引资，拓宽融资渠道。其次，在区域规划中要统筹考虑土地供给，产业在转变发展方式和优化升级中也要合理利用土地资源。同时，鼓励支持银行对中小型现代服务业贷款，帮助企业扩大投资规模，增强就业吸引力。

第八章 基于调研的内蒙古现代服务业发展对策

现代服务业是 21 世纪的新兴产业，世界各国都在其快速发展中不断探索产业发展的规律与模式。我国作为服务业发展较晚的国家，现代服务业的发展也必将伴随着尝试与探索，且我国各省市经济发展水平参差不齐，人口密度差异大，导致现代服务业发展差距非常大。之前，将经济欠发达的内蒙古自治区作为研究对象，在对现代服务业各行业发展较快的国内先进省份调查研究的基础上，通过科学的定量研究方法得出内蒙古现代服务业优先发展的行业。本章在对先进省份基础性、生产性、消费性以及社会性四大类型现代服务业调查得出可学习经验的基础上，结合对内蒙古自治区现代服务业主导行业选择分析得出的结论，分别从现代服务业发展的战略层、策略层提出对策性建议。

第一节 内蒙古现代服务业发展的战略性对策

前期在实地调研走访与网络调研的基础上，系统梳理与服务业发展有关的理论与实践模式。通过认真总结国内有关省份发展现代服务业的做法与经验，发现某一地区现代服务业或某一行业高速健康发展的共同特点是政府一定要做好顶层设计与政策引导。总结先进省份发展现代服务业战略层面的对策可以归纳如下：

一、完善政策措施，优化服务供给

随着人民生活水平的提高，消费者对服务的需求逐渐增加，服务业有效供给不足，无法满足工农业发展与居民消费对服务质量和效率的需求是目前内蒙古现代服务业发展中亟待解决的问题。目前，内蒙古的主导产业仍然是工业，服务业在供给模式创新、生产效率、服务质量等各方面与日益增长的消费者需求之间的供需不平衡的矛盾表现突出。因此，培育现代服务业，提升服务业供给水平是内蒙古供给侧结构性改革中不可或缺的重要一环。

内蒙古各盟市政府及相关主管部门在财税、价格、土地、融资等政策方面必须进行创新、完善。比如，在创新财税政策方面要全面落实国家促进服务业发展的财税政策，以保证降低企业经营成本。要评估、选择发展潜力大、产业基础好、价值定位高的新兴服务业态，制定出台专项产业规划与引导扶持政策，加强市场准入、资金用地、人才培育等方面的支持，推动新兴业态成长为新的产业制高点、经济增长点。

要进行政策创新，首先对已出台的现代服务业发展文件进行梳理调整。从 2013 年 8 月内蒙古自治区出台《内蒙古自治区人民政府关于加快推进服务业发展的指导意见》以来，内蒙古自治区相继出台了 30 多个文件，几乎涵盖了现代服务业发展的各个方面。这些文件中，只有《内蒙古自治区人民政府关于加快推进"互联网＋"工作的指导意见》和《内蒙古自治区加快电子商务发展若干政策规定》将各项任务落实到相关责任单位，在《内蒙古自治区人民政府关于促进健康服务业发展的实施意见》中明确规定了加大健康服务业财政投入的内容和金额。其他文件内容大多是宏观性、指导性的意见，既缺少具体可执行操作的措施，又没有明确规定责任单位与预期完成时间。建议内蒙古自治区发改委等相关单位对已出台文件进行梳理，结合当前发展形势或调整内容，或增加内容，进一步增强文件的操作性和针对性。

与第四章、第五章提到的各省市进行比较，内蒙古现代服务业发展的活力和创造力相对落后。原因之一是从国家到自治区出台的扶持政策有许多还没有到位，很多优惠政策只是一句话，发展现代服务业的政策环境还不宽松。例如，"科技服务业"：科技创业园、孵化器等科技服务业集聚区发展的政策创新不足，未能充分利用国家针对高新技术和软件企业的税收优惠政策，协助内蒙古更多的服务业企业获得高新技术认证和"双软"企业认证。又如，"物流业"：目前，高速公路、桥梁收费较高，造成物流企业经营成本高，城镇内部共同配送体系建设不完善，企业供应链、路径优化管理以及智能配送网络建设缓慢等问题突出，都与政策创新不足相关。

从完善政策措施、创新服务业发展政策入手，通过以下几方面工作推进服务业供给侧结构性改革，实现有效满足消费者多层次、多样化、多方面的服务需求。

（一）健全服务业工作推进机制

在自治区层面成立服务业工作领导小组，负责统筹领导推进全区服务业发展工作，加快形成统一领导、职责明确、分工合作、齐抓共管的工作格局。各地要切实加强对服务业发展工作的组织领导，建立、完善相应的领导体制和工作机制，推动本地区服务业加快发展。

（二）加大对服务业资金投入力度

各盟市人民政府要加大服务业专项资金整合力度，适当扩大服务业产业发展资金规模，重点支持服务业发展具有优势的主导行业、确定的重点建设项目与集聚区以及影响服务业发展的薄弱环节，确保服务业投资增速高于全社会固定资产投资增速。同时，拓宽服务业发展融资渠道，鼓励金融机构创新适合服务业特点的金融服务，鼓励企业通过上市、发行债券、短期融资券等模式进行融资。最终形成政府引导、企业自筹、以社会资本为主要支撑的投融资模式。

（三）保障和优化土地供应

鼓励各盟市在土地规划中调整用地结构，对服务业用地的扶持政策进行创新；做到扩大用地供给，提高服务业建设用地比例。对于在工业园区内从事物流、研发和工业设计等生产性服务业的企业用地，生活性服务业中惠及民生的、对经济发展带动作用大的主导行业的项目建设用地以及各级政府规划的服务业重点建设项目用地，应该给予保障和重点支持。在土地资源调整中要拓宽思路，在土地资源紧张的地段，尽量挖潜盘活土地资源，破旧厂房、车间、仓库以及旧城区和城中村改造腾出的土地都可以优先满足兴办服务业的土地需求。

（四）完善服务业价格政策

完善服务业价格政策包括两方面内容：一方面，逐渐形成服务企业为消费者提供服务的定价机制，做到市场决定价格，需求决定价格；进一步规范服务定价。另一方面，为服务业企业提供的服务如何定价。通过合理的价格政策，建立科学合理的服务业企业贷款定价机制，加大对服务业重点领域企业的支持力度。对于服务业从业企业交纳的各项行政事业性收费以及用电、用水、用气、用热等服务所支付的费用都应通过政策制定给予最大力度的优惠，至少做到与工业同价，才能激发民间资本兴办服务业企业的热情与动力。

（五）强化服务业人才支撑

由于内蒙古地处偏远，物质条件匮乏，人才培养不足，尤其是具有高智力、高技术的专业人才和高端服务人才缺乏。人才匮乏制约内蒙古现代服务业健康快速发展。在地区人才吸引力弱的情况下，内蒙古应该在积极引进卓越的服务人才的同时，把工作的重点放在建立健全内蒙古的人才培养和引进机制，加快实施现代服务业人才培养工程。内蒙古应该鼓励高等院校和相关的职业技术学院新增或调整现有专业，积极储备服务业的专业人才。同时，大力实施现代服务业高端人才培训工程。通过培训，让服务企业的职业经理人、从业人员提升职业素养，提升自治区服务供给的质量与效率。要建立人才奖励制度，对在推动服务业发展方面做出突出贡献的专业人才，按照国家和自治区有关规定给予表彰奖励。

通过以上途径，可以消除服务业供给中体制机制的障碍，推进供给侧结构性改革，为内蒙古现代服务业的创新性发展奠定基础。

二、结合地区特色，确定发展主导行业

在第二章中将现代服务业按照基础性、生产性、消费性和社会性进行了分类，在第五章、第六章对先进省份现代服务业调查中，也沿用此分类方法。依据以上分类方法与第七章对内蒙古现代服务业主导行业选择进行调研得出的结论，结合内蒙古的地方特色与实际情况，提出以下发展主导行业的设想：

（一）加快发展互联网产业

基础性服务业是以大数据为核心的互联网产业，也被称为信息服务业。大数据产业是第七章对内蒙古现代服务业主导行业选择进行调研得出的应该优先发展的主导行业之一。

以 2016 年 11 月初在北京举行的内蒙古大数据产业推介会为标志，内蒙古已将大数据、云计算产业作为培育战略性新兴产业的主攻方向、作为经济社会发展的新引擎，先后制定了《内蒙古国家大数据综合试验区建设实施方案》和《内蒙古自治区促进大数据发展应用的若干政策》，未来的战略规划是把内蒙古建设成"中国北方大数据中心、丝绸之路数据港、世界级大数据产业基地"。目前，全区上下对发展大数据产业已形成共识，关键是如何落实并实现内蒙古自治区党委政府提出的战略目标。内蒙古自治区可借鉴广东、贵州等地的做法，着重做好以下几方面工作：

1. 加大招商引资力度

近年来，内蒙古自治区通过在香港、北京等地宣传推介，在西洽会等展会活动招商，引进了一批云计算、大数据企业，但与贵州省相比，在宣传和招商方面还存在较大差距。应通过自治区外不断宣传推介、举办会议论坛、招商会以及自治区内新闻媒体的广泛宣传与报道进一步加大招商引资力度，特别要加强与国家部委、科研机构、金融机构、大专院校等的对接联络。

2.推动政府数据共享开放

推进数据聚集、共享、开放，是大数据发展应用的前提和基础。内蒙古自治区虽已建成内蒙古电子政务云中心及环保、卫生、社保、质监、税务、信用等云平台，但各部门信息不共享、不开放，多为信息孤岛。内蒙古自治区应停止审批各地区、各部门新建孤立的信息系统和信息平台，尽快筹建自治区大数据统一平台，推动各部门数据向平台迁移聚集，逐步实现政府数据整合共享开放，以此为基础推进大数据应用，提升政府治理能力，培育、发展大数据产业。

3.组建专门的产业发展机构

内蒙古自治区云计算、大数据产业管理职能分散在发改委、经信委、网信办等相关部门，虽成立了云计算产业工作领导小组，但没有配合专门编制和人员，工作力量较弱。应整合现有管理职能，组建云计算大数据专门管理机构，负责全区云计算大数据产业相关推进工作。或者在现有云计算产业工作领导小组的领导下，从相关部门抽调专业人员，专项推进云计算大数据产业发展工作。同时，组建国有大数据公司，负责自治区大数据统一平台筹建和运维，承担自治区大数据产业发展应用的市场主体功能。

4.加强大数据人才培养

云计算、大数据产业是知识密集型产业，人才是关键。要聘请国内相关专家、学者组建自治区大数据智囊团，与北京市合作建立大数据研发机构，并制定专项人才引进政策，引进一批云计算、大数据领军人物和高端人才。同时，要鼓励区内大专院校开设相关专业，鼓励企业与科研机构、大专院校合作建立实训基地。

（二）重点发展生产性服务业

现代服务业的发展进一步提高了工业产品的附加值，为工业产品的消费提供了便利；生产性服务业的专业化是现代经济社会发展的必然趋势，也必将推动制造业企业价值链的优化与高端延伸。因此，在国家实施制造强国的战略下，内蒙古现代服务业要为新型工业化发展提供服务，两者要完善耦合机制，走共同发展之路。

内蒙古作为资源大省，一直以来工业发展在地区经济发展中占据重要地位。内蒙古提出的"五大基地"建设中，"清洁能源""煤化工""装备制造""绿色农畜产品"四大基地建设都需要现代生产性服务业作为支撑。首先，内蒙古要依托自治区农牧业与工业产业优势，围绕"五大基地"建设，营造跨产业协同发展的制度和政策环境，优化工业内部结构，积极引用先进技术来发展高端制造业，增强科技实力，为现代服务业的发展提供坚实的基础；同时，鼓励专业化、社会化的服务业企业积极承接制造业企业的外包服务业务，培育市场化的服务供给主体。其次，内蒙古应该促使信息技术与制造业深度融合；鼓励制造业龙头企业通过价值链重组，促进工业"制造"升级为工业"智造"，推动制造业智能化发展。最后，现代服务业要围绕工业发展需要，顺应时代潮流，加快培育一些为工业服务的新业态，如现代物流、电子商务、工业技术研发中心、信息服务、商务会展等，为新型工业化的发展提供动力。

结合第七章对内蒙古现代服务业主导行业选择进行调研得出的优先发展行业，内蒙古应首先发展金融业以及与生产性服务相关的商贸与租赁服务业。

1. 增强金融服务的供给能力，创新特色金融服务

金融业是发展现代服务业的基础行业，在梳理相关省份经验做法时，发现内蒙古金融服务在全国处于落后位置，就业吸纳力不足、影响力较弱、相关配套行业欠缺、要素使用率低等问题在很大程度上限制了其发展规模。尤其是针对现代服务业企业的金融服务形式单一，服务业从业企业融资难仍然是内蒙古亟待解决的突出问题，这在很大程度上制约现代服务业的发展。在这一方面提出以下建议：

（1）通过战略布局，增强金融服务供给能力。借鉴湖北、重庆、陕西等地的经验，通过政府战略布局与政策影响，加大国内外各类金融机构的引进、设立力度，推进金融业形成以商业银行、股份制银行、外资银行等多种类型银行业务为主，并逐渐扩大融资担保公司、典当公司、融资租赁公司等机构的引进力度与服务范围的发展态势。为服务企业开展知识产权质押贷款、信用保险和贸易融资等创新业务试点，为企业提供"低门槛"的担保融资。这方面，可由内蒙古银行等区属金融机构牵头，在呼和浩特、赤峰等新兴服务业较为集中的地区先行开展信用担保融资试点工作。

（2）依托口岸经济，创新特色金融服务。依托"一带一路"经济带建设与中蒙俄经济走廊建设，通过构建融资机制、创新金融产品、支持企业境外发债等方式，提供全方位、多层次的金融支持。同时，开展口岸区域金融改革创新试点工作，着力推动金融制度创新、金融组织体系创新、金融产品和服务模式创新、外汇管理创新，提升金融服务丝路经济带建设的能力和水平。促进对外贸易投资便利化，推进人民币跨境业务。制定并向企业宣传全口径跨境融资政策，扩大跨国公司外汇资金集中运营试点范围，为企业运用境内外两种资源提供便利，有效节省企业的财务费用。

（3）服务"三农"，创新精准扶贫金融服务模式。实施扶贫小额信贷，对

带动贫困户增收的新型农牧业经营主体发放"新型农牧业经营主体＋建档立卡贫困户"扶贫小额信贷，且给予扶贫小额信贷贴息和风险补偿，以此带动帮扶贫困户。

通过以上途径，争取做大金融产业规模，加强金融服务创新，提升金融服务实体经济能力，构建门类齐全、服务高效、安全稳定、适应经济社会发展多层次需求的金融服务体系。重点完善金融机构体系，建立多层次资本市场，建设普惠金融服务体系，推进金融服务创新，等等。

2.结合一、二产业发展，引导生产性商贸服务集聚发展

生产性商贸服务包括物流、租赁、上下游企业的商品交易等服务。生产性商贸服务业所能提供的服务水平直接影响着农业、工业的产业价值链上游、下游的效率与成本。内蒙古这些行业存在投资不足和技术效率低下等问题有待改善。

（1）与工业企业融合，加速商贸服务集聚。推进生产性物流、租赁等商贸服务的发展。通过工业园区的建设，形成工业与服务业企业的集聚，带动生产性商贸服务迅速发展。集聚区内的工业企业通过产业链上各环节的资源整合，在零部件和中间产品加工、固定资产修理修配、设备检测与保养等方面实现生产性服务的合作与外包，加快释放制造业的生产性商贸服务需求，以降低企业成本，提升综合效益。试点建设"智慧园区"，实现工业与生产性商贸服务的高度融合与电子化对接。

（2）尊重市场规律，优化行业发展环境。按照市场化方向加大商贸服务业投资力度，扩大其发展规模，促其自身形成集聚效应，借助集聚优势充分利用资金、信息、人才和技术，降低管理费用，提高发展质量；按照社会需要制定科学合理的行业细分标准，如对法律、会计、广告设计、统计咨询等专业技术服务的划分，做好发展规划，提高竞争力。同时，该行业要创新管理机制，制定有吸引力的待遇标准，为高素质专业化人才提供良好的、有吸引力的工作环境。

（3）增强会展业实力，延长传统产业链。对全区大型会展场馆进行统筹规划与改建，做到合理布局会展业，完善配套设施，提升会展业硬实力。同时，加强会展设计、会展管理、会展人才、会展科技等各方面的发展，以增强会展业软实力。内蒙古的会展业应依托一、二产业优势，围绕绿色农畜产品、羊绒、装备制造、新能源等传统提升产业、战略性新兴产业和基础雄厚的行业布展。这一方面壮大内蒙古会展业的规模与影响力，另一方面延长了传统的农业与工业企业的产业链条，节约成本，提高效率。

（三）创新发展消费性服务业

围绕城镇化和新农村新牧区建设，以满足人民群众消费需求的多样化、个性化、品质化为导向，创新服务业态与模式，推动消费性服务业向精细化、便利化、品牌化发展。第七章对内蒙古现代服务业主导行业选择进行调研得出的优先发展的两个消费性服务业主导行业是旅游业和用于消费的商贸与租赁服务业。旅游业也是内蒙古提出的"五大基地"建设中唯——个服务业发展基地"体现草原文化、独具北疆特色的旅游观光、休闲度假基地"的依托行业。因此，内蒙古应重点发展旅游业以及与其高度相关的文化产业、商贸流通及与租赁相关的房地产业，在此基础上扩展健康、养老、家庭服务等服务领域，提升消费型服务各行业的服务质量。

1.注重旅游业顶层设计，引领行业发展方向

内蒙古自治区第十次党代会报告在推进产业结构调整时专门提到旅游产业的发展，并且提出了实施"旅游+"战略，打造"壮美内蒙古·亮丽风景线"品牌，把内蒙古建成国内外知名旅游目的地，这为发展旅游产业指明了方向。下一步，内蒙古应充分借鉴云南、贵州、陕西等地的做法，着力做好以下工作：

（1）做好顶层设计，发展全域旅游。内蒙古地带狭长，具有丰富的旅游资源，但旅游交通条件相对全国较差。打破地区界限，将全区草原、沙漠、森林、冰雪和地质奇观等星罗棋布的旅游资源合理地整合，优化合理的旅游线路，把内蒙古旅游整体形象作为对外宣传的一张名片，是发展全域旅游必须做的顶层设计。

（2）强化行业管理部门的职能作用。截至目前，北京、江西、西藏、四川等九个省份旅游局均已更名为旅发委。建议内蒙古自治区层面进一步强化机构职能作用发挥，赋予旅游部门更高的协调职能和地位，并适时考虑成立自治区旅发委问题。同时，结合内蒙古实际和市场变化，将营销推广、资质认定和人员培训等职能向行业组织、中介机构和专业团队剥离。将工作重点放在旅游开发合作、内外协调、重大规划和景区综合执法等方面。

（3）以"效率优先"提升有效供给水平。内蒙古5A、4A级景区数量和旅游产业投资总额明显高于贵州省，星级酒店数量也与其基本持平，但接待游客总量和旅游总收入明显偏低。这说明基础设施和投入已不再是内蒙古旅游产业发展的核心短板，而有效供给不足和资源配置效率低下已经成为制约内蒙古旅游业转型升级的首要问题。因此，建议结合国内旅游市场传统观光型、共性化产品供给过剩，度假型、个性化产品严重缺乏的实际，尽快完善相关考核评价

指标，引导盟市和部门加快摒弃数量导向和"铺摊子"的做法，集中力量打造具有核心竞争能力、符合市场需求的"精品景区"和"经典产品"，提高有效供给水平，促进产业转型升级。

（4）促进智慧旅游发挥实际作用。《2015年12月国内旅游类应用（APP）市场监测报告》显示，87%的中国游客出游必带手机，旅游"移动化"程度全球领先。主要在线旅游企业节假日预定数据显示，移动端已经超越PC端，成为游客获取信息及预定产品的主要渠道。目前，江苏省"江苏微旅游"、贵州省"贵途自驾"以及福建省"福建旅游"等平台均取得了较好的服务和推广效果。尽管内蒙古针对"智慧旅游"陆续出台了相关规划和方案，部分盟市和企业也开展了相关工作，但全区层面的信息应用和数据运行监测平台建设明显滞后，已经运行的部分平台层次和水平明显偏低，游客很难通过PC端和移动端获得高效的信息查询和便捷的产品预订、路线规划等服务，企业也难以借助大数据工具开展"精准营销"和"靶向推广"。建议内蒙古自治区政府责成旅游、经信等部门借鉴相关省市经验做法，结合当前供给侧结构性改革，依托内蒙古现有的大数据产业基础，以优化旅游资源空间组合和提升用户体验度为重点，研究出台系统性、针对性和操作性强，覆盖全产业链的全区统一的"智慧旅游"平台解决方案，避免因盟市"各自为战""小而不强"导致的资源浪费。

（5）推进旅游与多产业融合发展。责成行业主管部门研究出台《旅游业与相关产业融合发展意见》，通过各行业的打通与融合，提升旅游感知质量。与文化融合方面，共同开发文化旅游景区和线路，共同举办节庆活动和展会。提升旅游的文化内涵，增强文化旅游的表现力和吸引力。与城建融合，建设独具特色的草原文化名城，把呼和浩特、包头、鄂尔多斯、赤峰、海拉尔、乌海6市打造成国内文化旅游名城，将乌兰浩特市、通辽科尔沁区、锡林浩特市等十个城市打造成区域旅游中心城镇。与科技融合，利用现代化的声、光、电技术，提升演艺节目的效果，确保场面宏大、效果震撼，吸引眼球。与交通融合，学习河南、新疆经验，让游客方便出行，畅游大草原。

2. 推动消费性商贸服务提质升级，释放消费者新需求

（1）完善消费性商贸服务供给，推动商业模式提质升级。政府及相关部门应根据消费市场不断变化的需求，针对新消费引发的从商品与服务的供给结构、供给方式到供给质量的变化，结合内蒙古实际情况制定出台相关政策，加强政策引导，完善市场机制，规范市场行为，努力构建供给的良好环境。首先，聚焦商圈、业态、企业3大核心要素，在政策层面为企业"减负"，鼓励商贸业新业态、经营新模式的发展。其次，支持企业生产更能满足消费者需求

的适销产品，打破区域格局，建立全国性大市场。再次，鼓励商贸流通企业开展线上线下融合的经营，推广特色产品，扩大营销范围，以网络销售带动实体经营，推动传统商圈提档升级。最后，结合智慧城市建设，促进商圈的信息化与智慧化建设，扩大商圈对街区的辐射效应，打造适合不同消费人群的品质消费、时尚消费地标。并且打造舒适、便利、智能的社区商业。整合社区服务网点资源，围绕解决"最后一公里"的难题，布局一批集微菜场、购物、休闲、养老、文化、健身、家政等于一体的社区商业服务示范区。

（2）从消费者需求出发，释放消费者新需求。随着人民生活水平的提高，消费者的消费理念逐渐向品质消费、时尚消费、精神消费、健康消费等现代消费观念转变。内蒙古应该学习上海市"对门类庞杂的生活性商贸服务业进行新业态探索、新模式引进、新技术应用等全产业链的改造与升级，带动促进新兴消费领域发展"的经验做法，把握相关消费群体对新兴产品、时尚产品、概念产品的消费需求。通过为居民提供"更个性、更优质、更便利"的新服务，实施美丽时尚、贴心家政、绿色餐饮、幸福婚庆等生活性服务业提质计划，并通过节事活动、消费模式变革、消费流程的重塑进一步推动商贸服务业品牌建设，增强消费者消费信心，释放消费者新需求。

（四）配套发展社会性服务业

为了保证内蒙古服务业整体健康平衡发展，必须以政府出资为主，积极配套社会性服务业设施与硬件建设。首先，要美化城市环境，做好环卫工作，减少大气污染，提高空气质量，加大对环境污染的整治力度，为居民提供舒适优美的环境；其次，完善公园、路灯等公共基础设施建设，对学校、医院等机构规范管理，同时要优化城市交通网络，减少交通拥堵情况。除此之外，对城乡接合部、重要商业区等特殊区域要切实做好规划引导，促进形成全方位、多层次的城市，从而提高城市对商业和居民的吸引力。

三、坚持重点实施，试点先行

为了全面提升服务业发展质量和水平，下一步内蒙古自治区应该重点实施创新体系建设、服务品牌建设、质量标准化建设、重点企业培育、集聚区建设、重点项目建设六大工程。

（一）创新体系建设

创新包括服务供给模式创新、服务需求培育创新、服务行业投融资模式创新、服务业品牌培育与创新、服务业集聚区建设创新等方方面面。通过现代服务业供给侧、需求侧两端同时发力，争取建立政府投资稳定增长的长效机制，形成完善的服务业产业链，提升服务业对地区经济发展与就业的贡献率。

（二）服务品牌建设

在我国已经展开"中国服务"品牌建设的基础上，国内发达省份与城市纷纷加入服务品牌建设的行列。例如，上海市叫响了"上海服务"这一服务品牌，河南省提炼了旅游文化品牌"老家河南"，山东省提出的养老服务品牌"孝润齐鲁·安养山东"与三次产业联动建设的"食安山东"品牌，江苏省推广了"水韵江苏"的旅游文化品牌。以上都是国内知名的服务业品牌。品牌建设的核心是质量与标准化建设。内蒙古依托资源禀赋和服务业主导行业的优势，应在旅游、大数据等领域加强品牌培育与价值提升，建立和完善自主品牌成长机制，加大品牌创建、品牌开发和品牌运营力度，努力培育内蒙古自治区的优势品牌与自主品牌，增强品牌背书效应。因服务业品牌建设是目前地区服务业发展的重要战略举措，所以在第九章将专门对内蒙古自治区现代服务业的品牌建设进行专题调查研究。

（三）质量标准化建设

与品牌建设高度相关的就是标准化建设。服务提供本身具有无形性、不可储存性、因服务人员不同而产生差异等特性，因而与农业、工业相比较，服务业标准化建设难度更大。内蒙古应该在目前已有的标准化管理的基础上，通过制定标准、对企业培训以及举办服务业部分行业的服务竞赛与品牌评比活动，加快旅游、文化、物流、金融、信息、商贸等服务业的行业性标准建设与执行的推进工作。具体内容将在第九章中进行详细阐述。

（四）重点企业培育

因为服务业的特点是大型国有企业较少，社会资本参与的中小企业较多，所以将内蒙古现有的大型服务企业和知名服务品牌企业纳入重点企业培育工程。通过政策措施的引导，促进、扶持非公中小服务企业不断壮大。同时，通过政策制定与有效的对外宣传，吸引国内外知名服务业企业在内蒙古设立总部或分支机构，一方面提升内蒙古服务供给的能力并满足消费者日益提升的服务消费需求，另一方面为内蒙古本土服务企业尤其是中小微企业发展提供学习的榜样与素材。

（五）集聚区建设

随着新型城镇化、信息化的进程，产业发展呈现出共享资源、节约成本、缩短产业链的集聚发展趋势，工业集聚发展的优势逐渐显现。由于服务业所具有的特性，如何集聚发展目前仍在不断探索中，内蒙古自治区自2013年以来，按照"十三五"服务业发展规划的部署，截止到2019年已经先后认定了四批自治区级服务业集聚区，其服务内容涵盖了物流、商贸、旅游、文化、科技等现代服务行业。下一步，内蒙古应该在目前服务业集聚发展的基础上，进一步整合资源，加快建设和提档升级一批服务业集聚区，完善各类服务业集聚区的公共服务平台，尽快实现服务业在集聚区中的资源共享、成本节约、经营集约等，进而促进服务业的健康发展。

（六）重点项目建设

内蒙古各盟市都已经意识到重点项目建设对服务业发展的重要性，纷纷制定政策，投入资金，展开重点项目建设工程。但目前，重点项目建设仍然缺乏整体筹划。对于新领域、新业态、新模式，要有以项目做大产业，以项目提升产业，以项目集聚产业，加快形成新的增长点的整体思路与规划。通过重点项目建设，最终目的是带动现代服务业规模化、高端化、品牌化发展。为了保证重点项目的高质量建设，除了政府政策优惠与资金投入，人才保障是建设基础。政府牵头设立人才培训专项资金，支持建立服务业人才公共实训基地等项目；加强生产性服务业高技能人才和专业技术人才队伍建设，扩大生活性服务业专业人才规模，培养专业化运营管理团队，保障重点项目顺利实施。

内蒙古自治区发展现代服务业，在重点实施的过程中必须坚持试点先行，通过先试先行，一方面可以发现现代服务业发展中的政策、体制机制的制约因素以及服务业各行业发展过程中的瓶颈与矛盾，另一方面试点成功可以起到示范效应，并有助于进一步推广应用。

以开展国家服务业综合改革试点为契机，内蒙古充分利用民族区域自治优势和西部地区大开发战略的实施政策开展试点工作。着重从培养服务业增长极、打破各盟市区域分割、对接和承接发达地区服务业等方面探索与试点服务业发展的新途径和新模式。通过试点实施，总结可复制、可推广的试点项目、试点集聚区等成功模式，为内蒙古现代服务业发展提供示范。

2010年呼和浩特市正式获批为首批国家服务业综合改革试点以来，现代服务业加快转型发展步伐，服务业增加值保持较快增长，占GDP的比重不断提升。"十二五"期间，呼和浩特服务业增加值年均增长9.6%，2015年实现服务业增加值2097.2亿元，同比增长8.8%，占GDP的比重达到67.9%，占自治区服务业增加值比重达到28%，居全区第一位。金融业增加值实现翻番，旅游收入、接待人数稳居全区首位，电子商务、现代会展、文化创意等新业态迅速发展，充分显现了试点城市的带动作用。

内蒙古现代服务业试点可以围绕培育主体功能突出的服务业集聚区、建设工业基地生产性服务体系、建设绿色农畜产品生产基地综合服务体系、建设重点口岸进出口贸易综合服务体系、创新生活性服务业发展方式和培育新兴服务业态六大方面主题开展。各个盟市结合自身实际，选择一个领域开展服务业改革创新试点，通过体制机制、政策环境、服务模式、项目管理等方面的改革创新，培育一批服务新模式和发展新亮点。

第二节　促进内蒙古现代服务业发展的策略

一、借力对外贸易，打造口岸服务经济增长极

内蒙古自治区地处中蒙俄边界，对外贸易与口岸经济的发展是内蒙古服务业发展的特色之一。内蒙古应该通过政策措施的引导，鼓励各类服务业企业关注对外贸易与境外投资，扩大重点行业服务出口，以提高服务业对外开放水平，充分发挥自治区口岸优势，实施更加主动的开放发展战略。

（一）加大对外开放力度

依托国家"一带一路"倡议，充分发挥满洲里、二连浩特、策克等沿边口岸优势，推进各类口岸开放试验区、跨境经济合作区的建设，加大服务业对外开放力度。具体措施可以包括加强蒙中医药、民族特色餐饮、民族文化与艺术等特色服务领域的国际交流合作，在俄罗斯、蒙古国建立蒙中医医疗服务机构和文化产品境外营销网络。积极推动蒙中医药、文化创意、广播影视、教育、数字出版、演艺娱乐等服务产品的出口。支持文化企业在俄罗斯、蒙古国兴办文化实体。支持内蒙古高校与俄罗斯、蒙古国教育机构开展合作办学项目。支持会展企业、展览机构、商协会等与国外会展机构交流合作，在境内外办展，带动内蒙古产品和服务"走出去"。统一对外宣传推介内蒙古会展优势和形象，吸引国际国内知名品牌展会和会展企业入驻内蒙古。引进境内外战略投资者开发文化旅游资源，与"一带一路"沿线国家和地区联合打造具有丝绸之路特色的文化产品和精品旅游品牌，鼓励发展文化艺术品互联网交易平台。同时，可以推进内蒙古对俄罗斯、蒙古国进行基础设施建设的设备、技术、资金及劳务输出，带动建筑等劳动力密集型服务业的境外输出。在一定服务合作的基础上，逐渐扩大境外服务出口的领域，增加服务出口的规模；实现从传统劳动密集型服务向技术密集型、资本密集型服务领域扩张与发展。

（二）健全跨境电商产业链

天津市跨境电子商务发展处于全国先进水平，与内蒙古又是近邻，为内蒙

古学习跨境电商的发展经验创造了便利条件。内蒙古拥有"国家级大数据试验区"的资源优势，因而应借鉴天津模式，在口岸城市建设跨境电商试验区，并逐步形成以口岸城市为核心的跨境电子商务生态圈。跨境电商集聚区以吸引生产企业、进出口企业、跨境电商第三方平台、各类跨境电商企业在口岸城市落户为目的，完善跨境电子商务的货物监管流程，进驻为跨境电商企业提供报关报检、仓配物流、电商代运营等一揽子服务的专业平台，配套物流、金融各类服务。

（三）加快发展国际物流服务

拉长跨境电商产业链，优化国际物流发展环境，完善口岸体系。借鉴海南省经验，加快"大通关"建设。通过电子商务平台建设、物联网建设，吸引更多物流企业在口岸城市聚集，拉动国际物流货量增长。同时，发挥政策功能，拓展国际物流业务的同时，积极引进国内外知名的第四方物流企业，带动内蒙古自治区内物流业的效率提升与迅速发展。通过国际物流服务的发展，首先打造口岸经济新的增长极，其次带动全区物流业的提质升级。

（四）发展跨境金融业务

为了向对外贸易企业提供方便的金融服务，内蒙古自治区应该大力发展离岸金融结算、跨境人民币结算、第三方支付结算等业务，为企业提供更方便的跨境金融结算服务。学习国内先进省份发展跨境金融服务的先进经验，积极推进跨境人民币贷款、外债宏观审慎管理等各方面的开放试点，为跨境结算的企业提供更方便、快捷的金融服务，从金融服务的角度支持对外贸易企业的经营。

二、夯实网络基础，推动电子商务升级

大数据产业是第七章对内蒙古现代服务业主导行业选择进行调研得出的应该优先发展的主导行业之一。电子商务作为大数据产业的一部分，既是未来内蒙古发展的优先发展行业，也可以借助大数据试验区的资源优势，得到快速发展的机会。

（一）统筹安排信息服务基础设施建设

在全自治区范围内进行信息基础设施建设的统筹安排，推进5G网络和无线城市网络建设进程。拓展信息传输手段，促进广播电视、宽带互联网、移动通信企业加强合作，加快推进"三网融合"。

继续推动建设高水平国家级数据中心等云计算基础设施，带动内蒙古战略性新兴产业与电子商务、现代物流、金融、在线支付等现代服务业的发展，

在产业链下游促进内蒙古新型现代服务业发展。同时，带动内蒙古能源、农牧业、高端装备制造业的发展，构建具有内蒙古特色的云计算产业链。利用云计算技术和运作模式，探索推动电子政务资源的整合与应用。

（二）加快物联网产业的发展与创新

加强政府引导，支持在各行业服务中开展物联网应用，实现信息数字化和商业流程自动化；争取通过示范企业的建设，能够带动物联网逐渐完善产业链并发展壮大。尤其是关系到民生与重大安全等具有迫切需求的领域，如安防、环保、应急、绿色公共等管理与服务领域，由政府牵头形成解决方案，带动物联网的传输、传感、运算处理等环节的发展，进而形成完整的物联网产业链条。同时，积极组织专家研究制定物联网行业的技术标准，并鼓励企业开展物联网技术创新，加快物联网与新一代移动通信、云计算等技术的融合发展，为物联网应用提供基本技术支持。

（三）深化智慧城市与智慧农村建设

开展智慧城市示范项目应用推广。推进智慧物流、智慧健康服务、智慧能源管理、智慧旅游建设、生态环境保护智慧化、立体交通智慧化、政府服务智慧化、城市管理智慧化和智慧城市时空信息云平台建设。

加大农村、牧区信息通信基础设施建设力度，尽早实现村村路通、网通、邮通，为推动农村信息化应用，发展农村电子商务，做好基础设施建设。开展"智慧农业"示范区试点工作。实施"互联网＋"现代农业试点，建成农产品溯源信息化保障体系、覆盖内蒙古农牧区的公共信息服务平台、现代农业大数据平台。

（四）推动"互联网＋农牧业"发展

内蒙古要充分发挥自治区得天独厚的农牧业特色资源优势，紧紧围绕建设国家重要的绿色农产品生产加工输出基地，加快培育为农牧产品定制服务的"互联网＋农牧业"发展新业态。加快推进"互联网＋农牧业"和品牌农牧业战略，重点打造有机、绿色、高效特色农牧业，推进"互联网＋绿色农畜产品"标准化生产示范区建设，把"互联网＋农牧业"作为调整种植结构、改良养殖方式、农畜产品销售、促进农牧业企业职工增收的突破口，确保实现职工增收、企业增效增利。

同时，加强农牧业科技创新和重大技术推广，扩大绿色高产高效创建规模，引导农牧民以市场为导向调整种养结构，确保农产品既有好收成，又能卖好价钱；着力提升农牧业市场竞争力，增强农牧民的抗风险能力。坚持以信息化引领农牧业现代化，不断创新农畜产品流通方式，搞好展销会、农博会、精品馆等销售平台建设，积极开展农畜产品的原产地保护以及绿色、有机等产品品牌的认证与推广活动，健全农畜产品从种养到餐桌的全过程监管体系，进一步提高内蒙古农畜产品的市场占有率，走出一条产出高效、产品安全、资源节约、环境友好的现代农牧业发展新路。

（五）搭建电商交易平台

根据内蒙古农牧区基本情况和农畜产品特点，借鉴海南省"互联网农业小镇"的农村发展模式、山东省"淘宝村"的发展经验，以内蒙古特色农畜产品、农家乐、草原游等为主打品牌，搭建农村牧区与城市乃至全国各地的网络平台，开展网络推广与洽谈、订货等活动。在此基础上，进一步将内蒙古特色农畜产品通过电商交易服务平台推向全国各地，争取与国内知名电商平台合力打造具有内蒙古特色的农牧电商网络品牌，进一步推进农业与服务业融合发展。

将制造业产品在知名电商平台上展示和销售，并搭建本地化电子商务交易服务平台，实现制造业产品平台展示与交易，闲置生产资料、厂房、设施的租赁，生产性服务外包与承包等各项活动。实现制造业企业生产性服务环节智能化、网络化，节约制造成本。加快制造业与服务业的融合发展。

三、强化科技引领，促进服务业倍增效应

内蒙古自治区应该在政府引导下，逐渐建立功能完善、市场要素完备、具有鲜明地方特色的现代科技服务体系。逐步完善研发设计、资源共享、技术成果转化与孵化以及为科技服务企业提供战略决策咨询、企业间交流合作、金融服务、知识产权管理等科技服务业的综合服务等平台。推进各盟市的科技服务孵化基地建设，包括呼和浩特留创园、中关村京蒙高科孵化器、内蒙古科技创新园等基地的建设。加快科技市场建设，实施知识产权试点企业培育工程，培育一批专利、出版、商标设计试点企业和知识产权服务机构。

（一）完善科技服务业创业投融资机制

内蒙古近邻北京，可借鉴河北复制"中关村"模式的成功经验。首先，运用政府政策，为科技服务企业尤其是中小企业、初创期以及发展早期、中期的创新型企业设立专项发展资金，重点支持内蒙古自治区的战略性新兴服务产业和高新技术服务产业的科创企业。其次，发挥财税政策与财政资金的杠杆调节作用，通过市场机制引导社会资金、创业投资机构和金融资本支持科技服务业的创业活动。最后，开展为科技服务业企业进行的互联网股权众筹融资试点，增强众筹对科技服务业金融服务的服务能力。

（二）利用地域优势，加快科技服务的产业化与市场化进程

借助近邻北京、陕西的地域优势，引进专业化的科技中介服务机构，为科技企业提供规范化的各项综合性服务。鼓励企业、科技中介机构利用展会开展技术转移和成果推广服务，并在国家和自治区组织的大型科技会展中开展服务，对取得突出成绩的单位给予一定的经费奖励。

积极培育和扶持一批科技服务、知识产权应用示范企业，打造一批科技服务业龙头企业，大力支持非公有制主体进入科技服务业。壮大一批科技服务业中小微企业，对入选企业和服务机构给予财政、税收方面的支持。

（三）实现科技服务与"大众创业、万众创新"互动发展

学习河北、北京的先进经验，结合互联网的新型信息技术，引导企业、社会资本参与建设孵化器，加快各盟市科技孵化基地的建设。各盟市结合实际情况，大力发展"众创空间"，鼓励小微科技企业以及个体创业者的成长与发展，为其提供便利，降低成本。同时，实现创新与创业相结合、线上与线下相结合、孵化与投资相结合，为广大创新创业者提供更好的工作空间、网络空间、社交空间和资源共享空间。为了支持科技创新与创业，从政府角度统筹创业导师资源，定期举办创业训练营、创业创新大赛等活动，积极满足小微企业对创业辅导与培训的需求，培养具有内蒙古特色的创客文化。

四、供需两端发力，培植商贸服务业持久动力

当前，中国经济进入新常态，下行压力明显，国家将推进和加强供给侧结构性改革作为稳定经济增长的突破口。商贸服务业作为对接消费者需求与产品服务供给的一个行业，更应该适应我国供给侧结构性改革的新需求，一方面从产品、服务的供给机制、模式等方面进行创新，全面提升服务能力与水平，另一方面通过市场宣传与消费环境改善，引导消费市场逐步提高对产品与服务质量、品牌以及智能、绿色等方面的认知与追求，逐渐提升消费层次与档次。

（一）发力供给侧，增强商贸业服务能力

1.增加有效供给

准确把握商贸流通产业新的发展趋势，充分了解消费需求新变化和新特征，培育商贸服务业新动力，加快商贸流通企业改造升级，激发市场活力和创造力，形成高质量、高效率的有效供给体系。

首先，推动传统商贸企业转型升级。引导传统零售企业创建本土品牌，进一步扩大自治区内的知名零售品牌继续发展连锁经营，逐渐实现传统零售业向多元化、复合化、体验化业态转型，促进不同业态融合发展，培育跨界融合

的商业业态体系。其次，推动传统批发企业延伸供应链管理服务，发展总代理、总经销等现代商业代理制。引入产业链上下游企业，为传统企业提供制造业与服务业融合，为中小企业转型与发展提供有力支撑。最后，集中加强大型专业商贸市场的建设及改造。全面完成农贸市场升级改造，配套城乡一体化销售网络。培育品牌特色商业街区，调整城市商圈、购物中心、商业综合体业态布局。

2.降低企业成本

发展现代商贸服务业，是对传统商贸服务的改造与升级，当务之急是提高投资者的投资信心与企业的经营能力。为了支持商贸流通企业做大做强，必须尽量为企业降低物流、融资等各类成本，尤其是制度性交易成本。

首先，通过内蒙古自治区与各盟市政府进一步在商贸服务业推行"放管服"改革，降低企业制度性成本，规范行政审批流程，并且尽可能提高效率，完善对商贸服务企业的监管机制。其次，为了降低商贸企业的物流成本，政府应支持建设基于互联网与大数据的物流网络、现代化管理的物流中心，进一步打造高效率商贸物流运行平台，构建大进大出的现代商品流通体系，催生为现代商务服务的新型流通业态。另外，拓宽对企业融资担保渠道以实现降低商贸服务业企业融资成本。鼓励融资租赁、商业保理等多种企业融资服务模式为商贸企业服务，通过各类中、小、微企业的贷款优惠与投融资服务，尽可能解决商贸企业融资难、融资贵的问题。并且加强商贸流通行业融资监管，有效防范行业融资风险。

（二）发力需求侧，推动居民消费提质升级

1.提高居民收入水平

居民收入水平是直接影响消费水平与档次的最根本因素，内蒙古自治区应该在进一步提高城镇居民消费收入的同时，关注农牧民与低收入人群的收入水平，通过多种途径使较低收入的城乡居民能够提高收入水平，提高个体消费水平。一是要监督执行内蒙古地区城镇最低工资收入标准，保证城镇低收入人群的收入水平，并稳步提升城镇在职人员的工资水平和退休职工的养老金发放水平。通过循序渐进的城镇居民收入调整，逐步提高城镇居民的收入水平。二是要加快内蒙古农牧区居民城镇化转移的进程，缩小城乡二元化差别。一方面，为进城务工人员提供各个层次、各种类型的免费技能培训与就业指导，尤其是从事劳动密集型高、技术要求低的服务业就业岗位的指导与培训，加快农村牧区剩余劳动力就近转化为城镇劳动力的进程；另一方面，通过新型农牧业技术与手段，提高农牧区的生产效率，增加农村牧区居民的人均收入，进一步释放低收入人群的消费购买能力。

2.推动消费提质升级

政府及相关部门要制定出台相关政策，建立健全现代消费品营销体系，结合内蒙古实际情况积极推动基于互联网、大数据的电子商务、网络销售、物流配送等商贸服务业新业态、新模式的发展，加快传统商贸企业转型升级，提高服务效率。特别是要注重激发中小商贸流通企业的发展活力。学习上海市经验，积极培育新的消费增长点，促进旅游、网络消费、文化体育、信息通信、家政服务、健康消费、休闲娱乐等消费，尽快实现居民更大范围的新一轮消费转型升级，形成支撑经济增长的持久动力，促进内蒙古消费品市场健康可持续发展。

3.改变传统消费模式

鼓励商贸流通企业开展线上线下融合的经营，推广特色产品，扩大营销范围，以网络销售带动实体经营，推动传统商圈提档升级。同时，结合智慧城市建设，扩大商圈对街区的辐射效应，打造适合不同消费人群的品质消费、时尚消费地标。联合政府各部门，通过政策引导形成跨界融合的会商旅文体联动格局的商品消费模式。

五、创新发展模式，探索多产业融合路径

（一）科技服务业与金融、房地产等行业融合发展

与科技服务业发展关系密切的是隶属于生产性服务业的金融业与房地产业。为了支持科技服务业的快速发展，必须通过创新针对科技企业尤其是中小企业的金融服务模式，各盟市有关部门设立专门针对科技金融的服务机构，形成区域性科技金融服务平台。同时，将科技金融与房产、厂房、设备租赁紧密结合，推广大型制造设备、施工设备、运输设施、生产线等融资租赁服务。内蒙古相关政府部门与各盟市分管机构应该鼓励工业园区、高新技术园区与商业银行进行深度合作，拓展融资空间。引导制造业企业在科技服务领域拓展业务时，通过厂房与生产线质押、融资租赁，进行原有生产设备与生产技术的改造与升级。在此基础上，加快发展与科技服务业相关的融资租赁、第三方支付、网络金融等金融新业态。

在条件成熟的盟市试点重庆市科技服务业与房地产业融合发展的经验，做到发展科技服务业与发展楼宇经济相结合，既盘活了闲置楼宇，又解决了战略性新兴服务业项目落地问题。还可以试点重庆市江北区把发展科技服务与打造"一街一品"相结合，鼓励和支持街镇根据产业基础和资源禀赋，打造"一

街一品牌、一镇一特色"的发展经验，培育内蒙古各盟市各具特色的科技服务业，如呼和浩特的信息服务业、呼伦贝尔与旅游业相关的科技服务等特色不同、与各行业融合发展的科技服务业品牌。

（二）延伸产业链，实现会展与关联产业共赢发展

会展经济与区域整体经济密切相关，只有挖掘本区域特色经济、优势经济，才能打造领先的展会。内蒙古打造会展业品牌，应紧密结合羊绒生产、畜牧产业、天然气输送、旅游产业、乳产业等资源和产业，提升会展业发展质量。支持和引导现有同类型展会项目整合优化，提升规模和档次，比如，做大做强"内蒙古那达慕大会"等具有地区特色的品牌展会，继续打造"内蒙古民族商品交易会""内蒙古文化产业博览会""内蒙古旅游交易会""内蒙古药交会"等已初具规模和品牌效益的展会，努力培育成全国知名的品牌展会。同时，促进电子商务在会展业中的应用，鼓励举办网络虚拟展会，形成线上线下有机融合的会展新模式。整合传统媒体与新兴媒体，充分发挥互联网、新媒体作用，精心组织策划宣传内蒙古会展业的各类发布会、推介会，创新形式宣传推广内蒙古自治区重大会展活动。

树立大会展产业理念，提高对会展产业高关联度的认识，推动展、会、节、演、赛融合发展，支持企业跨界融合，增强产业配套能力，增强企业协同能力。以会展业为基础，带动文化、通信、物流、金融、旅游、教育等相关行业以及策划、广告、装修、设计、印刷、安装、租赁、保税、现场服务等配套行业协调发展，形成会展业与关联产业互动共赢的发展格局，增强会展业对国民经济和社会发展的辐射、带动作用。

（三）文化产业与其他产业的融合发展

推动文化产业与相关产业融合发展是文化产业发展的强大引擎。学习重庆、吉林等地成功经验，以市场需求为导向，加快发展创意设计、新兴媒体、移动多媒体广播电视、微电影、微视频、动漫游戏等新兴产业。同时，创新产业融合发展模式，积极促进内蒙古特色文化与旅游、体育、信息、物流、建筑等相关产业融合。通过融合突破产业分立的限制，为内蒙古文化产业提供扩大规模、扩展事业范围、扩张产业边界、开发新产品和新服务、创造新业态等方面的巨大商机，推动文化资源在更大范围内合理配置，进而促进文化产业跨越式发展。

选取内蒙古日报报业集团这样的媒体单位作为试点，学习湖南省新闻媒体加快媒体融合创新，促进文化、金融结合创新。学习重庆市创新文化发展模式，试点实施文化产业与电子商务、房地产业融合发展，实现内蒙古文化产业

在政策引导下加速集聚发展。

（四）产业融合，拓展旅游业发展空间

首先要完善政策保障措施，在与相关产业和部门全面对接的基础上，研究出台《旅游业与相关产业融合发展意见》，以项目为抓手加强部门合作。与文化融合，着力培育打造一批具有鲜明地方特色与少数民族地域风情的景区、文化街区以及与文化产业深度融合的旅游演艺产业。提升旅游的文化内涵，增强文化旅游的表现力和吸引力。与城建融合，规划建设一批旅游名城名镇名村名街，把呼和浩特、包头、鄂尔多斯、赤峰、海拉尔、乌海6市打造成国内文化旅游名城，将乌兰浩特市、锡林浩特市、通辽科尔沁区、乌兰察布集宁区、巴彦淖尔临河区、巴彦浩特镇、扎兰屯市、阿尔山市、霍林郭勒市、多伦诺尔镇（锡林郭勒南部中心城）10个城镇打造成区域旅游中心城镇。与科技融合，利用现代化的声、光、电技术，提升演艺节目的效果，确保场面宏大、效果震撼、吸引眼球。与交通融合，加强全区的道路交通与基础设施建设，尤其是旅游景区与周边餐饮住宿等配套设施，解决内蒙古许多景区因交通不畅导致的游客进不来、出不去，完善旅游标识标牌。与体育融合，积极开发足球、曲棍球、健身跑、健步走、自行车、沙漠运动、登山攀岩、射击射箭、马术、极限运动等体育旅游产品，盘活和整合各盟市的马术运动场所。

（五）拓展服务模式，推动养老业多元化发展

从提升服务能力与水平的角度出发，内蒙古应该建立养老服务信息平台，统一需求评估、服务分派、服务质量监督管理。将内蒙古社区居家养老、机构养老等领域分散的评估标准整合为《内蒙古老年照护统一需求评估办法》。确保政府提供的服务与老年人需求有效对接、公平匹配。并且加快家庭服务职业培训示范基地和家庭服务公益性信息平台建设。开展国家"千户百强"家庭服务企业和自治区"百户十强"家庭服务企业创建活动，培育自治区家庭服务品牌。大力推进"医养结合"，加快发展医疗服务、保健器械、健康养老、健康保险、体检咨询等产业，鼓励蒙医中医医疗与养老相结合，发挥蒙医、中医在养生、预防、保健、康复方面的优势特色。加强养老服务设施建设，实施阳光计划、月光计划、星光计划、霞光计划、幸福计划、爱心护理、助康计划等工程，开展城市、农村牧区等养老服务产业化模式试点。

从老年人养老需求出发，随着老年人生活水平的提高，其对养老服务的需求更多样化、更丰富。首先，根据老年人需求，推动实施多种养老服务模式，为老年人提供居家养老的家政、餐饮、生活照料、心理咨询服务。其次，建设符合老年人实际需求的新型养老社区，配套相应的服务设施，鼓励开发适

合老年人特点的个性化养老院服务，形成覆盖老年人全方位需求的产业集群。最后，除关注衣食住行等日常生活需求外，细分服务对象，拓展老年文化娱乐、体育健身、教育益智、休闲旅游、金融投资和房产租赁等新型服务项目。

第九章 内蒙古现代服务业品牌建设研究

近年来，内蒙古自治区一直把大力推动服务业发展作为一项战略重点任务，不断强化政策推进力度，先后出台了《内蒙古自治区加快服务业发展若干政策规定》《内蒙古自治区服务业发展三年行动计划（2015—2017年）》等政策性文件，以及促进大数据、电子商务、金旅游、科技服务、会展业等服务行业发展的一系列政策措施。全区服务业发展速度加快，服务业占生产总值的比重由2013年的36.5%上升到2017年的50%，对经济增长的贡献率由2013年的27.7%提高到2017年74.9%，对优化全区经济结构起到了重要作用。尤其是2013年"一带一路"倡议的实施，开拓了内蒙古自治区经济发展的新思路，构建了新格局，促进了蒙医药、信息技术、跨境旅游等新兴服务业的国际合作，推进了跨境电子商务、内蒙古草原文化产品出口等新业态发展。

《2018年内蒙古自治区政府工作报告》提出加快建设和林格尔国家大数据综合试验区，通过试验区建设推动人工智能、大数据以及互联网与实体经济的共同发展与深度融合；支持现代物流业，尤其是冷链配送、加工包装等的发展；提升旅游业文化内涵，高质量、高水平发展绿色旅游业；积极发展文化产业、体育产业、电子商务、创意设计、信息咨询、健康养老、商贸会展等服务业；深入实施品牌战略，开展质量提升行动，以高标准带动高质量。该工作报告为内蒙古自治区现代服务业发展指明发展方向，同时明确了现代服务业的品牌培育与品牌建设的发展理念。

基于上述背景，本章在实地调研走访与网络调研相结合的基础上，系统梳理现代服务业发展与品牌建设的有关理论与实践模式，认真总结国内与内蒙古自治区发展具有要素可比性的省份现代服务业品牌建设经验，结合内蒙古品牌战略实施的实际情况，提出内蒙古自治区现代服务业品牌建设的对策性建议。

第一节　现代服务业品牌建设研究综述

一、品牌与品牌价值研究综述

（一）品牌的概念

1950 年，大卫·奥格威首次提出"品牌"概念。[①]1960 年，美国市场营销协会（AMA）定义品牌是一个名称、名词、标记、符号或设计，或是它们的组合。市场营销专家 Philip 博士（1996）提出品牌内涵包括六方面，分别是文化、价值、属性、个性、利益和消费者。[②]张锐（2010）将品牌定义为人们根据一些在组织、行业、地区或社会中有一定影响的事物所共有的特性而抽象形成的一个概念。[③]张昆等（2018）和张翔云（2018）认为品牌是一个抽象概念，有形部分是符号与标志，无形部分包括文化、价值观、象征、企业经营智慧以及消费者认知。[④][⑤]

结合学者的研究成果，本研究从两个方面定义品牌：从品牌建设者角度看，品牌是指有助于企业、城市、地区形成区别于其他竞争者的、能够识别的、具有持续竞争优势的一系列名称、文字、图案、符号等；从消费者的角度看，品牌是指值得消费者信任与青睐，能够显示消费者身份与地位、彰显个性，并且通过购买该品牌可以规避可能产生的购买风险的产品与服务象征。

品牌可以依据不同的标准划分为不同的种类。根据研究需要，本研究使用学者从宏观到微观的国家品牌、地区品牌、城市品牌、产业品牌以及企业品牌的分类方法进行分类研究。

（二）品牌价值

品牌价值存在的意义可以从企业角度与消费者角度进行剖析。企业角度的品牌价值核心是提升企业竞争力和为企业创造利润，消费者角度的品牌价值

---

① GARDNER B B, LEVY S J. The product and the brand[J]. Harvard Business Review, 1955, 33(2): 33-39.

② KOTLER P. Marketing management[M]. Upper Saddle River: Prentice Hall, 1996: 1.

③ 张锐，张炎炎，周敏. 论品牌的内涵与外延 [J]. 管理学报，2010, 7(1): 147-158.

④ 张昆，王孟晴. 国家品牌的内涵、功能及其提升路径 [J]. 学术界，2018(4): 88-99.

⑤ 张翔云. 旅游地品牌化的路径选择与实现 [J]. 社会科学家，2018(1): 105-111.

在于对其喜爱与信任，并提升消费忠诚度。虽然企业是创造品牌价值的主体，但品牌价值的认可与经济价值体现必须通过消费者接受品牌价值实现。因此，学者对品牌价值的研究主要从以下三个方面展开：

1. 消费观

品牌之所以有价值，是因为它对消费者有价值，反映消费者根据自身需要对某一品牌的偏爱、态度和忠诚程度[1]，以及消费者品牌知识而导致差别化效应[2]。Aaker（2005）提出企业品牌价值取决于其产品或服务提供给消费者的价值大小，两者呈正相关关系；而消费者对品牌价值的衡量取决于消费者的可感知服务质量，包括品牌的标识、符号所表现出的情感信息。[3] 国外许多学者从这一角度进行了品牌价值研究，如 Keller[4]、Yoo 和 Donthu[5]、Washburn[6]、Netemeyer[7]、David Oglivy、Baldinger[8] 等人的研究，基于消费观视角，分别从品牌认知、品牌联想、品牌忠诚、感知质量、情感价值等方面展开研究。

2. 财务观

品牌被认为是一种重置成本[9]，是指品牌的净值、财务状况和相关部分[10]，是一个企业所生产的一种或几种商品或服务在经营与销售过程中逐渐积累起来

① COBB-WAGREN C J, RUBLE C A, DONTHU N. Brand equity, brand preference, and purchase intent[J]. Journal of Advertising, 1995, 24(3): 25-40.

② YAO Z, LEUNG S C H, LAI K K. Manufacturer's revenue-sharing contract and retail competition [J]. European Journal of Operational Research, 2008, 186(2): 637-651.

③ AAKER D A. 管理品牌资产 [M]. 吴卫华, 董春海, 译. 北京: 机械工业出版社, 2005: 5.

④ KELLER K L. Conceptualizing, measuring, and managing customer-based brand equity [J]. Journal of Marketing, 1993, 57(1): 1-22.

⑤ YOO B, DONTHU N. Developing and validating multidi-mensional consumer-based brand equity[J]. Journal of Business Research, 2001, 52: 1-14.

⑥ WASHBURN J H, PLANK R E. Measuring brand equity: anevaluation of a consumer-based brand equity scale[J]. Journal of Marketing Theory and Practice, 2002, 10(1): 46-61.

⑦ NETEMEYER R G, BALAJI K. Developing and validating measures of facets of customer-based brand equity[J]. Journal of Business Research, 2004, 57(2): 209-224.

⑧ BALDINGER R J, BRAND L. The link between attitude and behavior[J]. Journal of Advertising Research, 2006, 36(6): 22-34.

⑨ CUI H, RAJU J, ZHANG Z. Fairness and channel coordination[J]. Management Science, 2007, 53(8): 1303-1314.

⑩ 刑伟, 汪寿阳, 赵秋红. 考虑渠道公平的双渠道供应链均衡策略 [J]. 系统工程理论与实践, 2011, 31(7): 1249-1256.

的财务可度量的无形资产。① 米切尔（2006）认为对于企业而言品牌产生的价值是一个动态概念，并不仅仅代表目前为企业带来的收益，还可以反映未来为企业带来的收益。② 林恩（2010）认为企业品牌价值不仅是其净资产的重要部分，还是反映企业经营状况的重要内容，所以评价与测量品牌价值的指标应该包括反映以上内容的影响因素指标。③ 品牌价值对企业的利益体现在三方面，第一方面通过长期建设与努力实现拥有这个品牌获得的现金流净现值的增加④⑤，第二方面与没有品牌的同类型产品与服务相比所获得的销售溢价收益⑥，第三方面给企业带来的额外的品牌价值所维系的忠诚顾客关系。⑦ 基于财务观的对品牌价值进行评估的方法主要有 Interbrand 评估法、金融世界评估法、世界品牌实验室评估法、福布斯评估法等。⑧

3. 综合的品牌价值

更多的学者和机构将消费观和财务观的品牌价值定义结合起来，从综合视角对品牌价值进行了研究，代表性方法有品牌价格抵补模型、忠诚因子法、联合分析法以及溢价法等。⑨

综合上述学者的研究，品牌管理主要体现在品牌的核心价值上，或者说品牌核心价值也是品牌精髓所在，也是品牌区别于同类竞争品牌的重要标志。因此，本章在对内蒙古现代服务业品牌建设的研究中，将品牌培育与品牌价值提升作为重点研究内容。从内蒙古现代服务业区域、产业、企业品牌建设不同研究视角出发，从拉动需求的角度，借鉴消费观的内涵进行分析；从提高企业品牌建设积极性角度，基于财务观的理论探讨企业品牌建设的利益所在。在分

① KURATA H, YAO D Q, LIU J J. Pricing policies under direct vs. indirect channel competition and national vs. store brand competition[J]. European Journal of Operational Research, 2007, 180(1): 262-281.

② 熊本奎. 品牌价值评估研究及实证分析 [D]. 上海: 同济大学, 2007: 19.

③ 余明阳. 品牌学 [M]. 广州: 广东经济出版社, 2002: 11.

④ GROZNIK A, SEBASTIAN H H. Supply chain conflict due to store brands: the value of wholesale price commitment in a retail supply chain[J]. Decision Sciences, 2010, 41(2): 203-230.

⑤ 卫海英, 王贵明. 品牌资产构成的关键因素及其类型探讨 [J]. 预测, 2003(3): 30, 39-42.

⑥ 唐玉生, 曲立中, 孙安龙. 品牌价值构成因素的实证研究 [J]. 商业研究, 2013(9): 110-116.

⑦ LOCH C H, WU Y. Social preferences and supply chainperformance: an experimental study[J]. Management Science, 2008, 54(11): 1835-1849.

⑧ 王成荣, 王玉军. 老字号品牌价值评价模型 [J]. 管理评论, 2014, 26(6): 98-10.

⑨ 王熹. 品牌价值评估体系及其方法选择 [J]. 价格理论与实践, 2012(3): 85-86.

析过程中，并不进行定量的研究，仅仅借鉴以上观念与思想进行定性分析。

二、国内外品牌建设的研究现状

随着我国"中国服务"战略的推进，服务品牌的成长与价值提升的相关研究更加受到学者的关注，既有国家层面、地区层面，也有企业层面的研究成果。

（一）国家服务品牌建设研究

首先，学者在国家层面上展开了针对"中国服务"国家品牌价值提升的研究。其中，张思雪、林汉川（2016）对国内外学者进行品牌价值评估的维度、方法进行了比较，之后提出了改进后的品牌价值结构方程模型，构建了中国品牌重塑体系，为改善中国整体品牌形象，提升中国品牌的国际市场地位提供了参考。[①] 李西林（2018）从服务业行业角度，提出了在中国经济由高速增长向高质量转变的发展阶段培育"中国服务"国家品牌的必要性，并通过定性分析提出对策建议。[②] 张月友等（2018）试图从不同视角对服务业发展与"结构性减速"之间的矛盾进行辨析与研究，寻找化解之法。[③] 学者在国家层面上对"中国服务"品牌的研究目前并不是很多，对本章研究最大的贡献在于这些研究大多属于政策咨询类研究，可为本研究提供政策法规借鉴的依据。

（二）区域服务品牌建设研究

学者针对各省份，或经济共同发展区域，或某一现代服务业行业品牌建设进行研究。雷亮（2015）构建了理论模型，运用因子分析方法研究政府行为、市场环境对区域品牌发展的影响。[④] 韩德超（2018）从区域发展角度，揭示了现代服务业的快速发展与传统服务业的高速发展并存的特殊现象，构建回归方程，探寻服务业发展的差异化路径，以促进整体快速发展。[⑤] 李程骅、郑琼洁（2015）依据对江苏省代表性服务业企业进行定量调研分析的结论，结合政府行为对企业创新发展效率影响的研究结论，为服务业企业创新发展提

---

① 张思雪，林汉川. 创新中国品牌体系的关键：重塑与定位 [J]. 经济与管理研究，2016，37(8)：134-142.

② 李西林. 培育"中国服务"国家品牌：功能、路径和对策 [J]. 国际贸易，2018(4)：63-67.

③ 张月友，董启昌，倪敏. 服务业发展与"结构性减速"辨析：兼论建设高质量发展的现代化经济体系 [J]. 经济学动态，2018(2)：23-35.

④ 雷亮. 地方政府行为影响区域品牌发展的实证研究 [J]. 兰州大学学报（社会科学版），2015，43(1)：112-119.

⑤ 韩德超. 区域差异视角下的我国服务业二元结构分析 [J]. 统计与决策，2018，34(7)：119-122.

供了政策参考。①F. Magnoni、Elyette Roux（2017）探讨了品牌熟悉度对金融服务品牌体验各维度的影响以及金融服务品牌熟悉度的因子结构。②张海波等（2018）在对湖北省现代服务业发展调研的基础上，从增长潜力、发展基础及经济贡献三纬度，运用熵值法、层次分析构建了地区间横向比较与时间序列纵向比较的评价体系，通过分析提出相应的对策建议。③在对各地区服务品牌的研究中，针对省份或某一地区服务品牌建设的研究多为政策参考类研究，使用的定量分析方法以因子分析、层次分析法、熵值法为主。这些方法在解决复杂的社会经济系统问题时，运用了一定的定量分析方法，但因为无法充分考虑各种变量与影响因素，所以精准度较差。本章研究目的在于提出内蒙古现代服务业品牌建设的对策性建议，因而只借鉴以上研究思路，并不建立模型进行运算与仿真。

（三）企业服务品牌建设研究

P. Nath、A. Bawa（2011）描述了一个 21 项量表的构建和验证，该量表用于衡量服务中的品牌资产。该量表由四个子量表组成——感知质量、品牌联想、品牌熟悉度及品牌忠诚度，旨在追踪所提供服务的公平性。④Yolande Y. Yang，Kuang-Hui Chiu（2014）将制造业服务化作为一种转型战略，重点研究了公司为什么要建立一个品牌，以及公司如何利用现有的资源提升品牌，使公司成为一个与客户紧密联系的服务提供商，为其他以制造为主的企业在文化产业中寻求新的经营模式提供了范例。⑤袁胜军等（2018）从消费者需求角度出发，运用层次分析法对品牌的无形价值——品牌力进行研究，为行业间企业品牌力的评价和提升提供参考。⑥张克一等（2018）同样从消费者角度，探讨了

---

① 李程骅，郑琼洁. 现代服务业创新转型的政策效用：江苏证据 [J]. 改革，2015(2)：81-90.

② MAGNONI F, ROUX E. The impact of brand familiarity, branding and distribution strategy on luxury brand dilution[M]//CAMPBEII C L. The customer is NOT always right? marketing orientationsin a dynamic business world. Berlin: Springer International Publishing, 2017: 30.

③ 张海波，张毅，沈怡杉. 湖北省现代服务业发展水平评价 [J]. 统计与决策，2018，34(11)：95-99.

④ NATH P, BAWA A. Measurement of brand equity of services - scale construction and Validation[J]. Journal of Services Research, 2011, 11(2): 135-154.

⑤ YANG Y Y, CHIU K H.Servitization strategies of manufacturing businesses: a case study of Lien Cheng Saxophone company[J]. International Journal of Electronic Business Management, 2014, 12(1): 26-32.

⑥ 袁胜军，周子祺，张剑光. 品牌力评价指标体系研究 [J]. 经济学家，2018(3)：96-104.

其逻辑决策在品牌关系和服务创新两种驱动战略下的不同影响程度。① 因为企业是品牌建设的主体，所以从企业角度进行品牌研究的成果不少，但是从区域经济发展的角度出发，将企业的内因动力与所处地区的政治、经济、市场、人力等各种环境与资源等外部动因良好结合，更客观分析企业品牌建设的成果在所收集的文献中较少。这一点会在本章研究中深入探讨。

（四）文献综述

对以上文献进行分析可以得到以下启示：有关现代服务业品牌建设研究从宏观到微观贯穿国家、地区、企业各方面。成果中多以定性分析的政策参考类成果为主，使用定量分析的则多以因子分析、层次分析、熵值法为主要分析方法，研究成果在一定程度上存在着分析不深入，泛泛而谈，精准度差等问题。借鉴已有成果，选择"内蒙古现代服务业品牌"这一地区品牌，并结合企业视角开展研究是可行的。同时，为了研究结果对策建议的实操性，将采用深入调查研究与定性研究分析方法相结合的研究方法。

三、品牌建设对现代服务业发展的重要性

各国的经济发展经验都表明，大到国家品牌，小到区域品牌、行业品牌，乃至一个企业的企业品牌都是地区、行业及企业的重要战略性资源。而在服务业迅猛发展与崛起的进程中，服务品牌培育的重要性进一步凸显使服务品牌逐渐受到各界关注。优化产业结构是我国"十三五"经济发展的重点之一，因而加快服务业发展，提升中国服务品牌价值成为我国经济发展的重要任务。虽然现代服务业品牌建设的基本原理与实体产品品牌化类似，但服务特有的无形性、无法储存性以及不同服务提供者所造成的服务差异性等特征，使打造服务品牌又具有特殊性，面临更大的挑战。

（一）从宏观层面看，推动产业创新发展

"十三五"期间产业结构转型与优化的核心任务必定要通过大力发展以新业态、新技术为核心的现代服务业的途径实现。一方面，随着农业产业链延伸与"工业4.0"新时代的到来，无论是第一产业，还是第二产业，生产性服务能力成为产业竞争力的关键指标；另一方面，随着各级政府对新型城镇化战略的推进，城市必须在逐渐提升公共文化、大众教育、公共设施、康养管理等公共服务能力的同时，补足消费性的文化、娱乐、综合商业、健养等生活性服务

---

① 张克一，唐小飞，苏浩玄，等. 创新战略：品牌关系驱动与服务创新驱动的影响力比较研究 [J]. 预测，2018，37(4)：39-45.

功能，以不断增强城市的人口吸纳能力。在经济转型与城镇化发展中，品牌价值是服务质量的重要保证；现代服务业品牌建设的过程，既是服务质量与效益的提升过程，也是催生服务新业态、新模式的过程；而服务品牌的培育与价值提升也一定会成为我国迈向服务大国和服务强国的重要支撑。

（二）从微观层面看，提升企业核心竞争力

企业作为服务品牌建设的源动力，逐渐认识到只有把打造强势的知名服务品牌作为战略目标，才能推行企业服务的差异化策略，进而提高顾客对品牌的认知度与依赖性，巩固顾客的忠诚度，最终才可能形成差异化的行业竞争优势。一方面，知名品牌具有积极的口碑效应与顾客依赖度，顾客愿意重复购买并欣然接受产品与服务的溢价，从而提升了同行业竞争企业的进入壁垒，提高企业利润；另一方面，消费者通过辨析品牌对服务企业提供的服务进行区分，可以降低其决策中的感知风险。因此，品牌成为消费者判断企业未来可提供服务的质量和差异性特征的重要信号。更重要的是，服务品牌不仅仅只有服务业企业可以拥有，制造业企业为了应对行业竞争、建立差异化竞争优势也开始逐渐将其售后服务品牌化。比如，创维集团作为我国家电业领军企业，打造了集团的售后服务品牌"快乐服务"，既得到消费者的认可和赞誉，也为创维的企业整体品牌价值提升增色不少。

第二节　内蒙古现代服务业品牌建设的形势与现状

一、现代服务业品牌建设的国家形势分析

（一）提升"中国服务"品牌价值，引领服务业高质量发展

纵观"中国服务"的发展历程，2010年5月"中国服务"的概念被首次提出。同年9月，第一届"中国服务发展论坛"提出了"服务即品牌，品牌即核心竞争力"的观点。2011年9月，第二届"中国发展服务论坛"提出了"中国服务"的三个核心思想，即"国际水平、本土特色、物超所值"。2012年8月，第三届"中国服务论坛"提出了著名的"心力资本论"，使"中国服务"上升到了一个新的高度。"中国服务"理念的提出，体现了我国综合国力的提升。统筹推进"中国服务"国家品牌建设，提高品牌的国际影响力和认知度，必将支持中国经济由高速增长转向高质量发展，由工业主导型经济结构转向服务业主导型经济结构，最终实现从制造强国、贸易强国到质量强国的一系列强国目标。

（二）高度重视品牌工作，多举措推进服务业品牌建设

2014 年习近平在河南考察时提出的"三个转变"就包括"中国产品向中国品牌转变"；李克强也强调了"弘扬工匠精神，勇攀质量高峰，打造更多消费者满意的知名品牌"。2015 年 11 月，国务院出台了《关于加快发展生活性服务业促进消费结构升级的指导意见》，在国家层面从生活性服务业的顶层设计出发，系统、全面地阐述了推动我国生活性服务业发展的政策纲领，对适应消费者的需求升级、推动生活性服务相关行业及企业增加规模、提升品质和提高效益进行了总体部署。2017 年，国务院将 5 月 10 日设立为"中国品牌日"，标志着品牌价值受到国家重视，品牌建设工作成为新时期我国重要战略之一，成为深化供给侧结构性改革和增加有效供给的重要手段。从国家领导人的讲话，到国务院先后出台的文件、设立的品牌日，都充分说明我国已经开始从国家层面重视并有序推进各项品牌建设工作的开展。

（三）国家品牌价值评价机制建立，品牌评价工作规范开展

我国一直以来都积极参与各类国际品牌标准的制定，当前正在逐步建立并完善具有中国特色的品牌价值评价机制。近年来，我国品牌价值评价技术研究、国家标准体系制定、信息发布机制建设、评价标准国际协调等工作取得重大进展，形成了较为完善的理论、标准和政策。在 2018 年 5 月 10 日第二个"中国品牌日"当天，在上海举办了"2018 中国品牌价值评价信息发布暨第二届中国品牌发展论坛"。会上从自主创新品牌、区域品牌、企业品牌以及产品品牌四方面发布了多领域、多行业排行前 50 上榜企业榜单，涵盖各类品牌718 个，企业共 1346 家。我国品牌评价与发布活动，从 2013 年首次品牌评价发布仅仅针对制造业行业，到 2018 年对三次产业的全部覆盖，说明我国品牌评价工作得到了迅速的发展与壮大。

（四）"中国服务"与"中国创造"并重，国家品牌背书效应逐渐显现

某些国家总在生产某一种或者几种产品或服务方面具有优势，如法国的化妆品、中国的陶瓷、瑞士的钟表等，这些国家为从事该行业的企业提供了巨大的国家品牌光环，让这些企业带着优质原产地国的强大的国家品牌背书效应进入国际市场，并更容易被消费者所接受。2013 年，随着"一带一路"建设的深入，我国进一步扩大了对外开放，实施了自由贸易区战略。国家在塑造品牌定位、重构品牌形象、健全推广制度与风险防范机制等方面，加强了管理与创新。同时，讲好"中国服务"的故事，打造"中国服务"国家品牌，让"中国服务"与"中国创造"并驾齐驱。在全球化背景下，我国国家品牌形象正在

逐渐成为我国企业国际服务贸易与服务合作中的重要背书，为提升国家的综合实力发挥巨大作用的同时，为企业提供原产地国"佐证"的品牌背书效应也逐渐显现。

二、内蒙古自治区现代服务业品牌建设的现状分析

（一）品牌建设工作取得一定成绩，但服务业品牌培育与价值提升明显滞后

近年来，内蒙古自治区通过持续不断的开展品牌培育、评选以及著名商标的奖励工作，激励各行业企业积极主动打造自主品牌，提升国内、国际市场的产品竞争力。围绕稀土、电力、煤炭、农畜产品等优势产业，形成了蒙牛、伊利、鹿王羊绒、蒙草、包钢、北重等一批知名品牌和企业。截至 2017 年年底，已命名、批准筹建和在建的全国知名品牌创建示范区共 13 家，名牌产品 393 个，主席质量奖 29 家，获得国家地理标志保护产品 27 个，原生态产地保护产品 17 个。在"2018 中国品牌价值评价信息发布暨第二届中国品牌发展论坛"上公布的 718 个品牌中，内蒙古正隆谷物食品有限公司、内蒙古科尔沁牛业股份有限公司、内蒙古君正化工有限责任公司等 3 家公司入围。三个品牌均为非服务业品牌。

内蒙古自治区服务业，尤其是现代服务业品牌建设工作基础差，底子薄，进展慢。在蒙牛、伊利、小肥羊、鄂尔多斯、圣牧、鹿王、蒙草、科尔沁、包钢、河套老窖内蒙古十大品牌中，只有小肥羊一个品牌是畜牧加工业与餐饮业形成的二、三产业融合品牌，其余均非服务业品牌。"第五届内蒙古品牌大会——2018 年度内蒙古品牌评价暨百强品牌系列推选活动"公布的第二批 206 家入围企业榜单中共有服务业企业 12 家，包括运输企业 1 家、商贸企业 1 家、科技软件企业 4 家、文化企业 1 家、电商企业 2 家、服务发展企业 2 家、餐饮类企业 1 家，不到入围企业的 6%。相对于 2017 年服务业占内蒙古地区生产总值 50%，对生产总值增长的贡献率达到 74.9% 的发展速度而言，其品牌建设明显滞后。而且，内蒙古自治区服务业品牌建设工作与其他省份差距很大。"十一五"期间湖南省就打造了 5 个国际知名服务品牌；山东省为了从政府角度支持服务业品牌建设、提升品牌影响力，2017 年在确定 100 强企业榜单的同时，公布了服务业企业 30 强，上榜企业共实现营收 7804 余亿元。内蒙古服务业品牌的培育与价值提升工作仍然任重而道远。

（二）增强顶层设计与规范制定，引领现代服务业品牌培育方向

为了推进质量强区战略，加强内蒙古自治区品牌建设，2017 年 1 月内蒙

古自治区政府印发了《内蒙古自治区"十三五"品牌发展规划》，文件强调要强化服务业的质量标准意识和品牌培育意识，一方面要重点打造已有优势制造产业供应链下游延伸所需的生产性服务品牌，另一方面要全面提升生活性服务业品牌影响力，培育形成一批特色鲜明、顾客满意的生活性服务品牌。

2017 年 3 月，内蒙古自治区政府印发的《内蒙古自治区发挥品牌引领作用推动供需结构升级实施方案》中提出了充分调动市场、企业、政府、社会各方的力量，以品牌建设为引领，从品牌基础建设工程、供给结构升级工程与需求结构升级工程入手，为内蒙古自治区经济发展寻求新的发展动力。

2017 年 12 月，内蒙古自治区政府又颁布了《关于进一步实施商标品牌战略的意见》把加快培育服务业商标品牌作为主要任务之一，并提出抓住重点企业，培育一批年营业收入过亿元的知名商标品牌服务企业，培育和发展 20 个以上有较高知名度的服务业商标品牌，运用品牌产业的理念和市场手段经营文化资源，充分挖掘和培育以民族文化为主题的商标品牌。

2018 年 6 月，内蒙古自治区质监局发布了《著名品牌评价认定规范》《服务名牌评价与认定规范》，在《服务名牌评价与认定规范》文件后附有《服务名牌评价计分表》，对服务能力、服务品质、声誉、服务支撑、服务的持续与改进、运行能力 6 方面共 17 项内容制定了评价标准，标志着内蒙古自治区各行业协会、第三方品牌认证机构对申报服务名牌企业的认定、其他服务型企业的认定具有了统一的参照标准，可以更加有效地指导服务名牌企业的品牌价值提升与健康发展。

（三）设立与健全组织机构，为品牌培育与价值提升提供标准化支持

内蒙古自治区品牌协会成立于 2000 年。该协会由内蒙古自治区科学技术协会主管，主要职能有咨询、调研、培训、认证、评估、评审、大型商务活动和会展等。内蒙古自治区服务业标准化技术委员会成立于 2015 年 10 月。该委员会主要负责文化、旅游、养老、现代物流等新型服务领域的基础、服务、管理相关标准的制定与修订，参与标准化活动与改革，为企业、行业和政府提供与标准化相关的技术服务。内蒙古自治区品牌标准化技术委员会成立于 2016 年 10 月，该品牌标准委员会承担内蒙古自治区品牌评价，品牌推广领域内的旗县区、行业、企业标准的制定与修订、复审、解释、咨询服务等工作。内蒙古品牌战略促进会是品牌标准委员会秘书处承担单位，隶属于国家质检总局设立的中国品牌建设促进会，履行内蒙古品牌培育、品牌价值评估，有关品牌评审、推荐，参加国家品牌价值评定等主要工作职能。内蒙古品牌建设促进会则

是由企业家、品牌专家、学者等有志于品牌建设的热心人士，以及各类型企事业单位和社会各界组成的组织，其宗旨是帮助政府积极推动企业及其产品或服务品牌建设发展。

以上各机构的设立与组织机构的不断健全，既可以推动内蒙古自治区现代服务业品牌建设工作打开新局面，发挥品牌战略推动经济发展的作用，也可以为企业转型升级、提升质量管理和品牌价值提供保障与服务，成为政府部门与企业之间的桥梁和纽带。

（四）各盟市品牌建设工作有序展开，为服务业品牌培育奠定良好基础

内蒙古自治区 12 个盟市、103 个旗县全部开展了"质量强市（盟、旗、县）"活动。各盟市纷纷出台各自政策建议，推动品牌建设工作有序开展。例如，作为享誉全国的河套平原，巴彦淖尔市借助农业优势，实施"河套区域农产品品牌"战略，在做好绿色、有机的农畜产品高端品牌的同时，延长农业产业链条，针对农产品的电商、物流等新服务业态逐渐涌现。同时，以"建成中国西部最美生态休闲旅游目的地"为目标，以"八百里河套，塞上水乡，田园风光"为主题，通过品牌战略规划、增加项目投入资金、统一服务质量标准、提升服务管理效能等举措，全方位推介生态休闲旅游文化品牌。鄂尔多斯市政府 2017 年 9 月出台《鄂尔多斯市"十三五"品牌发展规划》，提出着力打造现代服务业品牌，并明确了推进品牌发展的保障措施：从政府角度强化推动功能；从企业角度发挥知名企业的品牌引领示范作用；从市场角度加强监督与管理，优化企业创牌的营商环境；从法治角度加强品牌保护与对贴牌盗牌等非法行为的监管与执法力度；从质量监管角度加强技术服务，为品牌发展奠定良好基础。乌海市工商质监局 2018 年以来以开展"质量提升行动年"为契机，助推产品产业"高标准、高质量、高品质"发展，加强质量强市建设，着力打造"乌海品牌"。根河市于 2017 年 12 月—2018 年 3 月举办了"第十八届中国（呼伦贝尔）冰雪那达慕暨第五届中国（根河）冷极节"。冰雪那达慕系列活动包括 40 余项活动。"中国（根河）冷极节"经过几年的连续打造，已经成为蕴含浓郁的内蒙古民族文化的冬季冰雪旅游品牌。

各盟市形式多样的品牌发展战略与举措，必将为进一步推进现代服务业品牌建设工作奠定良好的基础。

（五）深入实施"旅游+"战略，旅游业品牌培育工作率先展开

2015 年以来，内蒙古自治区紧紧围绕"把内蒙古自治区建成国内外知名旅游目的地"的战略目标，着眼发展全域旅游、四季旅游，深入实施"旅游

+"战略，全力打造"壮美内蒙古·亮丽风景线"品牌。2017年内蒙古首届旅游发展大会举办，确定了未来内蒙古旅游业品牌发展目标：要让内蒙古自治区旅游业品牌创建工作进入全国前列。2017年7月21日，以"开放的中国：壮美内蒙古，诚邀五洲客"为主题的全球推介活动在外交部隆重举行。8分钟的全球推介宣传片《壮美内蒙古，诚邀五洲客》，以2.8亿阅读量在微博上独占鳌头。2018年元旦，内蒙古旅游短片在美国纽约曼哈顿区时代广场巨幅播出。辽阔大草原四季变换的美丽景色充分展示了内蒙古自治区丰富的旅游资源，也展现了厚重的文化底蕴，吸引了时代广场过往人群驻足观望。其开启了内蒙古自治区旅游文化品牌走出国门，向全世界推广的又一模式。作为内蒙古自治区现代服务业的优先发展行业，旅游业已经率先开展了一系列品牌培育工作。

第三节　内蒙古现代服务业品牌建设问题分析

一、外部环境存在的问题

（一）现代服务业品牌建设受制度与政策的影响较大

我国服务业的发展起步较晚，自2010年5月"中国服务"概念被首次提出至今已有10年时间。因为我国经济尚处于从工业经济向服务经济转型发展阶段，从国家到地方的制度、政策环境仍处于逐渐完善与动态调适阶段，所以内蒙古自治区乃至全国范围内，服务品牌建设工作受制度与政策的影响比实体产品品牌建设更为直接。内蒙古自治区以及各盟市虽然已经出台了一些指导性的政策文件，但因为现代服务业品牌建设工作刚刚起步，鼓励与引导企业的具体政策措施尚显不足。例如，缺少培育自主产权品牌、传统民族品牌，及提升其核心价值的政府鼓励政策；未启动服务业与一、二产业共创提升品牌价值的财政资助项目；缺乏鼓励有实力的企业"走出去"，与国际优质品牌合作的具体举措等。

（二）各级政府品牌建设中主动服务意识仍然淡薄

目前，就内蒙古自治区服务业而言，大多数企业品牌建设处于未开始或者刚刚起步阶段，拥有知名品牌的服务企业非常少。一些服务企业即使拥有自己的品牌，但品牌定位不清晰、品牌缺乏个性化、品牌价值与保护意识淡薄，且缺乏长远发展的规划。此时，依靠各级政府的力量，从品牌培育、品牌保护、品牌评估等方面建立并完善体制、机制，出台政策、法律、规定和措施，推动企业品牌建设工作开展至关重要。但内蒙古自治区各级政府在品牌建设工作过程中，主动为企业提供服务的意识不强，不注重引导、扶持和培育区域特色品牌。例如，缺乏政府主导的专业机构辅助企业进行品牌价值的挖掘、内涵的表达、识别的设计、形式与宣传、延伸与管理、价值与评估、交易与保护等一系列专业工作。又如，目前，服务业品牌保护是最受关注，但也是最难解决的问题。政府如何提高服务意识，保证企业在申请、上报各环节不泄密；如何解决品牌建设相关资源的管理问题；如何处理品牌侵权的诉讼、司法问题。要想解决上述类似问题，各级政府必须提高主动服务意识，为企业品牌建设工作保驾护航。

（三）内蒙古自治区品牌管理机构缺乏协调合作机制与统一评估标准

内蒙古自治区尚未形成科学公正、市场验证、政府监督的品牌评估机制与统一的标准。内蒙古自治区已成立的品牌管理相关组织机构包括"内蒙古自治区品牌协会"（由内蒙古自治区科学技术协会管理）、"内蒙古自治区服务业标准化技术委员会"和"内蒙古自治区社会管理和公共服务标准化技术委员会"（两个委员会秘书处均设在内蒙古自治区标准化院）、"内蒙古品牌标准化技术委员"及其秘书处承担单位"内蒙古品牌战略促进会"（由内蒙古自治区市场监督管理局管理）、"内蒙古品牌建设促进会"（非营利性的社会团体组织）。以上组织机构都是为内蒙古自治区品牌建设工作服务的组织机构，但因其归属上级管理单位各不相同，虽然在工作职责上有所区别，但也有重叠之处。由于各自归口管理，所以分头开展工作，如以上单位所建立的品牌工作相关的网站有内蒙古品牌建设促进会的"内蒙古品牌网"、内蒙古自治区品牌战略促进会的"生态品牌网"、内蒙古自治区品牌协会的"内蒙古自治区品牌协会网"等。作为互联网上的宣传窗口，各网站风格内容各不相同，显得杂乱无章，无法实现对内蒙古自治区品牌建设工作的统一宣传，并未充分发挥出网络媒体对品牌培育与价值提升的宣传作用。

除了品牌管理机构分工协作不明确外，由内蒙古自治区质量技术监督局、经贸委、宣传部以及新闻媒体等联合组织的服务品牌评选、宣传造势等一系列联合行动更是少之又少，无法对内蒙古自治区服务品牌的培育与价值提升起到良好的促进与舆论监督作用。

（四）三次产业品牌建设未能良好融合

内蒙古汉森酒业集团是内蒙古自治区三次产业融合进行品牌培育与价值提升的成功案例。该公司成立于2001年，拥有总资产7.8亿元。该集团将治沙、生态与旅游文化相结合，在乌兰布和沙漠上开辟有机葡萄种植基地，在乌海和宁夏分别建立了集红酒文化、旅游观光、休闲农业为一体的以葡萄酒为主题的"3+1 模式"国际化酒庄。2011 年，乌海的汉森酒庄被命名为"国家 3A 级旅游景区"及"全国休闲农业试验示范区"。

内蒙古自治区自然风光独特、地理特征迥异、民族文化丰富，但在品牌建设中，利用内蒙古自治区独特之处进行三次产业品牌建设良好融合的成功案例非常匮乏。虽然，巴彦淖尔市已经有意识地将实施"河套区域农产品品牌"战略与"建成中国西部最美生态休闲旅游目的地"结合起来，但其品牌文化与内涵仍需要进一步凝练与提升。而呼伦贝尔既拥有"全国最著名牧场"的美誉，又拥有融合中俄蒙三国风情的国家级 5A 旅游景区——满洲里市中俄边境旅游区、红花尔基樟子松国家森林公园等优质旅游资源，还拥有国家生态原产地产品"呼伦贝尔苍茫谣芥花油"和"呼伦贝尔合适佳菜籽油"这样的健康食用油品牌，但至今却未能提炼出专属呼伦贝尔大草原的三次产业融合品牌。与此类似的还有兴安盟阿尔山市，拥有国家生态原产地产品"阿尔山矿泉水"、阿尔山国家森林公园，以及国家 5A 级旅游景区阿尔山柴河旅游景区等资源，同样并未实现三次产业的品牌融合发展与培育。

（五）内蒙古自治区及重点盟市的品牌背书效应尚未形成

2011 年，河南省旅游局对河南各种资源、元素进行总结提炼，建立了专属于河南旅游的品牌——"老家河南"，并从此展开了各项情感化营销与品牌培育工作，包括 2011 年拍摄的旅游形象宣传片"心灵故乡·老家河南"，在首都机场和郑州机场等重要窗口及新媒体平台开展的"老家河南"整体形象宣传，2015 年的新主题宣传片"豫见中国·老家河南"等。"老家河南"是河南省政府重点打造的文化产业品牌，也是河南省政府唯一一个文化产业品牌。值得一提的是，"老家河南"这一品牌蕴含了丰富的文化内涵，中华文化的传承与创意为品牌形象起到了巨大的支撑作用。历经 8 年时间，不断加入新元素提升"老家河南"的品牌价值，现已形成国内知名旅游品牌，品牌背书效应突出。江苏省也于 2017 年提炼出"水韵江苏"主题，并通过一系列高质量的旅游品牌营销，大力宣传这一旅游品牌。虽然内蒙古自治区将旅游业作为优先发展的现代服务产业之一，并提出以"壮美内蒙古·亮丽风景线"品牌为总揽，集中打造"祖国正北方、亮丽内蒙古"形象品牌，但同时提出了诸多旅游服务品牌，如旅游线路品牌"草原＋风景道"、旅游商品品牌"内蒙古博乐歌"、自驾游品牌"自由自在内蒙古"、旅游服务品牌"豪迈、自然、温馨"，还有若干旅游景区品牌。与河南、江苏两省相比，内蒙古自治区旅游产业品牌名称冗长繁杂、品牌宣传形象不集中、品牌缺乏深刻的文化内涵、品牌无法准确诠释与传递所赋予的情感，无法形成品牌背书效应。

在各盟市品牌培育的过程中，也不同程度地存在着未能通盘考虑，总结提炼出有效品牌的问题。例如，乌海市在打造"乌海品牌"时，未将拥有内蒙古汉森酒业集团的品牌优势考虑其中，无法发挥龙头企业的品牌带动作用以增强城市品牌背书效应。赤峰、呼伦贝尔、兴安盟、阿拉善盟未能利用优势旅游资源，积极推动三次产业融合发展，创立城市品牌。呼和浩特、包头、鄂尔多斯三市未能利用具有较悠久品牌历史的蒙牛、伊利、鹿王、鄂尔多斯，凝练具有专属气质的城市品牌形象，增强品牌的背书效应。

二、品牌建设主体存在的问题

（一）服务企业主体意识不强，品牌意识淡薄

无论政府做多少工作，只能对品牌培育与维护起推动作用，品牌建设的主体始终还是企业，品牌建设的直接受益者也一定是企业。世界各国品牌战略的发展经验显示：品牌的培育路径一定先是企业层面的产品品牌培育；随着产品品牌不断壮大，行业的品牌背书效应凸显，品牌成长为产业品牌；随着产业品牌在某个区域的积聚，区域品牌、城市品牌逐渐显现；之后随着品牌背书效应进一步强大，最终上升到国家品牌，乃至国际品牌。因此，如果作为主体的企业不注重培育自己的产品品牌，品牌建设根基必将不稳，根本就谈不上后续发展。目前，内蒙古自治区服务企业缺乏品牌意识，较多考虑眼前，较少着眼长远，大多企业没有专门负责品牌工作的部门和人才，基本都是由市场部兼职，有的企业甚至没有注册商标，如何谈得上提升企业的品牌知名度，提高市场占有率，更谈不上品牌培育和核心价值的有效保护。

（二）服务品牌文化缺失，缺乏核心竞争力

服务所具有的无形性、差异性、不可分离性和不可存储性等特征，使打造服务品牌比实体产品品牌更困难、更具挑战性，也使服务过程中让消费者体验到品牌文化内涵显得尤为重要。文化是服务品牌的灵魂，国际连锁服务组织、服务品牌的巨头一定是品牌文化的缔造者与演绎着。为了赢得顾客与员工的认同，无论是网络世界的"亚马逊""阿里巴巴"，还是餐饮服务的"肯德基""麦当劳"都是品牌文化创造与传播的典范。内蒙古自治区服务企业在企业文化建设方面，尚缺乏深度的设计、发掘和打造，品牌建设缺乏应有的个性；同时，服务企业创新能力薄弱，在专业规范、技术创新、信用机制等方面，尚未建立独特的企业核心竞争优势。比如，内蒙古自治区"内蒙古银

行""鄂尔多斯农村商业银行""赤峰松山农商银行"等银行，服务产品看起来眼花缭乱、五花八门，但其服务内涵与服务价值体验又大多雷同，品牌缺乏文化与价值内涵的核心优势。在银行的建筑风格和员工服饰上也很难体现出银行的特有文化，品牌价值内涵单一，很难体现出独特的服务理念。

（三）服务品牌内涵不完整，品牌运作执行力不足

内蒙古自治区不少服务企业具有一定的品牌，甚至也找相关的机构咨询，凝练出品牌核心价值与企业服务理念。但是，这些企业并没有从流程上进行重新设计，围绕客户利益规范服务品牌的内涵。服务品牌未能体现出服务特色及服务理念，顾客很难理解其内涵并展开联想。例如，从包头钢铁（集团）有限责任公司剥离出来的集新闻传播、文化培训、旅游客运、酒店运营等服务于一体的内蒙古铁花文化产业投资公司，其名称既不能体现出服务内涵，也表现不出与包头钢铁（集团）有限责任公司的历史传承，无法实现消费者心目中品牌价值的传递与联想。还有许多企业品牌内涵不完整，所提供的服务不能将其服务宗旨通过具体的服务规范、服务质量、服务过程全程展示出来。或者，企业制定了相应的服务内容规范，但是在执行过程中因为缺乏监督，很难将服务做到位，品牌服务只是作为企业宣传的手段而没有真正变成运营模式，因而不能完美地体现出品牌服务的品质水准，无法使服务品牌成为企业真正的战略资源。

（四）品牌传播手段落后，品牌维护力度不够

内蒙古自治区服务企业品牌宣传手段与对外沟通模式缺乏创意，宣传效果不佳，与国外、国内其他省份全媒体品牌生态建设的战略格局与服务品牌的推介手段相比差距较大。另外，在品牌传播前，缺乏在市场充分调研与顾客精准分析基础上的科学决策过程，无法实现品牌价值与内涵的精准诠释与对外传播。例如，河南省在进行"老家河南"的品牌价值传播的过程中，从2012年至今，借助新媒体巧妙地进行接力传播，并利用"旅游＋高铁"营销模式，先后冠名"新乡南太行号""红旗渠号""信阳旅游号"等20余个车次，形成了"流动在铁轨上的河南旅游会客厅"；2016年结合G20峰会，河南省旅游局协调省内17家4A级以上景区，与去哪儿网合作，针对杭州、上海的游客展开了一系列品牌宣传与推广。在短短的一个月内，江浙沪赴河南旅游订单量比2015年增加287%，景区门票预订同比增长327%。内蒙古自治区可效仿河南省在品牌传播与品牌价值维护上的具体措施，政府与旅游、文化企业联合提炼、打造精品旅游文化品牌。

（五）缺乏服务过程控制，员工专业素质不高

很多服务企业仅仅把树立服务品牌作为一种营销手段，并没有真正认识其核心的战略地位。因为服务很难程序化与量化，其结果只能在消费者感受体验以后才能知道，很难在过程中进行监督、检查，而且是不可逆的。因此，如果没有一套完整的服务过程操作系统，并通过高强度的员工培训内化于员工服务提供过程中，则很难保证服务质量。实际上，服务是很专业化的，即使是酒店的服务生、银行的收银员、车站码头的售票员等，都需要经过专业化的培训；美容美发美食更是艺术，需要专门培训；而为生产提供服务更是专业技术人员才能完成的工作。内蒙古自治区现代服务业企业的服务专业品质不高，员工缺乏系统的培训是很普遍的现象。到处是低效率、待处理、劣质的服务，造成大量的浪费，尤其是服务人员的心理素质、服务技巧、服务理念的培训较欠缺。没有高素质的专业员工，就无法为客户提供满意的服务，企业就无法保持品牌的美誉度与忠诚度。

第四节　内蒙古现代服务业品牌建设的目标任务

内蒙古自治区服务业品牌化发展所面临的问题包括企业品牌意识淡薄，自主品牌数量少、知名度低，品牌核心价值与文化内涵不足，品牌建设创新能力较弱等方面。只有遵从内蒙古自治区"质量强区"品牌战略的总体目标，加强服务业品牌顶层设计，从为服务企业提供管理与服务、创新品牌建设环境、通过政策层面给予支持与扶植、加快监管机制建设等方面开展系统性谋划，才能通过服务业品牌建设引领内蒙古服务经济健康高质量发展，加快形成现代服务业新体系。

一、目标

内蒙古自治区现代服务业品牌培育和价值提升，应该把"以'扩大商标品牌总量、提升商标品牌质量'为主线，努力把内蒙古打造成为商标品牌大区"的内蒙古商标品牌战略作为核心目标。在遵从内蒙古自治区商标品牌战略的前提下，争取完善专属服务业商标的品牌培育、品牌价值提升和品牌保护机制，力争近几年使服务业品牌数量大幅增加，自主服务品牌的市场价值与潜力明显提升，形成一批在全国乃至国际市场上具有影响力的品牌，最终使品牌经济在内蒙古自治区服务经济中所占比重显著提高。

二、任务

为了完成上述目标，内蒙古自治区现代服务业品牌培育和价值提升的主要任务包括以下五个方面：

（一）制定发展规划促进区域品牌建设

区域品牌是指来自某区域内的同一类产品或者服务在市场上具有良好的美誉度，得到顾客的信任与青睐。该地区的企业可以凭借区域品牌所产生的背书效应，在其市场扩张的过程中减少宣传成本，迅速打开市场。例如，"老家河南""食安山东""中国乳都呼和浩特"都是知名的区域品牌。区域品牌并非是哪个企业专有的无形资产，而是这一地区某类产品或产业的共同品牌，是众多的同类企业所共同拥有的品牌资产。通过制定区域品牌发展规划，为服务业发展指明方向、确定重点，从宏观上对现代服务业品牌建设起到指导作用。同时，各级政府通过政策制定、政府营销、奖惩激励等各种措施，做到促进区域品牌的发展。

（二）完善品牌建设服务体系

应在认真调研分析内蒙古自治区服务品牌建设主要影响因素的基础上，完善品牌建设服务体系，为品牌建设奠定良好基础。第一，加强服务质量标准制修订工作，提高相关服务领域标准水平，推动服务标准与国际国内标准接轨，提高标准的可操作性。第二，支持重点企业利用互联网技术建立大数据平台，动态分析市场变化，精准定位消费需求，为开展服务创新和商业模式创新提供支撑。第三，引导品牌评价机构、科研单位与高校开展品牌基础理论、价值评价、发展指数等研究，提高品牌研究水平。鼓励发展一批品牌建设中介服务企业，建设一批品牌专业化服务平台，增强品牌建设软实力。

（三）供给和需求两端发力品牌建设

内蒙古自治区现代服务业品牌价值提升工作应从品牌供给结构升级、品牌需求结构升级两方面入手。第一，从服务供给角度出发，通过优化服务供给的价值链、供应链乃至产业链，提升服务品牌价值，进而发挥品牌的集聚效应与背书效应，最终实现现代服务业供给侧所提供服务的质量提升。第二，从消费者需求的角度看，随着内蒙古自治区经济的发展和居民收入的提高，消费结构不断升级，消费者对服务消费提出了更高要求。内蒙古自治区应该采取切实可行措施，扩大服务消费，发挥品牌价值的影响力，催生新兴服务业态，引领消费结构升级，推动经济高质量发展。

（四）创新服务以提升品牌价值

近年来随着互联网技术的飞速发展，消费形态发生改变，产品与服务进一步融合。服务创新作为一种新的驱动力，其作用开始显现。在激烈的市场竞争中服务创新对品牌情感与顾客购买意愿具有巨大的驱动力。大批新型企业的战略驱动模式表明，服务创新在推动企业快速发展和保持企业核心竞争优势中扮演的角色越来越重要。内蒙古自治区应鼓励企业在各种发展模式和创新的途径中，找到适合自身发展情况，能为消费者提供最优质服务的品牌价值提升道路。

（五）"以点带面"增强品牌竞争力

在充分调研的基础上，根据现代服务业不同的行业特点，筛选出具有一定市场前景与发展潜力、技术提升迅速的企业，帮助企业进行品牌价值提升，将其打造成具有一定知名度的品牌。在此基础上，让名牌企业成为行业发展龙头，带动同行业企业进行品牌建设。鼓励企业之间开展形式多样的联合创牌，可以通过并购、联合、参股等形式增强企业实力、扩大规模，提升新技术、新工艺的开发与运用能力，创新服务业态与模式，最终实现内蒙古自治区现代服务业品牌整体竞争力提升。

第五节　内蒙古现代服务业品牌建设的对策措施

一、优化服务品牌培育与价值提升长效机制

内蒙古目前既处于加快经济增长方式转变的关键时期，也处于质量强区、做强自主品牌的初建时期。在这一关键时期，政府在服务品牌的培育中起到至关重要的作用。政府从加强现代服务业品牌建设的顶层设计入手，对品牌培育的机制完善、政策支持、环境创新、管理服务等方面工作进行统筹安排，及时发现并解决服务品牌培育与价值提升过程中的重大难题。以现代服务业品牌建设为引领，对接行业国际、国内标准提高服务质量，积极催生新兴服务业态，提高服务业发展整体水平，加快形成内蒙古自治区现代服务产业新体系。

做好服务业品牌顶层设计，优化品牌培育与价值提升长效机制的具体措施包括以下几个方面。

（一）进一步完善政策体系

内蒙古自治区目前已经制定了与现代服务业品牌发展战略有关的几项政

策文件，但由于服务业覆盖的面很广，涉及的管理部门也很多，因而一方面需要继续出台更有针对性的支持服务业品牌培育的政策建议，另一方面需要围绕如何将文件落实，如何进行统一协调，系统、全面地推进内蒙古自治区服务品牌建立的标准化、规范化方面做大量的工作。例如，2017 年颁布的《内蒙古自治区人民政府关于进一步实施商标品牌战略的意见》中对加大财税支持力度，加大金融支持力度已经有较明确的指导性意见。但如何让政策落到实处仍然存在一些问题。在加大财税支持力度中，财政支持所需资金由各盟市财政预算安排，且有的项目奖励金额也需要由盟市政府决定；税收优惠也由盟市具体执行，这就需要各盟市都制定相关政策实施细则，以保证商标品牌战略真正落地生根。同样，加大金融支持力度的指导意见，并未对"轻资产"的新兴现代服务业企业融资难提出有效解决方案。政府需要组织调研，研究开展企业服务协议抵押、知识产权质押等"轻资产"贷款政策出台与实施的可行性，创新金融产品，积极服务并解决新兴现代服务业企业的融资困难。因此，制定与细化内蒙古自治区财政、金融、税收、土地等方面的政策措施，促进现代服务业品牌建设政策体系的完善，是目前内蒙古自治区品牌建设的基础所在。

（二）建立服务名牌评价长效机制

政府一方面应在财政、金融、税收上支持积极进行品牌培育与价值提升的服务企业，另一方面应采取以评促建的措施，通过公平公正的评选与宣传推广活动提升服务企业品牌建设的积极性。

2005 年开始的山东省服务名牌评比工作至今历时 13 年。该项工作以山东省品牌战略领导小组牵头，山东省名牌战略推进委员会、技术质量监督局、经济和信息委员会、宣传部以及新闻媒体等联合组织，对企业服务质量提升起到了重要的促进作用。新闻媒体在宣传山东服务品牌方面既起到了为企业宣传造势的良好促进作用，又起到了舆论监督作用。评比过程中消费者的参与、监督对企业服务质量提升同样起到了良好的促进作用。

内蒙古自治区已经制定了《服务名牌评价与认定规范》，并通过《服务名牌评价计分表》对服务品牌的具体项目进行了统一规定。这是一个良好的开端，内蒙古自治区应该学习山东省服务品牌培育办法，成立内蒙古自治区品牌战略推进工作小组，同时要求各盟市成立品牌战略推进工作小组，由主要领导牵头，协调各有关委办局工作，把服务品牌评选、宣传造势工作按部就班地开展起来。一方面通过品牌的认证、评选活动以促进企业不断改善服务质量，提升服务品牌核心价值，另一方面通过评比宣传造势，坚持政府舆论的导向性。

让消费者参与，使广大消费者关注内蒙古自治区自主品牌，树立对品牌服务的消费信心，增加内蒙古自治区服务品牌的影响力。

（三）加强行业标准与规范建设

服务名牌评选长效机制建立的同时，开展自治区级服务业行业质量标准的制定与试点工作。充分发挥各级政府部门、服务业内各行业协会以及业内名牌企业的作用，分类推进服务业重点领域标准研制工作，尤其是现代服务业的新业态、新模式、新技术的标准化制定与试点。有条件的盟市可以成立服务名牌专家咨询评估机构，加强品牌服务机构与组织的能力建设，为品牌培育、价值提升和品牌升级提供有效的专业服务，指导企业进行品牌培育，讲好服务企业的品牌故事。

建立与服务名牌评选机制相对应的服务名牌考评体系。通过前有评选，后有监督的闭环评价体系，促进企业提升其服务质量、打造服务品牌，积极参与到自治区的服务业质量标准化行动中。在日常服务质量管理与监控中，统一质量监控的基本流程与管理检查办法，以重点行业为试点，开展针对企业的服务质量监测与管理，引导企业注重服务质量的提升，不断提升品牌形象。保证服务企业创牌不仅仅是为了一次名牌评比的奖金与造势，而是把服务品牌作为其战略资源长期培育。通过以上举措，逐渐引导企业走向品牌化服务的发展道路。

（四）提升现代服务业聚集区品牌价值

从 2015 年内蒙古自治区政府公布第一批自治区级服务业集聚区至今，全区自治区级现代服务业集聚区已经有 78 家，其中现代物流园区 19 家、商贸功能区 15 家、中央商务区 3 家、旅游休闲区 26 家、文化创业园区 6 家、科技创业园区 9 家。而且，阿拉善盟的"腾格里经济技术开发区"与赤峰市的"克什克腾旗生态草原旅游区"均以旅游区的园区类型被列入 2017 年质检总局批准筹建的"全国知名品牌创建示范区"名单，这也是内蒙古自治区服务业区域品牌建设的良好开端。2018 年上半年，全区 78 家自治区级现代服务业集聚区实现营业收入 661.8 亿元，吸纳就业人数 25.2 万人，入驻企业数 11 750 家，分别增长 2.6%、6.6% 和 0.5%，完成税收 21.8 亿元，下降 49.4%，表明服务业集聚区的集聚效应仍未凸显。

服务品牌集聚程度是衡量一个区域或城市服务业发展状况的重要标志，也是区域与城市品牌背书形成的重要因素。内蒙古自治区要多措并举，结合当地服务业发展特色，针对服务品牌聚集区发展的实际需要，对集聚区的相关政策、资源配置、人才引进等方面有所倾斜和扶持，为聚集区提供"特区政策"，促进现代服务业品牌的集聚。例如，呼和浩特市和林格尔"内蒙古国家大数据综合试验区"的"特区政策"应以针对大数据产业为主，而拥有丰富旅游资源的呼伦贝尔、兴安盟则应出台与旅游文化产业并举的"特区政策"，巴彦淖尔市应出台农业与旅游业融合发展的"特区政策"。

（五）加强人才培养和引进

首先，提升服务业企业职业经理人的品牌意识与素养。政府部门要联合自治区内外相关科研院所，区外知名品牌咨询机构，以及自治区高等院校，定期开展企业职业经理人高端培训、品牌专员专业培训，以及企业各类品牌建设参与人员的评选。通过培训提升企业管理层的品牌意识，增加企业相关管理人员的品牌知识。

其次，积极引进国内外高层次的企业管理人才和高端品牌管理专家，通过品牌职业经理人的引入快速提升内蒙古自治区服务企业的品牌战略制定、策划、运营能力。同时，通过学习与带动，提升内蒙古现代服务业从业的企业家队伍素质。

最后，夯实品牌建设的基础性工程，开展由政府出资，由职业技术学院、具有资质的培训机构组织的具有普惠性的服务质量与品牌运营培训。内蒙古自治区的高校和职业技术学院要依据学科基础，创新办学理念，在相关专业开设"品牌建设"有关课程，培养品牌策划、维护、推广等本土化的专业人才。引导高校和企业开展人才培养、品牌战略制定、品牌策划等方面的深度合作，在合作中探索为企业定制化培养创新型品牌管理人才的具体模式，为内蒙古自治区品牌战略提供后备技能型人才。

二、打造城市品牌战略治理平台

现代服务业的发展，实质上是城市经济社会生态系统高端化的一种体现或结果。因此，城市是现代服务业集聚与发展的综合载体。从中观层面看，城市品牌既是服务品牌建设的载体、表现形式，也是服务品牌发展的重要平台、强大助力。知名城市品牌传递出的信息会对该城市的公关、旅游、文化、融资、人才吸引等各方面都带来积极的影响，形成城市的吸引力和品牌背书效应。例如，呼和浩特生态乳业之都的打造已经以其生态特色而展现出区域品牌的市场优势。现代服务业产业集群、要素积累为城市品牌建设奠定良好基础。同时，城市作为现代服务业发展与地理空间集聚的交汇点，发挥着服务业空间集聚载体和行业治理中枢的作用，城市品牌的战略平台作用是无可替代的。因此，城市政府服务必定是服务品牌建设的强大助力，是打造城市品牌原产地效应的源动力。

发挥好城市的品牌载体功能，打造城市品牌治理战略平台的具体措施包括以下几方面。

（一）制定城市品牌战略规划

城市品牌是一座城市自然资源与人文创造精华的高度凝练，城市品牌具有唯一性，品牌所蕴含的文化底蕴是其他城市无法复制的，并且具有不可交易性，如泉城、蓉城、羊城。这些城市品牌名称都从某一角度将这座城市的文化内涵与核心精神准确、形象地传递出来。在确定城市品牌之前必须要对本地区资源优势，外界对城市的评价进行充分调研，在此基础上得出客观而科学的结论。例如，香港在提炼城市品牌内涵时，聘请了多家全球专业品牌专业机构（包括知名市场调研公司 Wirthlin Worldwide），在全世界范围内进行了广泛而充分的调研，最终定位了香港"亚洲国际都会"的城市品牌形象。在此基础上，香港制定了相应的城市品牌战略规划。

（二）准确定位城市品牌

所谓城市定位，就是结合城市的历史文化与资源禀赋，挖掘有特色、不可复制、专属的城市个性、城市灵魂。城市品牌定位可以从功能、情感、文化、资源、空间等方面加以考虑。但是，定位也不能面面俱到，必须要有取有舍。从功能出发的城市定位，就是要突出城市的功能，这种功能是该城市独有的，与其他城市相区别的，如深圳定位于"中国的硅谷"，嘉兴被誉为"核电第一城"。从情感出发的城市定位，就是用情感讲好城市的故事，让城市成为寄托某种情感与思绪的载体，以情动人，如丽江被誉为"东方威尼斯""爱情圣地""艳遇之都"等。从文化出发的城市定位，就是深入挖掘城市的历史文化底蕴，或突出宣传历史上有代表性的历史人物、历史事件，如西安被称为"世界历史名城""世界十大古都之一"，曲阜被定位为"孔子故里，东方圣城"。从资源出发的城市定位，就是突出城市所拥有的，其他城市不可仿制的资源特点，如普洱被定义为"世界茶源""中国咖啡之都"，济南被定义为"中国泉城"。从空间出发的城市定位，就是彰显城市所具有的空间辐射能力与影响力，如作为著名的国际大都市，中国最发达城市之一的上海被定位为"东方巴黎，东方明珠"。

（三）建立有效的城市识别系统

城市识别系统由表及里是由三个层次构成的综合系统。最外层是可视识别层，由有形的，可以观察到的资源禀赋、市容环境、文化宣传等构成。中层是由市民所表现出来的精神风貌、行为规范所构成的行为表现层。最核心的是通过表层与中层能够让消费者感知到的、欣赏的，依靠多年文化积淀逐渐形成的城市独有的价值观与内涵系统。最外层的重要性是展示城市，提高城市知名度。政府可以通过创新宣传方式，或打造城市地标（如上海东方明珠广播电视塔），或借助特定事件（G20杭州峰会），或构建旅游吸引物（西宁的青海湖，云南元阳梯田）等方法，进行有形识别层的宣传与推广。但是，城市文化积淀并非一朝一夕，它深深地融入城市，从建筑到绿化，从广场到公园，从博物馆到音乐厅……它影响到城市的气质和人们的行为。因此，既要注重对城市物质文化遗产的保护，也要重视对非物质文化遗产的保护。既要注重对历史文化的挖掘整理，也要在新的时代背景下，注重新的文化元素注入，提升城市人文素养与文化积淀。

（四）创新城市品牌传播方式

互联网时代，信息传播的速度和范围都被加速放大。首先，要了解和掌握各类媒体的优劣势、受众、媒体传播特征，整合新旧媒体进行全通道的传播。其次，通过向媒体提供展现城市功能、文化、资源、情感等特定信息，并按照宣传需要安排相关议题，有效引导媒体的关注点。同时，可以借助重大的节日（广西壮族的三月歌圩）、庆典、节事（陕西黄帝陵祭典、藏族的晒佛节）、大型赛事（环青海湖国际公路自行车赛）等形式，以及利用各种展览、展会（广交会、园艺博览会）等活动，丰富城市品牌内涵，提升城市知名度，扩大城市影响力，吸引游客和企业的聚集。最后，做好危机公关。近年来，随着经济高速发展与信息化进程加速，社会问题与矛盾的传播方式多样化、传播速度惊人，一些负面事件的报道与发酵对城市形象会造成不利的影响。政府要掌握传播主动权，对城市舆情危机进行预警与监管，掌握危机管理技巧，减轻危机事件对城市品牌的伤害。

三、借力产业融合与行业优势提升服务品牌价值

在服务业品牌培育与价值提升的过程中，与一、二产业融合创牌，延伸品牌价值链与内涵，实现品牌价值共创是许多省份品牌强省战略实施的重要举措。近年来内蒙古自治区三次产业融合趋势凸显，为服务品牌价值提升提供了良好的基础。

借助产业融合发展良好态势，结合现代服务业优势行业发展，提升服务品牌价值的具体措施包括以下几个方面。

（一）三产业联动共创服务品牌价值

山东省2017年出台的《关于"食安山东"品牌建设的实施意见》，关注

食品安全与卫生，从田间地头直至百姓餐桌，以"食安山东"为食品餐饮业的统领品牌，以"安全、健康、口碑"为品牌价值核心，通过一、二、三产业联合创牌行动，将行业、产品分层次管理，专注于重点的行业与产品，通过重点业态与关键环节的监控管理，努力打造山东食品安全整体形象，实现了三次产业品牌价值共创，推动了山东省由食品产业大省向品牌强省的转变。

农业品牌建设已然成为我国农业现代化发展的重要举措。2017年和2018年连续两年的中央"一号文件"都强调了农产品品牌建设。对内蒙古自治区而言，农牧业产品品牌建设属于第一产业的范畴。农业农村部确定2017年为"农业品牌推进年"，2018年为"农业质量年"；年年有计划，扎实推进农业品牌提升行动。

截至2017年年底，内蒙古自治区拥有国家级农牧业龙头企业38家，自治区级龙头企业583家，农业部地理标志农产品达到95件，培育出了伊利、蒙牛、鄂尔多斯、小尾羊等全国家喻户晓的驰名品牌，打造出了圣牧、蒙羊、大牧场、鹿王、正隆谷物等优秀品牌，同时形成了"科尔沁牛""锡林郭勒羊肉""乌兰察布马铃薯""五原向日葵"等一批区域品牌。2018年内蒙古自治区农牧业厅编制了《大力实施乡村振兴战略、加快推进农牧业高质量发展10大三年行动计划》《农牧业品牌推进计划》。但总体来说，内蒙古自治区目前缺乏各部门联动实现产业融合共创品牌价值的意识，所有品牌培育与价值提升的规划、目标、措施几乎仅限于农牧业部门。内蒙古自治区拥有优质的农牧业资源，完全有基础打造出像"食安山东"这样的自治区总领品牌。内蒙古自治区应从以下四方面着手实施一、三产业品牌价值共创。

（1）自治区各级政府应组织初步调研，确定强有力的品牌经营主体，并辅助其做好品牌整体形象设计与品牌价值提升规划。

（2）通过政策引导与扶持，改变经营主体对品牌共创的认识与态度，在已有名优品牌的基础上，做好品牌的宣传推介，引导企业积极参与。

（3）随着品牌建设工作的深入，自治区及各盟市有关部门进一步做好政策跟进、市场调节和品牌维护等工作。

（4）实现农牧业、食品加工业、旅游业、文化产业、现代物流业、金融业、电子商务等产业的共同发展与品牌价值共创。

（二）三产业融合打造生产性服务品牌

2018年5月8日，上海市首次评选了生产性服务业的"十大优秀匠人""十大先进匠人""十佳示范园区"。这是上海市在打响"上海制造""上海服务"品牌工作中针对生产性服务业品牌培育与价值提升开展的专项工作。而内蒙古自治区经济和信息化委员会 2018 年 6 月印发的《2018 年工业质量品牌建设工作实施方案》，明确提出了"促进工业产品质量提升，通过绿色制造提升质量品牌建设，推广质量管理方法，开展质量品牌素质教育，培育工业自主品牌和产业集群区域品牌，发挥行业协会作用打造内蒙古优势特色品牌，多角度多渠道扩大内蒙古工业品牌影响力"六项重点工作，但其中没有一项重点工作为生产性服务业质量建设与品牌培育提出具体的工作要求与方案。

内蒙古自治区首先要统一认识，意识到生产性服务业在工业产业链延伸、高端化发展，品牌强区工作中的重要性。在此基础上，依据 12 个盟市的不同特点，推动生产性服务业向专业化和高端化拓展，在重点行业或领域培育生产性服务业品牌。

具体措施包括以下几方面：

重工业、制造业基础好的盟市，加快推进制造业主辅分离，加快发展生产工艺上下游外包、供应链优化设计与管理、融资租赁等专业化生产性服务业；加快发展为工业企业提供专门的生产过程优化与管理、科研成果孵化与转化、产品包装设计、信息技术服务等各项服务的科技服务业，着力打造与制造业相配套的生产性服务业品牌。

农畜产品加工、纺织业等轻工业基础较好的盟市，依据地区的资源特点与城市功能定位做好生产性服务品牌发展规划，引导生产性服务业产业布局调整与企业品牌建设投入；结合现代服务业品牌培育要求，加快品牌建设咨询、人力资源派遣与外包、商务咨询与策划等专业性较强的生产性服务业发展；通过建立农牧区线上与线下相结合的销售渠道，解决内蒙古自治区农畜产品产销信息的封闭与物流发展的滞后，让内蒙古优质特色产品销售范围进一步扩大，在满足更多消费需求的同时提升企业盈利能力。

（三）从需求出发培育生活性服务品牌

随着消费者收入的增加与消费需求的转变，对生活性服务的消费逐渐转向精细化且追求享受高品质服务。因此，如何发展精细化、高品质的高端服务业是生活性服务业品牌建设的核心内容，也是内蒙古自治区自主品牌培育与价值提升的重要阵地。

具体措施包括以下几个方面：

（1）建设社区优质生活服务圈连锁服务品牌。例如，北京市于 2016 年出台了《关于进一步促进连锁经营发展的意见》，并建立了"生活性服务业连锁品牌企业资源库"，通过三年来连续不断的推进，包括品牌的评比、发布、新闻媒体推介等活动，连锁服务品牌建设初见规模。内蒙古自治区可以借鉴这一做法，从城乡两方面进行建设。在城市，建设社区优质生活服务圈，在打造优质连锁服务品牌的同时，进一步满足居民的生活性消费需求，实现集文化、体育、健康、养老、医疗等便民服务为一体的快捷高质量的 15 分钟社区生活服务连锁服务品牌。在农村与牧区，加快村镇居民聚居区域的便民服务中心建设，进一步引导养老、金融、法律、电商等新服务业态、新服务模式向农村与牧区延伸，提升生活配套服务水平。

（2）在有条件的盟市培育休闲度假服务品牌。建设民族文化体验与旅游度假融合，休闲度假与体验、创意农业融合发展的高品质生活性服务品牌。

（3）在居民消费水平较高的城市，对高品质精细化的生活性服务品牌进行择优选择与培养。深度挖掘城市消费核心商圈与中心区域，推动娱乐、文化、休闲、康养、体育相融合的消费模式，打造体验式消费引领的示范服务品牌。发展数字消费、展会展销、定制服务等服务的新业态与新模式，打造时尚消费引领的示范服务品牌。

（四）发力优势行业提升行业品牌价值

伴随着信息化产业和技术的迅猛发展，服务业各行业专业化分工进一步深化，内蒙古自治区服务业涌现出了大数据产业、旅游业、文化产业、养老与健康产业等一批新兴行业和新兴业态，它们必将成为支撑内蒙古自治区服务业发展的新动能。其中，大数据产业、旅游业与文化产业是最具品牌培育优势的行业。

1. 大数据业品牌建设

"国家大数据综合试验区"在内蒙古自治区的建设是内蒙古现代服务业品牌培育的重要机遇。"国家大数据综合试验区"为内蒙古大数据产业品牌建设工作打下了良好的基础。大数据产业是整合和集成科技服务、创意策划、管理咨询、全媒体传播、资本运作、广告会展等生产性服务业的平台。内蒙古自治区应借助试验区这一平台，精准、高效地提供各类客户需求的大数据服务，为品牌建设奠定良好的发展基础，为形成内蒙古自治区品牌背书效应奠定良好的基础。

2. 旅游业品牌建设

内蒙古具有独特的旅游资源与民俗文化，因而旅游业必是内蒙古自治区现代服务业品牌建设的优选行业。虽然，内蒙古自治区旅游业品牌培育工作已率先开展。但仍存在诸多问题。例如，河南、山东 2011 年就分别把"老家河南""好客山东"作为各自省份旅游形象品牌，品牌内涵丰富，包括文化、旅游多种元素价值的沉淀，统领省份旅游品牌，同时为旅游景点、旅游产品、旅游餐饮等提供了强大的整体品牌形象背书效应。而内蒙古自治区目前各类旅游品牌名称冗长、品牌形象不集中。再如，河南从 2011 年确定"老家河南"作为全省文化旅游品牌开始，先后以"心灵故乡·老家河南""豫见中国·老家河南"为主题连续不断地通过全媒体，线上线下多手段结合，多部门联动展开了 8 年的情感宣传，内涵丰富、形式多样，真正做到了讲好"河南故事"。而内蒙古自治区各类旅游品牌名称不统一，宣传多以自然风光为主，文化内涵缺失，品牌无法准确诠释与传递所赋予的情感。内蒙古自治区旅游业目前的品牌价值提升工作必须分两步走。第一步，将旅游业与文化产业相结合，凝练旅游品牌名称并确定品牌核心价值。这一品牌既是内蒙古自治区对外宣传的一张名片，也必须能言简意赅地诠释内蒙古自治区文化特点，具有内蒙古自治区独特气质。第二步，在品牌名称凝练的基础上不断加入新的元素，全面诠释品牌内涵，通过全媒体立体化的宣传与连续不断的推介，让内蒙古自治区旅游形象品牌成长为国内知名品牌，以产生强大的"背书效应"。

四、以市场为导向培育品牌与提升品牌价值

发挥政府对品牌建设引领作用的同时，必定充分发挥市场对品牌建设工作的决定性作用，厚植"小政府、大市场"的充满活力的优质营商环境，最终实现由市场决定供给规模、评判供需质量，由品牌引领消费需求。具体措施包括以下几个方面：

（一）建立市场化的品牌产品服务体系

建立在政府规范与引导下的社会化组织、市场化运作的品牌建设专业服务体系，充分发挥专业机构、社会组织等的力量，为增强品牌意识、普及品牌知识、帮助品牌开发、发挥品牌功能等提供专业服务。加快创新、标准、信息、商务、培训等政府公共服务平台建设，引导企业注重技术引进先进性、服务产品研发精准度、市场开拓针对性，逐渐形成企业品牌化经营的理念。同时，通过市场化运作搭建各类服务平台为企业提供行业品牌培育，市场需求，国际、国内展会等信息，在企业品牌运营过程中给予帮助。

（二）优化服务品牌营商环境

优化服务品牌营商环境可以从加强政府各部门执法检查力度与加强公众舆论宣传两方面开展具体工作。一方面，通过公安部门、质监部门、工商部门、知识产权保护部门的分工协作与联合行动，共同执法，严厉打击假广告、假品牌、假商标以及侵害企业品牌与商标权益的各类违法行为，遏制各类非法不正当竞争行为，为诚信经营、提供优质服务的企业保驾护航。同时，列出服

务市场准入负面清单，指导各行业开展服务等级标准制定与定期评定工作，保护品牌服务企业的合法经营，维护和健全市场秩序。通过一系列举措，保护企业提升服务质量和实施品牌战略的积极性，营造品牌产品与服务发展的良好环境。另一方面，通过公共媒体，以品牌评选、知名商标宣传等不同的表现形式，为企业品牌产品成长营造有利的舆论环境。例如，可以利用"消费者权益日""质量月""知识产权宣传周"等节日节点，结合媒体报道加强品牌产品与服务的宣传；也可以加强公共媒体对内蒙古自治区重大的博览会、发布会的推介与宣传，加大对内蒙古自治区自有品牌的宣传推广力度，增加消费者对品牌产品与服务的消费信心。以上举措既可以营造有利于知名品牌成长的市场与社会舆论环境，又可以提升消费者在购买产品与接受服务过程中的品牌意识。

（三）降低非公经济进入门槛

因为服务业进入门槛相比制造业较低，非公经济是支撑服务业发展的主力军。非公经济良性发展是现代服务业发展的重要活力，发展非公经济有利于推进现代服务业发展主体的多元化。内蒙古自治区应降低非公经济进入现代服务业的门槛，创造更为宽松的投资环境，吸引国际、国内知名的民营服务企业品牌进驻内蒙古自治区，同时扶持自主创牌的自治区中小企业，让非公经济在更广领域、更深层次参与现代服务业的发展。

（四）加强服务业品牌国家化与国际化

首先，充分发挥国家大数据综合试验区优势，探索依托大数据产业的现代服务业新模式、新业态。推进依托大数据、互联网等新技术所实现的服务交易模式创新，在此基础上进一步实现向文化、旅游、金融等优势行业中引入国内外知名品牌，实现行业开放。同时，依托大数据推进传统服务领域的服务升级与改造，探索文化、旅游产品的网络宣传与订购，传统中蒙医的远程问诊，网络化职业教育与培训等新方式。鼓励发展数字贸易、互联网金融等服务贸易新领域，提升高技术含量、高知识含量和高附加值服务在服务贸易领域所占比重。通过"引进来"全面提高服务的可贸易性。

其次，加快与"一带一路"沿线国家、相邻国家和重点市场商签贸易协定、投资协定，积极参与多边服务贸易谈判，参与区域服务质量标准的制定，推动服务业在更高水平上的双向开放。通过"走出去"增强内蒙古自治区服务业国际化布局和资源配置能力，提升现代服务业品牌国际影响力。

五、充分发挥服务企业品牌建设主体作用

品牌不是依靠政府及评估机构评出来的，更不是政府管出来的，是企业

在市场上栉风沐雨拼搏出来的。政府无法直接干预企业的自主经营行为，但可以发挥政府服务作用引导企业依据自身优势，运用现代经营模式深耕细作，避免服务业市场同质化竞争，创建并维护好自己的品牌。

具体措施包括以下几个方面：

（一）强化企业品牌价值意识

企业的品牌建设，包括产品品牌的设计、创建、推广管理以及维护。从企业开始着手品牌培育工作开始，品牌建设工作将贯穿企业运营全过程。在这个过程中，需要从产品研发、营销活动、售后服务、投融资各个方面做好充分的准备。首先，指导企业确立服务品牌战略，建立品牌管理职能部门，对品牌进行管理，推动企业走品牌化发展的道路。其次，引导企业认识自身优势，选择适合自身的品牌成长策略，导入卓越绩效管理模式，提高企业品牌资产与价值，丰富品牌形象。最后，帮助提升企业品牌保护意识，定期进行品牌价值评估，及时调整品牌策略，维持品牌与消费者的长期忠诚联系，使品牌资产能够实现保值、增值。

（二）提高服务企业创牌热情

虽然，目前内蒙古自治区每年评比的主席质量奖中有一项是服务质量奖，但是在内蒙古自治区的品牌评选活动中，对服务业名牌的评选与创牌的激励措施力度较弱，无法对服务企业创牌起到强有力的推动作用。因此，各级政府要制定措施，建立健全对服务名牌的认定和品牌激励制度，对地理标志产品、知名商标、名牌服务企业实施奖励。通过政府对企业创牌多举措并举的引导、激励，同时树立企业知名品牌典范作用，推动服务企业从速度竞争、价格竞争向质量竞争、品牌竞争转变。同时，支持企业实施"走出去"战略，建立品牌竞争新优势，不断开拓区外市场，争创国内知名品牌。在2018年首届中国自主品牌博览会上，内蒙古显鸿科技股份有限公司获得消费者最喜爱的十大自主品牌大奖，内蒙古自治区应该对这类企业给予政策支持与资金奖励。

（三）为企业搭建社会服务平台

各级政府可以通过多方协调，积极搭建科研机构、高等院校、社会智库、企业品牌专家、各类媒体积极参与的企业品牌培育服务平台，帮助企业及时对接所需要的资源与服务。第一，分析研究国内外市场行情，为企业提供市场信息，组织企业参加国际、国内服务产品推介。第二，帮助服务企业挖掘品牌文化，丰富品牌内涵，设计、打造具有个性化的品牌。第三，推动全媒体品牌生态建设，实现对品牌价值的精准传播。第四，辅助企业建立测量体系，开展顾客满意度调查，及时掌握、通报品牌产品的满意度、知名度、美誉度情况，指导企业完善改进措施，不断提高品牌产品的市场占有率和影响力。

（四）促进服务有形化、标准化与服务品牌内化

服务品牌建立最大的困难就在于服务的无形性与传递过程的差异性与不确定性。因此，实现服务有形化是企业创立品牌和对外展示品牌的载体，服务标准化是提升服务质量，保证品牌形象的重要手段。在确立了服务品牌形象之后，如何将品牌所蕴含的价值与文化通过员工提供的服务准确地传达给消费者，就需要长期的服务品牌内化。只有将品牌文化的内涵根植于员工内心，形成与企业品牌一致的价值观和行为准则，让品牌价值内涵体现在员工的服务行为中，才能真正实现品牌内涵的传递与表达。内蒙古自治区服务企业的现状是大多企业既缺失"服务标准化和有形化"的意识与举措，也缺少"服务品牌内化"的员工培训体系与机制。

2018 年 6 月，内蒙古自治区质监局发布了内蒙古品牌战略促进会起草的《服务名牌评价与认定规范》，从服务能力、服务品质、声誉、服务支撑、服务的持续与改进、运行能力 6 方面共 17 项内容制定了服务名牌企业的评价标准，标志着内蒙古自治区对申报服务名牌企业的认定具有了统一的参照标准。内蒙古自治区可继续通过类似措施，提高企业对服务标准化与品牌内化的认知，督促企业将服务标准化、品牌内化的员工提升计划作为长期发展战略，最终实现内蒙古自治区服务业品牌培育的有效健康发展。

参考文献

[1] 苏卫东. 城市化、工业化与服务业发展水平的实证研究 [J]. 统计与决策，2012(7): 142-145.

[2] 丁刚，陈倩. 基于全局熵值法的区域现代服务业分行业竞争力评价研究：以福建省为例 [J]. 中国石油大学学报（社会科学版），2013, 29(6): 14-18.

[3] 万武婧，王建军. 基于熵权 TOPSIS 法的西部地区服务业竞争力评价分析：以青海省为例 [J]. 青海师范大学学报（哲学社会科学版），2014, 36(1): 6-10.

[4] 王铁山. 中国服务业的技术效率及其区域差异分析 [J]. 求索，2015(5): 123-129.

[5] 黄明凤，李蕾. 西北地区服务业发展潜力探究 [J]. 区域经济，2015(2): 86-91.

[6] 欧新黔. 服务业：经济发展的新动力 [J]. 中国质量，2005(7): 6-9.

[7] 辜胜阻，李华，易善策. 城镇化是扩大内需实现经济可持续发展的引擎 [J]. 中国人口科学，2010(3): 1-10.

[8] 曾桂珍，曾润忠. 城市化与服务业的协整及因果关系研究 [J]. 华东交通大学学报，2012(5): 15-22.

[9] 刘德军，尚蔚. 城镇化与服务业互动发展的动态计量分析及对策建议：以山东省为例 [J]. 湖南社会科学，2015(4): 128-131.

[10] 郑志海. 入世与服务业市场开放 [M]. 北京：中国对外经济贸易出版社，2002.

[11] 顾乃华，夏杰长. 服务业发展与城市转型基于广东实践的分类研究 [J]. 广东社会科学，2011(4): 67-72.

[12] 饭盛信男. 日本第三产业的新动向 [J]. 经济学译丛，1984(3): 8-11.

[13] 阎小培. 信息产业与城市发展 [M]. 北京：科学出版社，1999.

[14] 方远平，毕斗斗. 国内外服务业分类探讨 [J]. 国内经贸探索，2008, 24(1): 72-76.

[15] 陈凯. 服务业在经济发展中的地位与作用：国外理论述评 [J]. 经济学家，2005(4): 112-118.

[16] 李江帆. 中国第三产业发展研究 [M]. 北京：人民出版社，2005.

[17] 江小涓，李辉. 服务业与中国经济：相关性和加快增长的潜力 [J]. 经济研究，2004(1): 4-15.

[18] 黄少军. 服务业与经济增长 [M]. 北京：经济科学出版社，2000.

[19] 威廉·配第. 政治算术 [M]. 北京：商务印书馆，2014.

[20] 宋湛. 影响我国非农产业就业的三种效应分析 [J]. 人口与经济，2005(5): 33-38.

[21] 马利彪，高文博. 大力发展吉林省服务业以促进就业 [J]. 经济纵横，2008(3): 74-76.

[22] 冯亦封. 浙江服务业集聚的就业效应研究 [J]. 商业经济，2012(9): 56-57.

[23] 李冠霖，任旺兵. 我国第三产业就业增长难度加大：从我国第三产业结构偏离度的演变轨迹及国际比较看我国第三产业的就业增长 [J]. 财贸经济，2003(10): 69-73.

[24] 程大中. 中国服务业增长的地区与部门特征 [J]. 财贸经济，2003(8): 68-75.

[25] 程永宏. 现收现付制与人口老龄化关系定量分析 [J]. 经济研究，2005(3): 57-68.

[26] 宋晓丽. 第三产业增加就业的可能性与局限性分析 [J]. 理论与改革，2004(4), 105-107.

[27] 朱莹，蒋乃华. 江苏省第三产业就业效应分析 [J]. 扬州大学学报（人文社会科学版），2006, 10(4): 18-22.

[28] 刘东升. 国际服务贸易 [M]. 北京：中国金融出版社，2005.

[29] 胡启恒. 胡启恒诠释我国现代服务业 [J]. 中国信息导报，2004(8): 11-13.

[30] 徐国祥，常宁. 现代服务业统计标准的设计 [J]. 统计研究，2004(11): 11.

[31] 代文. 现代服务业集群的形成和发展研究 [D]. 武汉：武汉理工大学，2007.

[32] 孙永波，甄圆圆. 北京现代服务业发展影响因素实证分析 [J]. 经济体制改革，2015(2): 70-75.

[33] 张颖婕，许亚萍. 现代服务业与市场竞争力的实证分析：以云南玉溪市为例 [J]. 商业经济研究，2017(11): 181-183.

[34] 洪国彬，游小玲．信息含量最大的我国现代服务业发展水平评价指标体系构建及分析 [J]．华侨大学学报（哲学社会科学版），2017(1)：79-92.

[35] 高雁鹏．沈阳市现代服务业空间格局演变研究 [D]．长春：东北师范大学，2018.

[36] 童纪新，曹越美．长三角城市群现代服务业与城市化耦合协调机制及空间差异研究 [J]．上海经济，2019(1)：51-64.

[37] 徐国祥，常宁．现代服务业统计标准的设计 [J]．统计研究，2004(12)：10-12.

[38] 潘海岚．现代服务业部门统计分类的概述与构想 [J]．统计与决策，2008(3)：44-46.

[39] 钟云燕．现代服务业的界定方法 [J]．统计与决策，2009(6)：168-169.

[40] 王宏伟，刘小更．泰州市服务业竞争力现状分析与发展建议 [J]．改革与开放，2013(22)：19-23.

[41] 关辉，王坤明．辽宁省各城市生产性服务业竞争力评价实证研究 [J]．江苏商论，2012(6)：99-103.

[42] 王永贞，赵学梅．基于因子聚类分析的安徽服务业竞争力评价 [J]．中国市场，2013, 717(2)：72-75.

[43] 王聪．重庆现代服务业竞争力研究 [D]．重庆：重庆工商大学，2014.

[44] 曹建云．现代服务业竞争力评价体系构建及其评价 [J]．西北人口，2012(6)：111-115.

[45] 郑珍远，施生旭．基于 AHP 的福建省服务业竞争力综合评价分析 [J]．福州大学学报（哲学社会科学版），2011(1)：47-51.

[46] 苏卫东．城市化、工业化与服务业发展水平的实证研究 [J]．统计与决策，2012(7)：142-145.

[47] 王宇，王嘉茵．内蒙古现代服务业竞争力评价 [J]．内蒙古大学学报（哲学社会科学版），2015, 45(5)：94-102.

[48] 万武婧，王建军．基于熵权 TOPSIS 法的西部地区服务业竞争力评价分析：以青海省为例 [J]．青海师范大学学报（哲学社会科学版），2014, 36(1)：6-10.

[49] 刘晓珍．我国服务业结构与经济增长的关系研究 [D]．北京：北京工商大学，2010.

[50] 丁刚，陈倩．基于全局熵值法的区域现代服务业分行业竞争力评价研究：以福建省为例 [J]．中国石油大学学报（社会科学版），2013, 29(6)：14-18.

[51] 原小能. 江苏服务业结构变动与竞争力的偏离—份额分析 [J]. 东南大学学报（社会科学版），2012, 14(1)：44-48.

[52] 卢斌，曹娜娜. 基于DSSM的安徽省生产性服务业竞争力研究 [J]. 华东经济管理，2013, 27(11)：171-176.

[53] 李琪. 基于偏离份额法的山西省服务业竞争力分析 [J]. 商场现代化，2014(29)：156-157.

[54] 聂淑花. 广州服务业的结构和竞争力分析：基于偏离－份额法 [J]. 特区经济，2015(5)：56-59.

[55] 李创. 基于偏离份额分析法的河南省服务业竞争力评价 [J]. 现代管理科学，2015(11)：85-87.

[56] 杜龙政，常茗. 中国十大城市群产业结构及产业竞争力比较研究 [J]. 地域研究与开发，2015, 34(1)：50-54.

[57] 吴继英，赵喜仓. 偏离：份额分析法空间模型及其应用 [J]. 统计研究，2009, 26(4)：73-79.

[58] 罗健，曹卫东，田艳争. 比例性偏离份额空间模型推演及应用 [J]. 地理研究，2013, 32(4)：755-766.

[59] 王贝贝，肖海峰，孙赫. 丝绸之路经济带：省区经济增长与产业优势 [J]. 广东财经大学学报，2015(1)：4-22.

[60] 周峰. 基于市场的科技服务业创新能力评价模式探讨 [J]. 陕西社会科学，2014(4)：36-42.

[61] 王铁山. 中国服务业的技术效率及其区域差异分析 [J]. 求索，2015(5)：22-26.

[62] 黄明凤，李蕾. 西北地区服务业发展潜力探究 [J]. 区域经济，2015(2)：45-47.

[63] 童纪新，曹越美. 长三角城市群现代服务业与城市化耦合协调机制及空间差异研究 [J]. 上海经济，2019(1)：51-64.

[64] 徐国祥，常宁. 现代服务业统计标准的设计 [J]. 统计研究，2004(12)：10-12.

[65] 潘海岚. 现代服务业部门统计分类的概述与构想 [J]. 统计与决策，2008(3)：44-46.

[66] 钟云燕. 现代服务业的界定方法 [J]. 统计与决策，2009(6)：168-169.

[67] 罗斯托. 经济成长阶段 [M]. 北京：商务出版社，1963.

[68] 杨云龙，刘伟，李凤圣．关于国外主导产业作用机理的比较研究 [J]．管理世界，1991(6)：80-93．

[69] 于刃刚．主导产业论 [M]．北京：人民出版社，2003．

[70] 江世银．区域产业结构调整与主导产业选择研究 [M]．上海：上海三联，2004．

[71] 陈韶华．论主导产业的选择：日本的经验及启示 [J]．当代经济，2009(23)：60-61．

[72] 查奇芬，陈晓燕，朱婷．我国现代服务业主导行业选择研究 [J]．统计科学与实践，2010(3)：15-17．

[73] 方丹，李江蛟．区域现代服务业主导产业选择研究：基于江苏常州的实证分析 [J]．常州大学学报（社会科学版），2012, 13(3)：45-48．

[74] 夏青，周敏．江苏省现代服务业主导产业选择研究：基于偏离份额分析法 [J]．华东经济管理，2013(10)：25-29．

[75] 李斯特．政治经济学的国民体系 [M]．北京：商务印书馆，1983．

[76] 弗朗索瓦佩鲁．增长极概念 [M]．北京：经济科学出版社，1991．

[77] 赫希曼．经济发展战略 [M]．北京：经济科学出版社，1991．

[78] 罗斯托．经济成长的阶段 [M]．北京：中国社会科学出版社社，2002．

[79] 筱原三代平．产业结构与投资分配 [J]．日本一桥大学经济研究，1957, 8(4)：28-32．

[80] 张宝兵．论西部地区主导产业的合理选择 [J]．重庆邮电学院学报（社会科学版），2005(2)：154-156．

[81] 曾淑婉，郭亮．基于区域关联视角的主导产业选择研究 [J]．学习与探索，2014(11)：118-122．

[82] 唐鑫．城区老工业区发展转型的主导产业选择：以北京市石景山区为例 [J]．中国社会科学院研究生院学报，2017(3)：22-30．

[83] 张圣祖．区域主导产业选择的基准分析 [J]．经济问题，2001(1)：22-24．

[84] 关爱萍，王瑜．区域主导产业的选择基准研究 [J]．统计研究，2002(12)：37-40．

[85] 王莉．关于区域主导产业选择基准之探讨 [J]．煤炭技术，2004(8)：110-11．

[86] 张魁伟．区域主导产业评价指标体系的构建 [J]．科技进步与对策，2004(8)：7-9．

[87] 李俊林，蒋立杰，付朝霞. 基于DEA模型的区域主导产业选择方法研究 [J]. 河北工业大学学报，2011, 40(3): 52-55.

[88] 傅为忠，代露露，潘群群. 基于主成分与灰色聚类相结合的安徽省主导产业选择研究 [J]. 华东经济管理，2013(3): 18-24.

[89] 魏勇强，乔彦芸. 资源型地区主导产业选择研究：以山西省为例 [J]. 改革与战略，2018, 34(5): 80-86.

[90] 闫星宇，张月友. 我国现代服务业主导产业选择研究 [J]. 中国工业经济，2010(6): 75-84.

[91] 陈丽珍，赵美玲，肖明珍. 基于层次分析法的江苏现代服务业主导产业选择 [J]. 商业研究，2011(6): 44-49.

[92] 李敦瑞. 中国现代服务业主导产业选择研究：基于产业关联视角 [J]. 经济问题，2011(12): 36-39.

[93] 魏修建，崔敏. 西部现代服务业主导产业选择：基于技术进步的视角 [J]. 华东经济管理，2014, 28(4): 75-83.

[94] 邢震. 现代服务业主导产业选择的研究：基于浙江台州的实证分析 [J]. 吉林工商学院学报，2016, 32(4): 28-32.

[95] 贾璇. 现代服务业主导产业选择研究：以北京市顺义区为例 [J]. 当代经济，2017(19): 21-23.

[96] 王恕立，胡宗彪. 中国服务业分行业生产率变迁及异质性考察 [J]. 经济研究，2012, 47(4): 15-27.

[97] 徐现祥，周吉梅，舒元. 中国省区三次产业资本存量估计 [J]. 统计研究，2007(5): 6-13.

[98] 张锐，张炎炎，周敏. 论品牌的内涵与外延 [J]. 管理学报，2010, 7(1): 147-158.

[99] 张昆，王孟晴. 国家品牌的内涵、功能及其提升路径 [J]. 学术界，2018(4): 88-99.

[100] 张翔云. 旅游地品牌化的路径选择与实现 [J]. 社会科学家，2018(1): 105-111.

[101] 戴维·阿克. 管理品牌资产 [M]. 吴进操，常小虹，译. 北京：机械工业出版社，2005.

[102] 刑伟，汪寿阳，赵秋红．考虑渠道公平的双渠道供应链均衡策略 [J]．系统工程理论与实践，2011，31(7):1249-1256.

[103] 熊本奎．品牌价值评估研究及实证分析 [D]．上海：同济大学，2007.

[104] 余明阳．品牌学 [M]．广州：广东经济出版社，2002.

[105] 卫海英，王贵明．品牌资产构成的关键因素及其类型探讨 [J]．预测，2003(3):30，39-42.

[106] 唐玉生，曲立中，孙安龙．品牌价值构成因素的实证研究 [J]．商业研究，2013(9): 110-116.

[107] 王成荣，王玉军．老字号品牌价值评价模型 [J]．管理评论，2014, 26(6): 98-10.

[108] 王熹．品牌价值评估体系及其方法选择 [J]．价格理论与实践，2012(03): 85-86.

[109] 张思雪，林汉川．创新中国品牌体系的关键：重塑与定位 [J]．经济与管理研究，2016, 37(8): 134-142.

[110] 李西林．培育"中国服务"国家品牌：功能、路径和对策 [J]．国际贸易，2018(4): 63-67.

[111] 张月友，董启昌，倪敏．服务业发展与"结构性减速"辨析：兼论建设高质量发展的现代化经济体系 [J]．经济学动态，2018(2): 23-35.

[112] 雷亮．地方政府行为影响区域品牌发展的实证研究 [J]．兰州大学学报（社会科学版），2015, 43(1): 112-119.

[113] 韩德超．区域差异视角下的我国服务业二元结构分析 [J]．统计与决策，2018, 34(7): 119-122.

[114] 李程骅，郑琼洁．现代服务业创新转型的政策效用：江苏证据 [J]．改革，2015(2): 81-90.

[115] 张海波，张毅，沈怡杉．湖北省现代服务业发展水平评价 [J]．统计与决策，2018, 34(11): 95-99.

[116] 袁胜军，周子祺，张剑光．品牌力评价指标体系研究 [J]．经济学家，2018(3): 96-104.

[117] 张克一，唐小飞，苏浩玄，等．创新战略：品牌关系驱动与服务创新驱动的影响力比较研究 [J]．预测，2018, 37(4): 39-45.

[118] MESSINA J. Institutions and service employment: a panel study for OECD countries[J]. Labor, 2005(2): 343-372.

[119] SUNDO J, GALLOUJ F. Innovation as a loosely coupled system in services[J]. International Journal of Services Technology and Management, 2000(1): 15–36.

[120] DANIELS P W, O'CONNOR K, HUTTON T A. The pianning response to urban service sector growth: an internationgal comparison[J]. Growth and Change, 1991, 22(4): 3–26.

[121] MESSINA J. Institutions and service employment: a panel study for OECD countries[J]. European Central Bank Working Paper , 2004(3): 16–20.

[122] ALLEN F. The clash of progress and security[M]. London: Macmillan, 1935: 63–23.

[123] COLIN C. The condition of economic progress[M]. London: Macmilliam, 1940: 685–691.

[124] OECD. Business and Industry Policy Forum Series, Science Technology and Industry, The Service Economy[R], 2000: 7.

[125] CHENERY H, ROBINSON S, SYRQUIN M. Industrialization and growth: a comparative study (world bank publication)[M]. Oxford: Oxford University Press, 1987: 84–118.

[126] BAUMOL W J. Macroeconomics of unbalanced growth: the anatomy of urban crisis[J]. The American Economic Review, 1967(57): 415–426.

[127] STOFFAES C. L'Emploi et la révolution informationnelle[J]. Informatisation et emploi, 1981(2): 11.

[128] COLIN C. The condition of economic progress[M]. London: Macmilliam, 1960: 25–40.

[129] Kuznets S S. Economic growth of nations: total output and production structure[M]. Cambridge: Belknap Press of Harvard University Press, 1971: 98–102.

[130] FUCHS V R. The service economy[M].New York: National Bureau of Economic Reserch, 1968.

[131] CHENERY H B, SYRQUIN M. Patterns of development: 1950–1970[M]. Landon: Oxford University Press, 1975: 68–70

[132] Scott J T. The service sector's acquisition and development of

information technology: infrastructure and productivity[J]. Journal of Technology Transfer, 1999(24): 37-54.

[133] KOCH A, STROTMANN H. Absorptive capacity and innovation in the knowledge intensive business service sector innov new techn[J]. Service Industries Journal, 2008, 17(6): 511-531.

[134] DOYTCH U. Does the worldwide shift of fdi from manufacturing to services accelerate economic growth? A gmm estimation study[J]. Journal of International Money& Finance, 2011, 30(3): 408-416.

[135] MICHAEL E P. The competitive advantage of nation[M]. London: Macmillan Press Ltd, 1990.

[136] DUNN E. A statistical and analytical technique for regional analysis[J]. Papers of Regional Science Association, 1960(6): 97-112 .

[137] NAZARA S, HEWINGS G J D. Spatial structure and taxonomy of decomposition in shiftshare analysis[J]. Growth and Change, 2004(35): 476-490.

[138] SUNDO J, GALLOUJ F. Innovation as a loosely coupled system in services[J]. International Journal of Services Technology and Management, 2000(1): 15-36.

[139] KUPPER C. Service in novati on a review of the state of the art[J]. Institute of and Technology Managemen 2001(10): 124-129.

[140] GARDNER B B, LEVY S J. The product and the brand[J]. Harvard Business Review, 1955, 33(2): 33-39.

[141] KOTLER P. Marketing management[M]. Upper Saddle River: Prentice Hall, 1996.

[142] COBB-WAGREN C J, RUBLE C A, DONTHU N. Brand equity, brand preference, and purchase intent[J]. Journal of Advertising, 1995, 24(3): 25-40.

[143] YAO Z, LEUNG S C H, LAI K K. Manufacturer's revenue sharing contract and retail competition[J]. European Journal of Operational Research, 2008, 186(2): 637-651.

[144] KELLER K L. Conceptualizing, measuring, and managing customer based brand equity [J]. Journal of Marketing, 1993, 57(1): 1-22.

[145] YOO B, DONTHU N. Developing and validating multidi mensional consumer based brand equity[J]. Journal of Business Research, 2001, 52(1): 1-14.

[146] WASHBURN J H, PLANK R E. Measuring brand equity: an evaluation of a consumer based brand equity scale[J]. Journal of Marketing Theory and Practice, 2002, 10(1): 46-61.

[147] NETEMEYER R G, BALAJI K. Developing and validating measures of facets of customer based brand equity[J]. Journal of Business Research, 2004, 57(2): 209-224.

[148] BALDINGER R J, BRAND L. The link between attitude and behavior[J]. Journal of Advertising Research, 2006, 36(6): 22-34.

[149] CUI H, RAJU J, ZHANG Z. Fairness and channel coordination[J]. Management Science, 2007, 53(8): 1303-1314.

[150] KURATA H, YAO D Q, LIU J J. Pricing policies under direct vs indirect channel competition and national vs store brand competition[J]. European Journal of Operational Research, 2007, 180(1): 262-281.

[151] GROZNIK A, SEBASTIAN H H. Supply chain conflict due to store brands: the value of wholesale price commitment in a retail supply chain[J]. Decision Sciences, 2010, 41(2): 203-230.

[152] LOCH C H, WU Y. Social preferences and supply chainperformance:an experimental study[J]. Management Science, 2008, 54(11): 1835-1849.

[153] MAGNONI F, ROUX E. The impact of brand familiarity, branding and distribution strategy on luxury brand dilution[m]//CAMPBELL C L. the customer is NOT always right? Marketing orientationsin a dynamic business world. BerLin: Springer International Publishing, 2017.

[154] NATH P, BAWA A. Measurement of brand equity of services-scale construction and validation[J]. Journal of Services Research, 2011, 11(2):135-154.

[155] YANG Y Y, CHIU K H. Servitization strategies of manufacturing businesses: a case study of lien cheng saxophone company[J]. International Journal of Electronic Business Management, 2014, 12(1): 26-32.

后　记

　　本书是 2016 年内蒙古哲学社会科学重点项目"内蒙古现代服务业发展研究"（2016NDA003）的研究成果。经过我与课题组师生 3 年多的艰辛努力，完成了本著作。

　　全书共分为九章，第一章为"绪论"，第二章为"现代服务业发展理论与相关研究评述"，第三章为"内蒙古现代服务业发展现状及存在的问题"，第四章为"内蒙古现代服务业发展相关调查省份选取"，第五章为"调研省份基础性与生产性现代服务业发展经验与启示"，第六章为"调研省份消费性与社会性现代服务业发展经验与启示"，第七章为"内蒙古现代服务业主导行业选择的调查研究"，第八章为"基于调研的内蒙古现代服务业发展对策"，第九章为"内蒙古现代服务业品牌建设研究"。随着课题研究的进展，这些章节中的部分内容已经陆续在国内核心期刊发表，有的作为政府咨询报告被采纳。这些研究成果在前人已有的研究基础上，运用较为科学、规范的研究方法，从多个视角深入探究现代服务业的分类与发展的内在机理，并与内蒙古自治区现代服务业发展现状相结合，寻找适合于内蒙古现代服务业发展的路径与对策，有助于学术界、政界以及产业界进一步认识地方现代服务业的发展规律，更好地制定相关政策。

　　各章作者如下：第一章，梅蕾；第二章，王薇；第三章，王薇；第四章，梅蕾；第五章，梅蕾；第六章，梅蕾；第七章，梅蕾；第八章，王薇；第九章，梅蕾。

　　全书框架体系由梅蕾与王薇设计，梅蕾负责汇编、统稿与核稿，高依娜、胡荣荣、刘建功对文稿的文字、图表等格式进行了校对与核查，最后由梅蕾审定。由于时间仓促及水平有限，书中不当之处，期待各位学者、专家和读者的批评指正！最后，衷心感谢内蒙古科技大学经济与管理学院服务创新研究团队的同仁给予的宝贵意见与支持，感谢内蒙古自治区人民政府研究室给予的大力支持，感谢有关部门、地方政府及企业、园区对于本课题调研给予的大力支持，也感谢课题组成员的艰辛付出！正是由于大家的共同努力，本书才能够顺利完成。

梅　蕾